다미주 이론

트라우마를 치유하는 애착과 소통의 신경생물학

다미주 이론

스티븐 W. 포지스 박사 지음 | 노경선 옮김

The Pocket Guide to
The Polyvagal Theory

위즈덤하우스

우리는 왜 안전을 추구해야 하는가

『다미주 이론 : 정서, 애착, 의사소통, 자기 조절에 관한 신경생리학적 토대The Polyvagal Theory: Neurophysiological Foundations of Emotions, Attachment, Communication, and Self-Regulation』(2011, W. W. Norton)는 다미주 이론에 관한 과학적 근거를 기록해두기 위해 출간한 책이었다. 이 책을 통해 임상가들과 다른 전문가들은 인간의 행동을 이해하는 데 새로운 개념과 통찰을 제공해주는 '다미주'라는 관점에 접근할 수 있었다. 다미주 관점에서는 우리 몸에서 일어나는 심리적 경험과 신체적 증상 사이의 중요한 연결을 강조한다. 이 난해한 책은 과학자들을 위한 것이었다. 이전에 과학 저널과 학술서로 출판됐던 논문들을 엮은 모음집으로, 전문 문헌 속에 파묻혀 있던 저작들을 한데 모아서 쉽게 접할 수 있도록 했다. 과학 출판물은 그 접근이 제한적이고 종종 비용을 내야 읽을 수 있어서 잊히기 일쑤인데 아마존과 같은 포털 사이트를 통해 내 작업물을 볼 수 있게 되어 기뻤다.

『다미주 이론』을 쓰는 동안 내 목표는 그 이론의 중심이 되는 문서들을 기록해 보관하는 것이었다. 후속 저작에 대해서는 생각하지 않았다. 놀

랍게도 이 책은 지금까지 잘 팔리고 있으며 서로 다른 지식 분야의 전문가들에게 읽힌다. 독일어, 이탈리아어, 스페인어, 포르투갈어로도 번역됐다. 다미주 이론에 관한 흥미를 유발하는 데 도움이 되는 책으로, 그 덕분에 나는 많은 나라의 컨퍼런스에 발표자로 초청되고, 웨비나webinar에 참여해달라고 요청받는다. 다미주 이론에 대한 관심이 높아지면서 다미주 이론을 임상가들과 그들의 내담자들에게 좀 더 쉽게 적용할 수 있도록 만들어달라는 부탁도 받게 됐다. 나는 이 책을 이해하기 어려웠다는 이야기도, 그와 동시에 내가 그 이론을 말로 설명할 때는 매우 이해하기 쉬웠다는 이야기도 들었다. 그때마다 강연할 때 내 목표는 의사소통을 하는 것이고, 논문으로 쓸 때는 데이터와 아이디어들을 과학 출판물이라는 제약 아래에서 전달하는 것이라고 대답해왔다.

지난 몇 년 동안 많은 임상가의 재촉을 받으면서 이 어려운 이론을 좀 더 이해하기 쉽게 써야 하는 책임이 나에게 있다는 것이 분명해졌다. 『다미주 이론The Pocket Guide to The Polyvagal Theory』은 그런 요구에서 나왔다. 나의 인터뷰 원고 여러 편을 검토하면서 어떻게 쓰면 더 쉽게 전달될지 고심했다. 인터뷰어는 임상가들이었기 때문에 내 대답의 초점은 임상적 적용에 맞춰져 있다.

이 인터뷰는 다미주 이론을 구성하는 개념들에 친근해지도록 정리한 관련 용어들과 이 이론으로 발전하기까지 그 토대가 되어준 과학과 과학 문화에 대해 먼저 소개한 후 2장부터 실어놓았다. 임상에서도 유의미한 다미주 이론의 특징들을 전달하기 위해 자발적이고 형식에 얽매이지 않는 방식으로 인터뷰를 진행했으며, 이후에 완성도와 명확성을 높이는 방향으로 편집했다. 임상가들이 우리 신경계가 어떻게 각종 도전에 적응하는지 이해할 수 있도록, 그리고 치료자들이 사회적 상호작용을 통해 생물행동적 조절을 회복하는 치료 전략을 개발할 수 있도록 도와주는 방향으로 인터뷰를 선택했다. 그 인터뷰 원고는 불필요한 반복을 줄이고 논의의 초점이 유지되도록 편집했다. 그에 따라 내 설명은 확장되기도 하고 명확해졌다. 쓸데없이 중복되는 내용을 모두 줄였지만, 몇몇 주제는 다양한 인터뷰 맥락 안에서 거듭 거론된다. 다미주 이론의 중심이 되는 주제들을 여러 맥락에서 반복해 소개하는 것은 그 의미와 임상적 관련성을 확장하는 기회를 제공할 것이다.

나는 임상 세계를 접하면서 다미주 이론의 새롭고 유의미한 관점을 좀 더 쉬운 방식으로 전달하고 싶어졌다. 서로 다른 종류의 적응 행동을 효율적으로 표현할 수 있는 신경 플랫폼으로서 자율신경계의 조절이 어떻게 기능하는가에 내 강연의 초점을 맞췄다. 다미주 이론에서는 진화가 신경 회로를 규명하는 조직 원리를 제공한다는 것을 강조한다. 그 조직 원리란 촉진된 사회적 행동과 두 가지 방어 전략을 말하는데, 여기서 방어 전략은 도전 혹은 도피와 관련된 가동화mobilization, 그리고 숨기 혹은 죽은 척하기와 관련된 부동화immobilization를 가리킨다. 계통발생적으로 가장 최근 포유류의 신경 회로는 사회적 행동을 촉진하며, 얼굴과 머리에 있는 가로무늬근의 신경 조절이 심장의 신경 조절과 신경생리학적으로 연결되어 있다는 '얼굴—심장 연결face-heart connection'에 의해 정의된다. 다미주 이론에 따르면 얼굴과 심장의 연결은 인간과 다른 포유류들에게, 자율신경상태의 공변인인 얼굴 표정과 발성을 통해 동종同種에게 '안전safety'에 관한 특징들을 감지하고 투사하는 통합적 사회 참여 체계를 제공해준다.

이 모델에 기반하면 우리가 보고, 듣고, 목소리를 내는 방식은 우리가 접근하기에 안전한가에 관한 정보를 전달한다.

최근 내가 어느 웨비나에서 인터뷰를 하고 나서 청취자들이 한 블로그에 자기 견해를 올렸다. 그 내용을 읽으면서 그들이 다미주 이론을, 복잡한 과학을 초월한 하나의 언어로 이해했다는 것을 깨달았다. 과학자로서 내가 해온 훈련, 그리고 과학 논문을 쓰도록 훈련받은 실용적 방식에도 불구하고, 웨비나에서 격식을 차리지 않고 나눈 대화들이 다미주 이론의 본질을 쉽게 전달하는 데 효과적인 수단이 되어줬다. 청취자들과 한 시간에 걸친 인터뷰를 진행하면서 안전을 추구하는 것이 성공적인 삶을 살기 위한 기초라는 메시지에 이르렀다.

이 책을 쓰면서 나는 치유 과정의 중요한 요소로서 '안전하다고 느끼는 것'이 얼마나 중요한지를 강조하고 싶었다. 다미주 관점에서 볼 때 안전감의 결핍은 정신적·신체적 병리로 이어지는 생물행동적 특징의 핵심을 형성한다. 나의 진실한 바람은 안전감이 왜 필요한지를 제대로 이해시켜 새로운 사회적·교육적·임상적 전략들로 이어지도록 하는 것인데, 그 전략들을 통해 다른 사람들도 함께 안전을 추구하도록 초대하여 우리는 더 환영받는 존재가 될 것이다.

차례 ●

다미주 이론을 이해하기 위한 용어들

경계선 인격장애Borderline Personality Disorder

경계선 인격장애BPD는 정동情動의 불안정성과 감정 조절의 어려움을 포함하는 정신의학적 진단명이다. 다미주 관점에서 정동과 감정의 조절은 자율신경계의 신경 조절을 수반한다. 그러므로 이 이론에 따르면 경계선 인격장애는 사회 참여 체계의 결함, 특히 교감신경의 활성을 하향조절하는 배쪽미주경로의 효율성과 연관이 있다는 가설에 이른다. 이 가설은 실험을 통해 지지받고 있다(Austin, Riniolo & Porges, 2007).

경청Listening

경청은 주어진 청각 정보를 이해하기 위한 적극적 과정이다. 경청과 달리 듣기Hearing는 청각 정보를 감지하는 것이다. 다미주 이론에서는 경청 능력을 향상하고 인간의 음성을 이해하는 데 중이 구조의 역할을 중시한다.

경청 프로젝트 프로토콜Listening Project Protocol

경청 프로젝트 프로토콜LPP은 청각 과민성을 줄이고 청각 처리 과정을 개선하며 생리적 상태를 진정시키고 자발적 사회 참여를 돕기 위해 고안된 청각 개입 방법이다. 이 개입법은 최근에 SSPSafe and Sound Protocol라고도 불린다. SSP는 Integrated Listening Systems(www.integratedlistening.com)를 통해서만 전문가들에게 제공된다.

LPP/SSP는 청각 처리 장애를 치료할 때 자주 거론하는 원칙에서 이론적으로 출발했으며, 말소리 처리에서 중심 구조의 역할을 강조한다. 배경 소음을 없애는 중이 근육의 기능을 강화하고 청각 과민성을 줄여서 인간의 말소리를 처리하는 중이의 전달 기능을 최적화하기 위해 이론적으로 고안한 것이다. LPP/SSP는 참가자에게 전달되는 주파수를 조절하기 위해 컴퓨터로 변형한 소리 자극을 사용하는 '훈련' 모델에 기초한다. 이들 소리 자극의 주파수는 이론적으로 배경음에서 인간의 음성을 추출하는 데 사용되는 현대적 기법을 이용해 기록된 주파수대역 및 가중치에 기초하여 선택된다. 사람의 음성을 들을 때 보통은 하행 중심 메커니즘Descending central mechanism을 통해 중이 근육이 수축하고 이소골연쇄가 경직된다. 이 과정은 중이 전달 기능을 바꾸고, 소리 환경에서 대부분의 소음인 저주파 배경음을 효과적으로 제거하며, 상위 뇌 구조에 의해 인간의 말소리가 훨씬 효과적으로 처리될 수 있도록 한다. 음성 주파수 내에서 소리 에너지를 조작하는 것은 음성의 운율을 과장하는 것과 유사하게 중이 근육의 신경 조절을 유도해 이를 조절하는 것인데, 기능적으로 청각 과민성을 감소시키며 심장에서 배쪽미주경로를 증강하여 자발적 사회 참여를 자극하고 생리적 상태를 진정시킨다.

이론적으로 인간 발성의 청각 처리를 개선하기 위해 성악곡이 중이 근육의 신경 조절을 '훈련'하는 데 쓰여왔다. 사람의 정상적 말소리 범위를 대표하는 청각 자극이 조작되어 양쪽 귀에 주어진다. 개입 자극은 헤드폰으로 전달된다. 이 프로토콜은 60분의 듣기로 구성되는데, 참가자가 5일간 연속으로 방해 요인이 없는 조용한 방에서 MP3나 iPod을 통해 듣는다. 이때 참가자가 안정된 상태를 유지하도록 사회적 지지를 제공할 수 있는 임상가나 부모 혹은 연구자가 함께한다〔Porges & Lewis(2010) 참고〕.

계통발생Phylogeny

계통발생은 한 종의 진화 역사를 설명하는 과학으로, 유기체의 분류군을 나누는 데 진화에 기반한 방법들을 제공한다. 다미주 이론에서는 멸종된 원시 파충류에서 포유류에 이르는 변화에 주목하고, 척추동물들의 자율신경기능에서 계통발생적 이행에 관심을 가진다.

계통발생적 위계Phylogenetically ordered hierarchy

다미주 이론에서는 자율신경계의 구성 요소들이 각종 도전을 받을 때 위계를 따라 반응한다고 제안한다. 그 위계 안에서는 계통발생적으로 새로운 회로들이 처음으로 반응을 보인다. 이렇게 진화에 역행하는 패턴은 잭슨이 도입한 소멸의 원리와 일치한다('소멸' 참고). 기능적으로 반응 순서는 유수배쪽미주신경, 교감신경계, 무수등쪽미주신경을 따라 진행된다.

고립로핵Nucleus of solitary track

고립로핵은 뇌간에 위치하며 미주신경의 일차감각신경핵 역할을 한다.

교감신경계 Sympathetic nervous system

교감신경계는 자율신경계를 중요하게 구성하는 두 요소 중 하나로, 움직임을 지원하기 위해 몸 전체의 혈류량을 증가시킨다. 다미주 이론에서는 교감신경계가 움직임과 싸움/도망 행동을 지원하기 위해 심박출량을 증가시키는 역할에 주목한다.

구심성 미주신경 Vagal afferents

미주신경의 약 80퍼센트는 구심성 감각신경이다. 미주감각신경은 대부분 내부 장기에서 시작하여 고립로핵이라 알려진 뇌간 영역으로 들어온다. 중요한 점은, 의학 교육과정에서 구심성 미주신경에 대해 매우 제한적인 이해만을 제공한다는 것이다. 그러므로 의학적 치료에서는 치료받는 장기에서 뇌로 주어지는 피드백의 영향력이 거의 알려지지 않았다. 감각 피드백의 변화는 정신 건강과 육체 건강에 영향을 미칠 수 있다.

구심성 신경 Afferent nerves

다미주 이론은 내장 기관에서 뇌 구조로 정보를 보내는 구심성 섬유들의 하위 집합에 중점을 둔다. 이 경로들을 감각신경이라고도 하는데, 기관이 기관의 상태를 뇌간 조절 구조에 알리는 신호를 전달하기 때문이다.

내부수용감각 Interoception

내부수용감각은 신경계에 의한 의식적 느낌과 신체 과정의 무의식적 모니터링 모두를 나타내는 과정으로, 다른 감각 체계와 유사하게 네 가지 요소로 이루어진다. ① 내부 상태를 평가하기 위해 내부 장기에 위치한 센서, ②

장기에서 뇌로 정보를 전달하는 감각 경로, ③ 내부 상태의 변화에 따라 감각 정보를 해석하고 장기 반응을 조절하는 뇌 구조, ④ 뇌에서 장기로 정보를 전달하고 장기 상태를 변화시키는 운동 경로가 그것이다. 다미주 이론에서 내부수용감각은 생리적 상태의 변화를 뇌에 신호로 전달하는 과정이다 (Porges, 1993). 위험 혹은 안전의 단서가 있는 경우에 내부수용감각은 신경지 과정 후에 일어날 것이다. 내부수용감각은 신체 반응에 대한 의식적 자각을 가져올 수 있지만, 이와 대조적으로 신경지는 의식적 자각 없이 일어난다.

내장운동Visceromotor

내장운동신경은 자율신경계 내의 운동신경으로 민무늬근과 심근, 분비샘을 조절한다. '사회 참여 체계' 참고.

노래하기Singing

다미주 이론에서는 노래하기를 사회 참여 체계의 신경훈련으로 해석한다. 노래를 하려면 우리는 '성악'으로 인식하는 발성을 조절하기 위해 얼굴과 머리 근육을 통제하면서 숨을 느리게 내쉬어야 한다. 느린 날숨은 심장에 대한 배쪽미주경로의 영향을 증가시켜 자율신경상태를 진정시킨다. 호흡의 날숨 단계 동안, 미주운동신경 섬유들은 심장박동이 느려지도록 심장박동조율기에 억제 신호(즉 미주신경 브레이크)를 보낸다. 호흡의 들숨 단계 동안 심장에 미치는 미주신경의 영향은 약해지며 심장박동 수는 증가한다. 노래에는 들숨에 비해 긴 날숨이 필요한데, 이는 미주신경이 중재하는 생리적 진정 상태를 촉진한다. 노래를 하는 과정은 안면 근육, 경청을 위한 중이 근육, 목소리 억양을 위한 후두 근육 및 인두 근육을 포함하는 얼굴과 머리 근육의 신경 조절 훈련과 '미주신경 브레이크'를 켜고 끄는 훈련을 연결한다. 따라서 노래하기는 통합적 사회 참여 체계를 연습하는 기회가 될 수 있다. 합창, 소리 내어 읽기, 악기 연주도 이 체계를 훈련하는 기회를 제공한다.

놀이Play

상호적인 놀이를 다미주 이론에서는 정신적·신체적 건강을 도와주는 신경 기전을 촉진하기 위해 생리적 상태의 공동 조절을 향상하는 '신경훈련'으로 정의한다. 신경훈련으로서 상호적인 놀이는 개인들 사이에 동시적이고 상호 호혜적인 행동을 요구하며, 각자의 사회 참여 체계에 관한 인식을 필요로 한다. 사회 참여 체계에 접근할 수 있으면 교감신경의 활성화가 신경계를 장악하여 가동화에 관여해도 장난스러운 움직임이 공격적인 행동으로 이행되는 결과를 야기하지 않는다.

뇌신경Cranial nerves

척수신경이 척수의 분절에서 나오는 데 비해 뇌신경은 뇌에서 직접 나온다. 뇌신경은 기능적으로 운동 경로와 감각 경로를 모두 포함하는 도관이다. 인간은 12쌍의 뇌신경(I-XII), 즉 후신경(I), 시신경(II), 동안신경(III), 활차신경(IV), 삼차신경(V), 외전신경(VI), 안면신경(VII), 내이신경(VIII), 설인신경(IX), 미주신경(X), 부신경(XI), 설하신경(XII)을 가지고 있다. 감각 및 운동에 관해 여러 내장 기관과 연락하는 통로가 되어주는 미주신경 외에 다른 뇌신경들은 주로 머리와 목 사이에서 오가는 정보를 전달한다.

단일 시행 학습Single trial learning

단일 시행 학습은 반응과 자극이라는 단일쌍에서 일어나는 학습의 특정 형태로, 시간이 지나면 반복된 노출에 의해서는 강화되지 않는다. 다미주 이론에서 단일 시행 학습이 발생하는 경우는 대부분 그 반응이 등쪽미주회로의 특징을 포함할 때이다. 더욱이 이 이론에서는 대개 PTSD에 선행하는, 목숨이 위태로운 상황에서 나타나는 급격한 셧다운 반응이 단일 시행 학습의 발현이라고 바라본다. 그러므로 조건반응으로 배변, 죽은 척하기, 졸도, 메스꺼움을 포함하는 단일 시행 학습 패러다임은 트라우마 생존자 치료에 대한 통찰을 제공할 것이다.

등쪽미주집합체Dorsal vagal complex

등쪽미주신경 집합체는 뇌간에 위치하며, 주로 미주등쪽핵과 고립로핵이라는 두 개의 핵으로 구성되어 있다. 이 영역은 고립로핵에서 끝나는 미주신경의 감각 경로를 통해 전달되는 내장 기관의 감각 정보, 그리고 미주등쪽핵에서 시작하여 내장 기관에서 종료되는 운동 정보를 융합하고 조정한다. 두 핵 모두 각 핵의 특정 구역이 특정 내장 기관과 연관되어 있는 내장 기관 조직을 가지고 있다. 이 핵에서 나오는 운동 경로는 미주신경을 통과하며 주로 횡격막하 기관들에서 종료되는 무수미주신경경로를 제공한다. 그러나 무수미주신경경로의 일부는 심장이나 기관지 같은 횡격막상 기관들에서 종료될 수도 있다. 이것이 조산아의 서맥을 일으키는 기전일 가능성이 높고, 천식과도 관련되어 있을 수 있다. 미주등쪽핵에서 기원하는 미주신경경로들은 다양한 출판물에서 등쪽미주, 횡격막하 미주, 무수미주, 식물성 미주로 언급됐다.

미각혐오Taste aversion

미각 혐오는 한 번의 시도로 학습되는 예이다('단일 시행 학습' 참고). 대개 오심이나 구토를 야기하는 음식을 먹은 후에 생겨난다. 암 환자는 치료 실행 시기와 근접하여 먹은 음식에 항암 치료로 오심을 일으키면 그것이 정상적인 식단이어도 혐오감을 드러낸다. 다미주 이론을 통하면 미각 혐오를 지속시키는 신경학적 과정을 통해 트라우마가 어떻게 신경계에 각인되는지, 왜 트라우마를 치료하기가 어려운지에 대해 더 잘 이해할 수 있게 된다.

미주신경Vagus

미주신경은 열 번째 뇌신경이다. 미주신경은 자율신경계 중 부교감신경 분지의 주된 신경이다. 미주신경은 의문핵과 미주등쪽핵에서 기인한 운동신경경로, 그리고 고립로핵에서 끝나는 감각신경경로 모두를 포함하는 통로 기능을 한다. 목, 흉부, 복부를 포함한 몸 전체의 구조들과 뇌간 영역들을 연결한다. 다미주 이론에서는 척추동물의 자율신경계에 일어난 계통발생적 변화를 강조한다. 또한 포유류가 출현하면서 미주신경의 운동신경경로에 생겨난 특별한 변화에 초점을 맞춘다.

미주신경 긴장도Vagal tone

미주신경 긴장도, 더 정확히는 심장미주신경톤은 보통 심장에 있는 유수배쪽미주경로의 긴장성 영향과 관계가 있고, 흔히 호흡성 동성 부정맥의 진폭과 연동한다.

미주신경 브레이크Vagal brake

미주신경 브레이크는 미주신경경로가 심장에 억제적 영향을 주어 심장박동조율기의 자체적 박동 수를 느리게 하는 것을 말한다. 미주신경이 더 이상 심장에 영향을 주지 못하면 심장박동은 교감신경의 자극 없이도 자발적으로 증가하게 된다. 젊고 건강한 성인의 고유한 심장박동은 분당 90회 정도이다. 그러나 기저 심장박동 수는 미주신경이 '미주신경 브레이크'로서 미치는 영향이라고 주목할 만큼 더 느리다. 미주신경 브레이크는 미주신경이 심장박동조율기에 영향을 미치거나 미치지 않는 활동을 반영한다. 미주신경 브레이크는 유수배쪽미주신경을 통해 중재된다고 추정된다. 무수미주신경 섬유들이 조산아에게서 임상적인 서맥을 일으키는 것으로 여겨지지만, 이 과정은 미주신경 브레이크의 개념에서는 나타나지 않는다. 그래서 미주신경 브레이크의 산물로 임상적인 서맥을 논의하려면 보호 기능을 하는 배쪽미주신경의 영향이 아니라 다른 미주신경의 메커니즘 때문임을 명확히 해야 한다.

미주신경의 역설Vagal paradox

미주신경은 내장 기관을 보호하는 방향으로 영향을 미친다고 추정되어왔다. 그러나 미주신경의 영향으로 치명적인 심정지, 파괴적인 실신이나 배변을 일으킬 수 있다. 이런 반응들은 때때로 두려움과 연관되는데 미주신경이 매개한다. 이 같은 미주신경의 역설은 조산아의 보호적인 호흡성 동성 부정맥과 잠재적으로 치명적일 수 있는 서맥을 연구하면서 처음 관찰됐다. 이는 역설적인데 호흡성 동성 부정맥과 서맥은 둘 다 미주 기전에 의해 매개되기 때문이다. 이 모순은 이런 반응들을 일으키는 서로 다른 미주신경경로가 있다는 다미주 이론의 소개로 해소됐다.

배쪽미주복합체Ventral vagal complex

배쪽미주신경 복합체는 심장 및 기관지, 그리고 얼굴과 머리에 있는 가로무 늬근의 조절에 관여하는 뇌간 영역이다(23쪽 도표 참고). 특히 이 복합체는 내장운동경로를 통해 심장과 기관지를 조절하는 의문핵, 삼차신경 및 안면 신경의 핵과 특정 내장 원심성 경로를 통해 저작근 및 중이·얼굴·후두·인 두·목의 근육을 조절하는 것들의 복합체이다. '사회 참여 체계' 참고.

부교감신경계Parasympathetic nervous system

부교감신경계는 자율신경계의 두 가지 주요 부분 중 하나이다. 부교감신경 계의 1차 신경 경로는 미주신경이며 건강, 성장, 회복을 뒷받침한다. 하지만 다미주 이론에서는 일반적으로 항상성과 건강을 지원하는 특정한 미주신경 경로가 생명을 위협받는 일정 조건에서는 방어적으로 반응하면서 건강과 연관된 기능을 억제할 수도 있다고 강조한다.

불안Anxiety

불안은 종종 심리적(두려움이나 걱정에 대한 정서적 느낌) 혹은 정신적(불안장 애) 관점에서 정의된다. 다미주 이론에서는 불안을 정의하는 심리적 느낌의 기초가 되는 자율신경상태를 강조한다. 이 이론에서는 '배쪽'미주회로('배쪽 미주복합체' 참고)와 사회 참여 체계('사회 참여 체계' 참고)가 하향조절되는 동 시에 교감신경계가 활성화되는 자율신경상태가 불안을 좌우한다고 가정 한다.

사이버네틱스Cybernetics

MIT 수학자인 노버트 위너Norbert Wiener는 동물과 기계에서 제어와 통신을 연구하는 과학 분야를 정의하기 위해서 '사이버네틱스'라는 용어를 만들었다(1948). 다미주 이론에서는 신체 내에서, 그리고 생리적 상태를 상호 조절하는 개인들 사이에서 일어나는 피드백 루프를 강조하기 위해서 사이버네틱스 개념들을 사용한다. 이와 유사한 개념들이 이 책에서 전반적으로 다루어진다.

사회 참여 체계Social engagement system

옆 도표와 같이 사회 참여 체계는 신체운동 요소와 내장운동 요소로 이루어져 있다. 신체운동 요소는 얼굴과 머리의 가로무늬근을 조절하는 특정 내장 원심성 경로('특정 내장 원심성 경로' 참고)를 포함한다. 내장운동 요소는 심장과 기관지를 조절하는 횡격막상 유수미주신경을 포함한다. 기능적으로 사회 참여 체계는 얼굴 및 머리 근육들과 함께 심장을 조율하는 심장—얼굴 연결에서 나타난다. 이 체계의 초기 기능은 빨기—삼키기—숨쉬기—발성하기를 조율하는 것이다. 삶의 초기에서 이 체계의 비정형적 조율은 차후에 사회적 행동과 정서적 조절에 어려움을 겪을 수 있다는 하나의 지표가 된다.

상호 조절Co-regulation

다미주 이론에서 상호 조절은 개인들 사이의 생리적 상태를 상호적으로 조절하는 것이다. 예를 들어 엄마와 영아의 양자 관계에서 엄마만 아기를 진정시키는 것이 아니다. 아기가 엄마의 목소리, 표정, 몸짓에 편안해하고 차분해지는 반응을 보이는 것 자체에 엄마를 안정시키는 상호적 효과가 있다. 엄

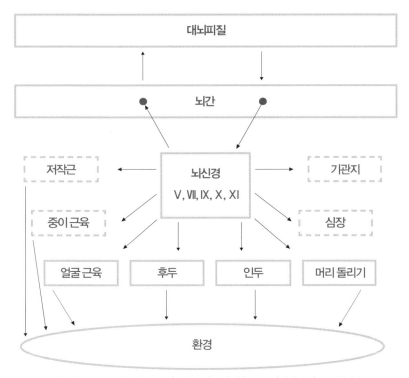

사회 참여 체계는 신체운동 요소(실선 박스)와 내장운동 요소(점선 박스)로 구성된다.

마가 아기를 진정시키지 못한다면 엄마의 생리적 상태도 조절되지 않는다. 상호 조절 효과는 가족과 같은 집단으로 확장될 수 있다. 예를 들어 가족 구성원의 사망 후에 다른 가족은 종종 애도하는 사람의 생물행동적 상태를 지지해주는 존재가 된다.

생리적 상태Physiological state
'자율신경상태'를 참고하라.

생물학적 과제Biological imperative

생물학적 과제란 살아 있는 유기체가 존재를 영속시키기 위해 필수적으로 필요한 것이다. 여기에는 생존, 영역, 적합성, 생식이 포함된다. 다미주 이론에서는 타인과의 연결이 인간에게 일차적으로 필요한 생물학적 과제라고 여긴다. 이 연결을 통해 정신적·신체적 건강을 최적화하는 생리적 상호 조절이 이루어진다. 이 이론은 사회 참여 체계가 '연결'과 '상호 조절'을 시작하고 유지하는 역할에 초점을 둔다.

생물학적 무례함Biological rudeness

우리 신경계는 배쪽미주신경을 통해서 자율신경계의 방어를 하향조절할 때 타인이 반응해 오는 호혜적 상호작용을 예측하여 사회 참여를 하도록 진화해왔다. 참여 신호를 무시당하거나 적대적인 반응으로 이 신경 기대치가 깨지면 자율신경계는 방어를 강화하는 상태로 즉각 광범위하게 전환한다. 이는 상처받았다는 정서적 반응과 공격받았다는 개인적 이야기를 만들어낸다. 생물학적 무례함은 이렇게 자발적 사회 참여에서 상대의 반응이 없을 때 자율신경계의 방어를 촉발하고 이것이 불쾌한 반응을 불러와서 공격적 반응까지 일으킬 수 있는 단계적 과정을 말한다.

소멸Dissolution

소멸은 진화를 역방향으로 설명하기 위해 철학자 허버트 스펜서Herbert Spencer가 소개한 개념이다. 존 휴링스 잭슨John Hughlings Jackson이 뇌 손상과 뇌 질환이 어떻게 '진화의 상실de-evolution' 과정과 비슷하게 기능하는지를 설명하기 위해 이 개념을 도입했는데, 이에 따르면 진화적으로 오래된 회로들이 억제받지 않게 된다(Jackson, 1884). 다미주 이론에서는 자율신경계의 계통발생적 위계를 설명하는 데 소멸을 적용한다. 즉 자율신경계는 점진적인 진화 과정에서 더 오래된 회로가 반응한다는 것이다. '계통발생적 위계' 참고.

식물성 미주신경Vegetative vagus
'등쪽미주복합체'를 찾아보라.

신경 기대치Neural expectancy
다미주 이론에서 신경 기대치는 자발적인 사회 참여 행동에 대한 상호적 반응을 예측하는 신경계와 연결되어 있는 성향을 나타낸다. 신경 기대치는 사회적 상호작용과 유대 및 신뢰를 촉진한다. 신경 기대치가 충족되면 차분한 상태가 유지되는 반면, 이런 기대치를 방해받으면 생리적 방어 상태를 촉발할 수 있다. '놀이'와 '신경훈련' 참고.

신경지Neuroception
신경지는 신경계가 의식하지 않고 위험을 평가하는 과정이다. 자동으로 일어나는 이 과정은 안전, 위험, 생명의 위협에 대한 신호를 평가하는 뇌 영역들과 관련 있다. 일단 이런 것들이 신경지를 통해 감지되면 생리적 상태는 자동으로 생존을 최적화하는 방향으로 변하게 된다. 일반적으로 우리가 신경지를 촉발하는 신호들을 인지하지 못하더라도 생리적 변화(배부름 같은 내장 기관에 의한 내부수용감각)는 인식하는 경향이 있다. 우리는 가끔 내장이나 심장의 느낌들로, 혹은 위험에 처했다는 직감으로 이것을 경험한다. 또한 이 시스템은 대안적으로 신뢰, 사회 참여 행동, 강력한 관계 구축을 지원하는 생리적 상태도 촉진한다. 신경지가 항상 정확한 것은 아니다. 신경지에 결함이 생기면 위험하지 않을 때도 위험을 감지하거나, 위험할 때 안전 신호로 잘못 알아차리게 될 수 있다.

신경훈련Neural exercise

다미주 이론에서는 생리적 상태의 조절을 최적화하도록 해주는 신경훈련에 중점을 둔다. 이 이론에 따르면 신경훈련은 사회적 상호작용을 통해 생리적 상태를 일시적으로 혼란시켰다가 복구해주는데, 이런 훈련은 회복 탄력성을 키워준다. 까꿍 놀이는 부모가 아이에게 자주 쓰는 신경훈련의 예이다.

신체운동Somatomotor

신체운동경로는 가로무늬근을 조절하는 운동신경경로이다. 뇌신경을 통해 얼굴과 머리의 가로무늬근을 조절하고, 척수신경을 통해 팔다리와 몸통의 근육을 관장한다. '사회 참여 체계' 참고.

심장박동변이도Heart rate variability

심장박동변이도는 심장박동들 사이의 시간적 변동성을 말한다. 건강한 심장은 일정한 속도로 뛰지 않는다. 신경이 분포하지 않는 심장만 일정한 속도로 뛸 것이다. 심장박동변이의 많은 부분은 미주신경의 영향, 특히 수초화된 배쪽미주신경('배쪽미주복합체' 참고)에 의해 결정되고, 그것은 호흡성 동성 부정맥('호흡성 동성 부정맥' 참고)으로 나타난다. 심장박동변이에 미치는 다른 영향은 등쪽미주신경에서 올 수 있다. 심장으로 가는 미주신경을 아트로

핀으로 차단하면 모든 심장박동변이를 제거하게 될 것이다.

도전/도피 방어 체계Fight/flight defense system

도전과 도피는 포유류가 우세하게 동원하는 방어 행동이다. 도망치거나 싸울 때 요구되는 대사적 요구를 충족하기 위해서는 교감신경계의 활성화가 필수적이다. 배쪽미주회로의 철수와 통합적 사회 참여 체계의 약화는 싸움과 도망이라는 행동의 대사적 요구를 충족하기 위해 교감신경계의 효과적 활성화를 효율적으로 촉진한다.

안전Safety

다미주 이론은 안전과 신뢰에 관한 신경생리학적 모델을 제안한다. 이 모델에서 안전이란 위협을 제거하는 것이 아니라 안전하다고 느끼는 것으로 정의된다. 안전감은 세 가지 조건에 좌우된다. ① 자율신경계가 방어를 지원하는 상태에 있지 않다. ② 사회 참여 체계는 교감신경의 활성화를 하향조절하고 기능적으로 교감신경계와 등쪽미주경로가 건강, 성장, 회복을 지원하는 최적의 범위(항상성) 안에 있도록 활성화될 필요가 있다. 또한 ③ 신경지를 통해 안전 신호(예컨대 운율적인 발성, 긍정적인 얼굴 표정과 몸짓)를 감지하도록 활성화될 필요가 있다. 매일의 상황에서 안전 신호는 신경지 과정을 통해 사회 참여 체계를 작동시킴으로써 그 시퀀스를 시작하는데, 이는 자율신경상태가 항상성 범주 안에 있도록 하고, 자율신경계가 방어 반응을 하는 것을 통제한다. 이런 자율신경상태의 제한적 범주는 '관용의 창the window of tolerance(Ogden 등, 2006 ; Siegel, 1999)'이라 불려왔으며, 치료에 포함된 신경훈련을 통해 확장될 수 있다.

연결성Connectedness(유대감)

다미주 이론에서는 사회적 연결성을 인간이 다른 사람과 맺는 신뢰의 관계라고 정의하며 생물학적 과제로 간주한다. 인간은 반려동물들과도 유대감을 느낄 수 있는데, 그 동물들은 보통 상호적인 사회 참여 체계를 지닌 포유류이다.

애착Attachment

애착은 엄마와 아이의 관계처럼 두 사람 사이에 형성되는 강력한 정서적 유대를 반영하는 심리적 구조이다. 다미주 이론은 애착이 일어날 수 있게 하는 사회 참여 체계('사회 참여 체계' 참고)에서 드러나는 안전의 특징에 중점을 둔다. 운율적인 목소리, 긍정적인 표정, 환영하는 몸짓은 사회 참여 체계가 활성화될 때 자연스럽게 나타나는 안전과 신뢰의 신경지('신경지' 참고)를 통해 유발된다.

옥시토신Oxytocin

옥시토신은 포유류 호르몬으로 뇌에서 신경전달물질의 역할도 한다. 주로 뇌에서 만들어지고 뇌하수체에서 방출된다. 여성의 옥시토신은 출산과 모유 수유를 포함한 생식 기능도 조절한다. 하지만 옥시토신은 남성과 여성 모두에게서 분비된다. 뇌에서 옥시토신은 사회적 인지Social cognition와 사회적 인식Social recognition에 관여한다. 옥시토신의 사회적 기능은 옥시토신이 배쪽미주복합체와 등쪽미주복합체를 포함하는 뇌간 영역에 미치는 영향과 관련되어 있다. 두 미주신경 복합체는 옥시토신 수용체를 충분히 가지고 있기 때문에, 옥시토신에 기인한 긍정적 특징들은 사회 참여, 혹은 두려움 없이도 일어나는 부동화같이 다미주 이론에서 긍정적으로 기술되는 특징들과 중복된다.

외상후 스트레스 장애 Post-Traumatic Stress Disorder

PTSD는 정신의학적 진단으로 성폭행, 심각한 상해, 전쟁, 지진, 허리케인, 끔찍한 사고와 같이 외상성 사건을 경험한 결과를 나타낸다. 다미주 이론에서는 사건 자체의 특성이 아니라 사건에 대한 반응에 초점을 맞춘다. 이렇게 반응에 주목하는 것은 보통 '트라우마' 사건에 대한 개인의 반응이 굉장히 다양하기 때문이다. '트라우마' 사건은 개인에게 엄청난 충격을 가하고 그들의 삶에 지장을 줄 수 있지만, 사람에 따라 좀 더 회복력이 있고 그 영향을 덜 받을 수 있다. 반응성과 회복 궤도의 다양성 때문에 다미주 이론에서는 자율신경상태의 신경 조절 변화를 유추하기 위해 반응의 프로파일에 초점을 맞추고, 등쪽미주경로를 통해 중재된 생명 위협 반응을 강조한다. 이 이론에 기반하면 PTSD와 연관된 많은 문제는 생명 위협 반응에 따라 발생하는 특징으로, 이때의 반응은 사회 참여 체계의 기능 장애로 드러나고, 자율신경계와 등쪽미주회로가 방어 반응에서 낮은 역치를 보인다.

요가와 사회 참여 체계 Yoga and the social engagement system

다미주 이론에서는 호흡과 관련 있는 요가를 미주신경 브레이크의 특수한 신경훈련의 일종으로 해체해 분석한다('미주신경 브레이크' 참고). 프라나야마 요가 Pranayama yoga 는 기능적으로 사회 참여 체계를 위한 요가인데 호흡 훈련과 얼굴 및 머리의 가로무늬근 운동을 모두 포함하고 있기 때문이다(23쪽 도표 참고).

우울증Depression

우울증은 느낌·생각·행동에 영향을 끼치는, 흔하고 심각한 기분장애이다. 다미주 이론에서는 우울증이 이 이론으로 설명 가능한 생리적 상태 프로파일을 가지고 있다고 가정한다. 여기에는 사회 참여 체계의 하향조절, 그리고 교감신경경로와 등쪽미주경로 사이의 비정형적 조정이 포함된다. 이런 비정형적 조정 때문에 교감신경의 활성화에 따른 높은 수준의 운동 활동, 그리고 저하된 교감신경의 활성과 증가된 등쪽미주신경의 활성이 야기하는 무기력 사이를 넘나들 수 있다.

운율Prosody

운율은 정서를 전달하는 목소리의 억양이다. 다미주 이론에 따르면 운율은 미주신경 기전을 통해 중재되는데, 생리적 상태에 관한 정보를 전달하는 심장박동변이(호흡성 동성 부정맥)와 유사하다.

원심성 신경Efferent nerves

원심성 신경은 중추신경계(뇌와 척수신경)에서 목표 장기까지 정보를 전달하는 신경 경로이다. '운동성 섬유'라고도 불리는데, 장기로 신호를 보내서 장기의 기능에 영향을 미치기 때문이다.

의문핵Nucleus ambiguus

의문핵은 뇌간에서 미주신경의 등쪽운동핵 앞쪽에 위치한다. 의문핵 세포들은 세 가지 뇌신경인 설인신경, 미주신경, 더부신경과 연관된 운동신경세포들을 포함하는데, 이들은 신체운동경로를 통해 인두, 후두, 식도 및 목의 가로무늬근을 조절하고 유수배쪽미주경로를 통해 기관지와 심장을 조절한다.

자기 조절Self-regulation

자기 조절은 다른 사람의 도움 없이 자기 행동을 조절할 수 있는 개인의 능력을 말할 때 빈번하게 사용하는 용어로, 대개 교실이나 새로운 상황에서 아이가 얼마나 잘 대응하는가를 특징적으로 보여준다. 다미주 이론에서는 자기 조절을 배워서 습득하는 기술로 다루지 않고, 다른 사람에게서 안전 신호를 받을 수 없는 상황에서도 안전감을 유지할 수 있게 해주는 신경계의 산물로 설명한다. 그리고 상호 조절 과정을 통해 개인이 자기 조절 역량을 발달시킨다고 강조한다. 이때 상호 조절 기능이란 상호 조절을 할 수 없는 상황에서도 자기 조절을 할 수 있는 능력을 향상하는 신경훈련으로 정의하여, 개인들이 서로 동시에 주고받는 호혜적 상호작용을 중시한다.

자율신경계Autonomic nervous system(다미주 이론)

다미주 이론에서는 부교감신경계에서 가장 중요한 역할을 하는 미주신경을 중요하게 여긴다. 미주신경은 열 번째 뇌신경으로, 뇌간 영역과 여러 내장 장기를 연결한다. 이 이론에서는 미주신경을 통해 뻗어가는 두 가지 (원심성) 운동신경경로의 차이를 강조한다. 각각의 경로는 뇌간의 다른 영역에서 시작된다(미주등쪽핵과 의문핵). 미주신경의 등쪽운동핵(등쪽미주신경)에서 시작하는 주요 운동신경경로는 수초화되어 있지 않고, 횡격막 아래에 위치한 내장 기관에서 끝난다(횡격막하 미주신경). 의문핵(배쪽미주신경)의 주요 운동신경경로는 수초화되어 있고, 횡격막 위에 위치한 내장 기관에서 끝난다(횡격막상 미주신경).

다미주 이론에서는 감각신경경로를 포함하는 자율신경계를 좀 더 포괄적으로 정의하고, 자율신경기능을 조절하는 뇌간 영역을 강조한다. 이 이론에서는 배쪽미주신경의 뇌간 조절과 얼굴 및 머리에 있는 가로무늬근의 조절을 연결하여 통합적 사회 참여 체계를 형성한다(23쪽 도표, '배쪽미주복합체', '사회 참여 체계' 참고).

전통적 모델에서는 내장 기관에 미치는 만성적 영향에 중점을 두는 것과 달리, 다미주 이론에서는 자율신경적 반응성을 강조한다. 다미주 이론은 미주신경경로와 교감신경경로 사이에 일어나는 상호 길항의 총합으로서 내장 기관에 대한 자율신경의 만성적 영향을 해석하는 전통 모델을 받아들인다. 그러나 이 이론에서는 자율신경의 계통발생적 위계 질서를 제시하는데, 도전을 받으면 '소멸'의 원칙('소멸' 참고)과 일치하는 방법으로 진화의 역사를 거스르며 작용한다.

다미주 이론에서는 사회 참여 체계와 연결된 배쪽미주신경이 최적으로 작동할 때 자율신경계가 건강, 성장, 회복의 기능을 다한다고 상정한다. 이런 배쪽미주신경의 상태일 동안, 교감신경계와 횡격막하 장기로 가는 등쪽미주경로 사이에 최적의 '자율신경균형'이 이루어진다. 배쪽미주신경의 기능이 약화되거나 중지되면 자율신경계는 방어를 하는 데 최적화되고 건강하지 않게 된다. 이 이론에 따르면 이런 방어 반응은, 교감신경의 활동성 증가로 등쪽미주신경의 기능이 억제되어 도전/도피 행동 전략이 촉진되는 식으로 나타나기도 하고, 생물행동적 셧다운으로 교감신경의 활동성이 감소되고 등쪽미주신경의 영향이 급증하여 결국 실신, 배변, 포유류가 죽음을 가장할 때 보이는 운동 반응의 억제가 초래되는 식으로 나타나기도 한다.

자율신경계Autonomic nervous system(전통적 관점)

자율신경계는 의식적인 인지 없이 우리 몸의 내장 기관들을 조절해주는 신경계의 일부분이다. 용어 자체가 자동적인 방식으로 조절된다는 것을 알려준다. 전통적으로 자율신경계는 교감신경계와 부교감신경계 두 가지로 구분한다. 감각신경과 운동신경은 내장 기관과 뇌 사이의 양방향 소통을 가능하게 해주는데, 전통적인 관점에서는 뇌에서 특정 장기로 뻗어나가 분포하는 교감·부교감 신경의 운동신경경로의 길항적 영향을 강조하고, 장기에서 뇌나 뇌간으로 뻗어가는 감각신경경로를 강조하지 않는다.

자율신경균형Autonomic balance

자율신경균형은 자율신경계의 교감신경과 부교감신경 사이의 균형을 말한다. 자율신경계의 두 가지 신경이 여러 내장 기관에 분포하는데, 자율신경균형은 비슷한 영향력을 지닌 두 신경의 선형축적모델로 추정된다. 예를 들어 교감신경계는 심장박동 수를 증가시키고 부교감신경계는 미주신경(부교감신경계의 주요 신경 요소)을 통해 심장박동 수를 감소시키기 때문에, 높은 심장박동 수는 자율신경균형이 교감신경의 흥분 쪽으로 치우쳐 있음을 나타낸다고 해석할 수 있다. 반면에 낮은 심장박동 수는 부교감신경의 흥분으로 여겨진다.

'자율신경균형'이라는 용어로 자주 사용하지만, 자율신경계의 기능 부전에 '비정형 자율신경균형'이 있을 때도 사용된다. 다미주 관점에서 자율신경균형에 주목하면, 자율신경계가 도전에 어떻게 대응하는가에 관한 계통발생적 위계 반응 순서의 중요성이 모호해진다. 다미주 이론에 따르면, 유수배쪽미주경로의 사회 참여 체계가 작동할 때 횡격막하 장기들의 조절에서 최적의 자율신경균형을 지지해주는 독특한 자율신경상태가 드러나게 된다. 교감신경과 무수등쪽미주경로를 통한 횡격막하 장기들의 최적의 자율신경균형은 배쪽미주경로의 활성화에 따라 새롭게 발생하는 결과물이다. 자율신경 반응의 위계적 성질 때문에 배쪽미주경로의 활성화는 방어 상태에서 두 자율신경이 횡격막하 장기들을 조절하게 해준다.

자율신경상태 Autonomic state

다미주 이론에서 자율신경상태와 생리적 상태는 서로 호환될 수 있는 구조이다. 이 이론에서는 자율신경상태의 신경 조절을 제공하는 세 가지 일차적 회로를 기술한다. 자율신경상태는 배쪽미주경로, 등쪽미주경로, 교감신경경로에 의해 선택적으로 조절된다. 자율신경상태는 이들 경로의 활성화를 반영한다. 일반적으로 신경을 통해 특정 상태를 일차적으로 조절하는 각각의 회로가 있다는 데 초점을 둔다. 배쪽미주회로는 사회 참여 행동에 관여하고, 교감신경계는 가동화 방어 행동(도전/도피)에 관여하며, 등쪽미주회로는 부동화 방어 행동에 관여한다. 그러나 자율신경상태가 배쪽미주회로와 사회 참여 체계의 활성화와 함께 일어날 때는 방어적이지 않은 가동화와 부동화를 지원할 수 있다('자율신경균형'과 '사회 참여 체계' 참고). 그러므로 사회 참여 체계와 교감신경계가 함께 작동하면 방어를 일으키지 않고도 가동화되어 움직일 수 있다. 이는 공격적 움직임이 사회 참여 행동에 의해 억제되는 놀이에서 관찰된다. 이와 유사하게, 사회 참여 체계가 등쪽미주회로와 함께 동반되면 안전 신호(운율적인 목소리, 얼굴 표정)가 방어(셧다운, 행동 붕괴, 해리)를 일으키지 않고도 부동화를 일으킨다. 이는 친밀감을 느끼는 동안이나 신뢰하는 관계에서 관찰된다. 따라서 사회 참여가 가동화나 부동화와 동반되면 세 가지 자율신경회로는 서로 다른 종류의 행동과 연관된 다섯 가지 상태, 즉 '사회 참여, 도전/도피, 놀이, 셧다운, 친밀감'을 일으킨다.

자폐Autism

자폐 스펙트럼 장애ASD, Autism Spectrum Disorder는 의사소통에 문제가 있고 사람들과 관계를 맺기 어려워하는 것을 포함하는 복합적 정신과 진단이다. 다미주 이론에서는 사회 참여 체계('사회 참여 체계' 참고)의 침체를 반영하는 특징들이 드러날 때 ASD로 진단한다는 견해에 중점을 둔다. 따라서 ASD를 앓는 사람들은 대체로 목소리에 운율이 없으며, 청각이 과민하고, 청각을 처리하는 데 어려움을 보이며, 눈맞춤이 잘되지 않고, 특히 얼굴 윗부분의 표현력이 감소하며, 짜증에서 자주 나타나는 심각한 행동 상태 조절 문제를 겪는다. 다미주 이론에서는 이런 문제들의 선행 원인에는 중점을 두지 않지만, 낙관적인 관점을 취하여 신경계가 안전 신호에 어떻게 반응하는지 신경지를 통해서 이해함으로써 사회 참여 체계의 침체로 ASD에서 관찰되는 많은 특징을 바꿀 수 있다고 가정한다. 이 이론에 근거한 치료 개입 전략에서는 사회 참여 체계를 활성화하는 것을 강조한다. 다미주 이론에서는 부족한 사회 참여 체계 외에는 ASD의 특징에 대해 어떤 가정도 하지 않는다.

장관신경계Enteric nervous system

장관신경계는 위장관계의 기능을 관장하는 신경들이 그물처럼 얽혀 있는 체계로, 식도에서 시작하여 항문까지 이어지는 위장관계의 내벽에 내장되어 있다. 장관신경계는 자율신경계로부터 많은 신경 분포를 받지만 자율적인 기능을 수행할 수 있다. 다미주 이론에서는 등쪽미주회로('등쪽미주복합

체' 참고)가 방어를 위해 활성화되지 않을 때 활성화되는 배쪽미주회로('배쪽
미주복합체' 참고)에 의존하여 장관신경계가 최적의 기능을 수행한다고 가정
한다. 이는 배쪽미주회로가 활성화됐을 때 일어나는 현상이다.

적응 행동Adaptive behavior

다미주 이론에서는 생리적 상태를 조절하는 데 행동이 미치는 영향에 초점
을 맞추어 자발적 행동의 적응 기능을 강조한다. 이 관점은 진화론적 모델을
기반으로 하는데 행동이 건강·성장·회복을 최적화하는 방식으로 생존을
강화하거나, 고통을 최소화하거나, 생리적 상태에 영향을 미친다면 그 행동
은 적응적인 것으로 해석한다. 처음에는 적응적이던 행동이 부적응적일 때
도 있다. 예를 들어 위협이 발생한 초기에 생존을 강화하거나 고통을 최소화
해준 예민한 행동이 위협이 사라진 상황에서도 만성적으로 동원되는 경우
가 생길 수 있다. 그런 행동은 생존을 최적화하지 않고 생리적 기능을 손상
하거나 고통을 증폭할 수 있기 때문에 부적응적일 것이다. 트라우마의 경우,
생명을 위협받는 상황에서 초기에 적응적이었던 반응(부동화나 기절)이 덜
위협적인 상황에서도 반복되거나 약간 변형되어(해리) 나타나면 부적응적
일 수 있다.

죽은 척하기Death feigning/셧다운 체계shutdown system

포유류의 경우에는 신경계가 특정한 상황에서만 죽은 것처럼 보이는 원초
적 방어 반응으로 되돌아간다. 이런 방어 패턴은 계통발생적으로 포유류보
다 앞서 나타난 파충류와 양서류 같은 척추동물에게서 흔히 발견된다. 포유
류는 산소가 많이 필요한 동물이다. 따라서 죽은 척하기에서 나타나는 부동

화는 혈액의 산소포화도를 높이는 능력의 감소, 그리고 의식을 유지하기 위해 뇌에 산소포화도가 높은 혈액을 충분히 공급하는 능력의 장애와 연관되어 있다. 이런 자율신경기능의 심각한 저하는 등쪽미주회로의 활성화에 기인하며, 호흡을 억제하고(무호흡) 심장박동이 느려지게 한다(서맥). 다미주이론에서는 죽은 척하기가 도전/도피 반응의 유용성이 거의 없는 상황에서, 가령 묶여 있거나 탈출할 수 없을 때 생명의 위협에 적응적으로 반응하는 것이라고 설명한다. 생명이 위협받는 상황이면 신경계는 신경지를 통해 고대의 부동화 방어 체계로 돌아간다. 이 이론에서는 트라우마 반응을 이해하는 데도 생명의 위협에 대한 이런 반응의 측면을 강조한다. 그 기능상 트라우마 반응을, 생명의 위협에 대한 기절(미주신경성 실신)·배변·해리 등 죽은 척하기의 양상을 포함하는 신체의 생리적 반응으로 간주한다.

중이 근육Middle ear muscles

몸에서 가장 작은 두 개의 가로무늬근인 고막장근과 등골근은 중이에 위치한다. 중이는 고막과 달팽이관(내이) 사이에 자리 잡고 있다. 중이 구조물로는 이소골들과 이소골연쇄 경직도를 조절하는 근육들이 있다. 이 근육들이 긴장하면 이소골연쇄가 경직되고 고막의 긴장도가 증가한다. 이런 과정이 내이에 도달하는 소리의 특성을 변화시킨다. 내이는 소리를 신경 신호로 바꾸어 뇌에 전달한다. 중이 근육들이 긴장하면 저주파 소리의 영향이 줄어들어 인간 음성의 처리 능력이 기능적으로 향상된다. 중이 근육들은 특정 내장 원심성 경로에 의해 조절된다(23쪽 도표와 '특정 내장 원심성 경로' 참고).

중이 전달 기능Middle ear transfer function

중이 근육톤이 변하면 중이 구조를 통해 내이로 소리 에너지가 전달되는 데 변화가 생긴다. 에릭 보그Erik Borg와 S. 앨런 카운터S. Allen Counter는 중이 근육이 외부 환경에서 내이로 전달되는 저주파 소음을 감소시켜 인간의 말소리를 용이하게 추출하도록 해주는 역할을 한다고 설명했다(1989). 보그와 카운터의 모델은 중이에서 등골근 조절 경로를 포함하는 안면신경의 편측 마비로 특징지어지는 벨마비에서 왜 청각 과민성 증상이 나타나는지 설명해준다. 보그와 카운터는 LPP/SSP('청각 프로젝트 프로토콜' 참고) 훈련을 통해 중이 근육의 신경 조절이 회복될 경우 청각 처리 능력이 개선되는지 여부를 조사하기 위한 과학적 근거를 제공한다. 중이 전달 기능을 정상화하는 것이 심장의 미주신경 조절을 개선한다는 추정은 포지스와 그레고리 F. 루이스Gregory F. Lewis가 정교화한 이론적 모델에 기반하며(2010) 다미주 이론에서 기술되는 사회 참여 체계와 연관되어 있다(Porges, 2011).

치료 환경의 안전성Safety in therapeutic settings

다미주 관점에서 안전감은 의료 절차, 심리 치료, 심리 교육을 포함해 많은 치료적 조작의 효과에 영향을 미치는 중요한 중재자이다. 다미주 이론에서는 생리적 상태(자율신경상태)가 치료 효과에 영향을 끼치는 매개변수로 기능한다고 가정한다. 좀 더 구체적으로, 효과적이고 효율적인 치료를 위해서는 자율신경계가 방어 상태에 있지 않도록 하는 것이 필수적이라는 것이다. 배쪽미주경로('배쪽미주복합체' 참고)를 통해 사회 참여 체계를 활성화하는 것은 자율신경계가 건강, 성장, 회복을 돕도록 한다. 이렇게 안전한 상태에서는 자율신경계가 쉽게 방어 상태에 빠지지 않는다. '안전감'이 치료의 시작인데도 이 원리가 교육, 의학, 정신 건강 치료 모델에 제대로 통합되지 않았다는 데 주목해야 한다. 게다가 치료가 행해지는 물리적 환경에서 신경지를 통해 자율신경계의 방어 상태를 촉발할 수 있는 신호들(예컨대 저주파 배경음, 거리 소음, 환기장치 소리, 엘리베이터와 에스컬레이터의 떨림)을 좀처럼 제거하지 못하는데 이는 치료 효과를 저하시킬 수 있다.

특정 내장 원심성 경로Special visceral efferent pathways

특정 내장 원심성 신경다발은 배아의 (ancient gill arches 같은) 기관지운동대에서 발달한 뇌간의 운동핵(의문핵, 안면신경핵, 삼차신경핵)에서 시작되어 인두궁과 연관되어 있는 가로무늬근(소화에 관여하는 저작근(씹는 근육), 감정 표현에 관여하는 얼굴 근육, 발성에 관여하는 인두 근육과 후두 근육, 듣기에 관여하는 중이 근육)을 조절한다. 특정 내장 원심성 경로는 사회 참여 체계의 신체운동 요소를 구성한다(23쪽 도표 참고). '사회 참여 체계' 참고.

항상성Homeostasis

항상성은 건강, 성장, 회복을 최적화하기 위해 신체가 내장 기관을 조절하는 신경적·신경화학적 과정을 말한다. '같은' 혹은 '일정한'을 의미하는 그리스어에서 유래한 용어이지만, 항상성은 '정해진' 지점 주위를 진동하는 네거티브 피드백 시스템의 산물로 더 잘 이해될 것이다. 어떤 생리적 체계에서는 더 큰 진폭의 진동(즉 정해진 지점에서 주기적으로 벗어나는 것)이 긍정적인 건강지표(호흡성 동성 부정맥)이지만, 다른 상황에서는 부정적인 건강지표(혈압의 변동성)이다. 생리적 체계에서 진동은 일차적으로 신경적·신경화학적 피드백 기전을 반영한다.

해리 Dissociation

해리는 현실에 존재하고 있다는 감각을 잃어버리는 과정이다. 그 결과로 생각, 기억, 환경, 행동 사이가 단절되어 연속성의 부재를 경험한다. 많은 사람이 정상적인 심리 경험 범위 안에서 해리를 겪는데 백일몽과 같이 나타난다. 그러나 어떤 사람들은 해리로 인해 상당한 지장을 받아 자기 정체성을 잃거나, 대인 관계를 맺고 일상생활 속 기능을 수행하는 데 심각한 어려움을 겪기도 한다. 트라우마 경험은 해리의 심각한 파괴적 영향과 연관되어 있기 쉽고, 그로 인해 정신과 진단을 받을 수 있다.

다미주 이론에서는 부동화나 죽은 척하기 같은 방어 반응의 한 요소처럼 해리를 생명의 위협에 대한 반응으로 해석한다. 해리가 생명의 위협이라는 도전에 적응적으로 반응하는 것이라고 해석한다는 뜻이다. 죽은 척하기처럼 지속적인 반응과 달리, 해리의 경우에는 신경생물학적으로 산소와 혈류가 심각하게 줄어들지 않는다. 이 이론에 의하면, 작은 포유류의 죽은 척하기 반응을 흉내 내는 완전 셧다운과 붕괴부터 근육이 긴장을 잃고 정신이 물리적 상황에서 해리되는 동안 발생하는 신체의 부동화까지, 생명의 위협에 대한 반응은 단계적이라고 추측할 수 있다.

호흡성 동성 부정맥 Respiratory sinus arrhythmia

호흡성 동성 부정맥은 자발 호흡의 빈도에 따라 나타나는 심장박동 수의 리드미컬한 증가와 감소가 그 특징이다. 이런 주기적인 심장박동 과정의 진폭은 배쪽미주신경이 심장에 영향을 미친다는 타당한 지표이다(Lewis 등, 2012).

횡격막상 미주신경Supradiaphragmatic vagus

횡격막상 미주신경은 미주신경의 가지로서 뇌간과 횡격막 위의 내장 기관 (기관지나 심장)을 연결한다(23쪽 도표 참고). 미주신경의 이 가지에 있는 운동신경다발은 배쪽미주신경을 위한 뇌간의 기원인 의문핵에서 시작된다. 이 운동신경다발들은 대부분 수초화되어 있다.

횡격막하미주신경Subdiaphragmatic vagus

횡격막하 미주신경은 미주신경의 가지로서 뇌간과 횡격막 아래의 내장 기관을 연결한다. 미주신경의 이 가지에 있는 운동신경다발은 미주신경의 등쪽핵에서 처음에 시작된다. 이 운동신경다발은 대부분 수초화되어 있지 않다.

1. 안전감의 신경생리

The Neurobiology
of Feeling Safe

뇌와 몸을 반영하는 생각과 느낌

◖

우리 삶에서 '안전'이 얼마나 중요한 역할을 하는지는 매우 직감적이며 유의미한데도 사람들이 이를 경시한다는 것은 놀라운 일이다. 안전의 역할에 대한 우리의 오해는 아마도 안전의 의미를 이미 안다는 착각에 근거할 것이다. 이 착각은 안전에 대해 설명할 때 우리가 사용하는 단어와 신체적으로 안전하다고 감지하는 느낌이 일치하지 않을 수 있기 때문에 의심해봐야 한다. 서구 문화에서는 '느낌'보다 '생각'에 더 큰 가치를 두는 경향이 있다. 육아 및 교육 전략은 인지 과정을 확장하고 향상하는 동시에 신체적 느낌과 움직이고자 하는 충동을 억제하는 것을 목표한다. 그 결과로 대뇌피질의 작용을 중시하는데, 이는 하향식 정신 과정을 강조하고 신체에서 비롯되는 상향식 느낌을 축소하려는 편견이다. 여러 방면에서 교육기관과 종교기관을 포함한 서구 문화는 명백하게 신체의 느낌을 대뇌의 사고 과정에 종속시켰다. 역사적으로 이는 르네 데카르트René Descartes의 "나는 생각한다. 그러므로 나는 존재한다Je pense donc je suis"라는 말에 명시되어 있다. 데카르트는 "나는 느낀다. 그러므로 나는 존재한다

Je me sens donc je suis"라고 말하지 않았다. 여기서 "느낀다"를 재귀동사로 말했음에 주목하라. 프랑스어로 '느끼다'를 재귀동사로 표현하면 그 느낌이 그 사람 안에 있음을 강조한다. 그러나 영어에서 '느낀다'라는 동사의 의미는 모호하다. 어떤 물체를 물리적으로 만지는 것과 연관된 감각적 느낌을 의미하기도 하고, 정서적 반응과 관련된 주관적 경험을 의미하기도 한다.

인지cognition와 느낌feeling의 상대적 중요도에 관한 논쟁은, 인간의 행동과 정서적 경험을 이해하고 수정하며 최적화하는 방법에 대해 역사적으로 질문해온 그 핵심에 놓여 있다. 정서와 느낌의 주관적 상태에 대한 탐구가 심리학으로 수용 가능한 연구 영역이 된 지는 겨우 50년에 불과하다. 교육 모델(그리고 육아 모델)과 임상 치료 모델에 영향을 미친 이전 연구에서는 인지 기능을 육성하고 주관적 느낌을 억누르는 데 목적을 두는 인지적 과정을 강조했다. 이런 초점에 따라 느낌의 주관적인 보고를 무시하면서 객관적이고 측정 가능한 행동 지표들과 인지 기능을 강조했다.

느낌, 타당한 과학적 주제

◐

1966년, 내가 대학원생일 때 과학계는 신체의 느낌을 연구하기에 타당한 영역으로 간주하지 않았다. 오직 동기와 연관 지어서만 '정서emotion'를 과학 영역에서 논의했다. 정서에 대한 연구는 우선적으로 실험실 쥐를 써서 수행했다. 동기는 음식의 제공 여부에 따라 조작됐고, 정시적 반응성은 동물의 배설량으로 측정됐다(Hall, 1934).

이는 행동주의가 부활하고 인지 혁명으로 정신 과정에 대한 관심이 생겨나기 이전의 과학계였다. 행동 기법으로 응용 분야와 융합한 행동주의는 특수교육과 임상심리학으로 통합됐다. 인지과학은 기억, 학습, 의사결정론, 개념 형성, 문제 해결의 새로운 모델로서 성장했고, 인공지능과 기계학습의 모델이 발달하면서 기계공학과 컴퓨터 사이언스로 확장됐다. 뇌 기능을 측정하는 기술이 개선되면서 인지과학자들이 이런 기술을 활용하여 인지과학은 신경과학(인지신경과학)과 융합했다. 행동과 인지 모두 신경계에 의존하지만, 응용행동주의도 인지과학도 행동과 심리적 과정을 매개하는 신경생리적 상태에 대한 이해를 포함하지 않았다. 행동주의는 신경계에 대해 불가지론의 입장을 고수했고, 인지신경과학은 인지 과정에 대해 측정 가능한 뇌 기반의 상관관계를 연구하는 데 몰두했다.

대학원에 들어갔을 때 나는 금방 정신생리학이라는 새로운 다학제 영역에 매료됐다. 이 분야의 첫 번째 저널은 내가 대학원에 들어가기 바로 몇 해 전에 출간됐고, 대학원에서 자료로 쓸 만한 책은 겨우 두세 권에 지나지 않았다. 정신생리학은 심리적 조작에 따른 생리적 반응을 측정하는 연구에 관심을 두고 있었다(Stern, 1964). 나는 정신생리학의 방법론에 이끌렸는데, 이는 피험자가 수의적 반응을 일으킬 필요 없이 주관적 경험에 다가설 수 있도록 (피부의 전기 반응, 호흡, 심장박동, 혈관 운동 같은) 생리적 반응을 사용하여 객관적·양적 전략을 제공해주는 방법이었다. 이렇게 정신 과정을 신경생리적 사건과 연결하는 상관관계적 접근은 여전히 정신생리학과 인지신경과학에서 만연한 모델이다. 지난 50년 동안 생리와 신경 생리를 모니터링하는 데 사용된 감지기들의 발달과 정신 과정을 추적하는 변수들을 찾아내는 양적 방법들에 주요한 진전이 있었지만, 이런 패러다임에는 거의 변화가 없었다.

정신생리학 연구에서 심장박동변이의 역할

◐

대학원에서 처음으로 출판한 나의 연구는 심장박동변이를 종속변수 (Porges & Raskin, 1969)와 중개변수(Porges, 1972)로서 수량화한 것으로는 처음이었다. 심장박동변이를 종속변수로 사용하는 것과 중개변수로 사용하는 것의 차이는 패러다임의 전환을 이해하는 데 매우 중요하다. 내가 연구하기 시작할 당시에 정신생리학 패러다임에서는 생리적 반응을 종속변수로 사용하도록 정해져 있었다. 이는 잘 통제된 심리적 조작에 대한 반응으로 생리적 반응을 모니터링하는 것이었다. 이런 패러다임은 전통적인 자극—반응(S-R) 모델에 적합한데, 여기서 심리적 조작은 'S'였고 생리적 반응은 'R'이었다. 이 패러다임 안에서 내 연구는 심장박동과 심장박동변이, 그리고 호흡의 변화를 보고하는 것이었다.

내가 연구한 바에 따르면 심장박동변이의 감소는 지속적인 주의와 정신적인 노력의 확고한 지표였다. 이런 연구를 수행하는 동안, 나는 참가자들이 주의를 요하는 작업에 참여하지 않을 때 심장박동변이에서 개인적인 차이를 보인다는 데 주목했다. 이런 심장박동변이의 기저 측정은 심장박동과 심장박동변이에서 자극에 따른 변화 정도와 관계되어 있었다. 이 같은 관찰에 기초하여 나는 참가자들을 심장박동변이의 높고 낮음에 따라 하위 그룹으로 분류했다(Porges, 1972, 1973). 이 연구에는 선견지명이 있었고, 이후에 심장박동변이의 개인적인 차이를 인지적 수행, 환경 자극에 대한 민감성, 정신과 진단, 정신적·신체적 건강 및 회복 탄력성과 연결하는 연구물들이 폭발적으로 출간됐다. 심장박동변이에 대한 문헌들이 출판되면서 생체 피드백, 호흡 훈련, 신체 컨디션, 명상을 통해 심장박동변이를 향상하는 기술에 관한 연구들이 진행됐다.

심장박동변이를 중재하는 신경 메커니즘

◐

일단 심장박동변이의 개인적인 차이, 그리고 반응 시간 같은 주의 측정 및 심장박동 변화 같은 자율 반응 측정 사이에 연관이 있음을 관찰하면서 내 연구는 새로운 의제를 취하게 됐다. 나는 심장박동변이의 개인적인 차이가 관심을 유지하고 행동 상태를 조절하는 데 어떤 연관이 있는지를 알고자 노력했다. 이는 심장박동변이 패턴에 영향을 미치는 신경 경로를 이해하기 위해 심장의 신경 조절을 연구하는 동물 연구로 이어졌다.

신경생리학과 신경해부학을 연구하면서 나는 심장박동변이에서 미주신경 조절의 신경 특징을 얻을 수 있는 정보들이 문헌 속에 충분히 묻혀 있음을 알았다. 1900년대 초기 출판물에서 독일 생리학자인 H. E. 헤링 H. E. Hering(1910)은 호흡을 통해 심장을 통제하는 미주신경의 기능을 시험할 수 있다고 보고했다. 헤링은 "호흡으로 심장박동을 현저히 낮추는 것은 미주신경의 기능"이라고 말했다.

심장의 미주신경 조절을 측정하는 방법

●

미주심장억제 신경섬유들이 호흡 패턴과 더불어 발화한다는 것을 알게 된 후, 나에게는 심장박동의 전반적인 측정에서 심장의 미주신경 조절을 연동시키는 심장박동변이의 보다 정확한 구성 요소 쪽으로 전환해야 한다는, 신경생리학적으로 꼭 필요하고 타당한 이유가 생겼다. 이는 심장 미주신경톤의 정확한 지표로서 호흡성 동성 부정맥을 수량화하는 방법을 개발하도록 이끌었다. 호흡성 동성 부정맥은 헤링이 설명한 바와 같이 심장박동에 영향을 미치는 미주신경의 기능적 발현이다. 미주신경이 심장에 영향을 미치는 동안 호흡과 관련된 변화들은 매회 심장박동의 리드미컬한 증가와 감소로 발현되는데, 미주신경의 영향이 클수록 리드미컬한 증가와 감소의 차이가 더 심하게 발생한다. 호흡성 동성 부정맥은 심장박동조율기에 대한 미주신경의 억제적 영향력을 역동적으로 조절하는 신경 피드백 루프의 기능적 지표이다. 피드백 시스템은 폐와 심장에서 정보를 입력받아 뇌간으로 전달하며, 상위 두뇌 영역에서 뇌간까지 투사를 가지고 있다.

이런 새로운 도구로, 내 연구는 상관적인 접근에서부터 미주신경을 통한 자율신경상태의 신경 조절을 지속적으로 모니터링할 수 있는 신경생리학 정보 모델 쪽으로 전환됐다. 이런 새로운 기술로, 나는 미주신경 조절에서 구체적인 상태 변화를 정확히 모니터링할 수 있었다. 1980년대 중반 즈음에 나는 조산아처럼 행동 상태 조절 장애를 겪는 임상 집단에 대한 연구로 옮겨 갔다. 내 연구가 생리적 상태를 모니터링하는 데 초점이 모아져 있었기 때문에 나는 임상 환경으로 확장하기를 원했고, 이동 가능한 '미주신경 톤 모니터(Porges, 1985)'를 개발했다. 이 장치를 이용하여 병원에서 심장의 미주신경 조절을 지속적으로 모니터링할 수 있었다. 이 장치는 100개 정도 만들어졌는데, 지금은 없어진 작은 회사인 델타바이오메트릭스를 통해 연구자들에게 판매됐다.

생리적 상태의 측정과 자극-반응 모델의 통합

◗

내 관점에서 생물학의 역할은 응용행동기법(행동 교정)과 인지과학 모두에서 불충분하거나 덜 발달한 것이었다. 인지과학과 신경과학의 통합이 인지과학의 모델을 바꾸지는 않았다. 단지 중추신경계의 기능에 대한 측정을 포함하기 위해 종속변수를 바꾸었을 뿐이다. 이렇게 영상 뇌 기능과 뇌에서 전기생리를 모니터링하는 연구는 확산됐지만, 패러다임의 전환은 없었다. 이런 연구들은 역사적인 S-R 모델을 유지했고, 단지 부수적으로 생리학 혹은 신경생리학 정보를 그 모델 안에 통합했다.

국제행동분석연합ABAI, Association of Behavioral Analysis International의 저널과 멤버십으로 특징지어지는 응용행동과학계에서, 주체의 기저를 이루는 생리적 상태는 그 방법들이 확립하고 강화하는 S-R 관계성의 주요 결정 인자로 고려되지 않았다. 수년 전에 나는 명예롭게도 정기 ABAI 미팅에서 스키너 Skinner 강연을 했다. 내 강연의 주제는 '다미주 관점으로 바라본 행동 과정'이었다. 그 강연에서, 행동 방법을 정의하는 S-R 관계에서 중개변수로서 생리적 상태를 측정하기 위한 변수들을 찾고자 노력하고 있다고 말했다. 유기체 내에서 S-R 관계를 매개하는 변인들의 중요한 역할을 인정했던 훨씬 오래된 학습 모델을 다시 소개했다. S-O-R 모델(Woodworth, 1920)에서 'O'는 유기체를 표시하며 S-R 패러다임에서 중개변수 역할을 한다. 그러나 역사적으로 S-O-R 모델에서 'O'는 신경생리학적 기반을 갖지 않았으며 그 특징을 정의하는 데 생리적 상태를 사용하지 않았다.

나는 강연에서 심장박동변이와 같은 측정을 통해 자율신경계의 신경 조절을 측정하는 것은 행동을 수정하기 위해 고안된 패러다임과 프로토콜에서 중개변수로서 작동할 수 있는 'O'를 모니터링하는 기회를 제공한다고 말했다. 더욱이 생리적 상태가 조작될 수 있기 때문에 맥락적 상황 및 기타 개입 기능은 결과를 향상하기 위해 'O'에 영향을 줄 수 있음을 제안했다. 호흡성 동성 부정맥이 심장의 미주신경 조절을 나타내는 지표로서 행동 수정 패러다임의 중개변수로 사용될 수 있음도 제시했다.

나는 생리적 상태가 행동 수정 과정의 효율성 면에서 개인의 차이와 상황적 변수를 설명할 수 있는지에 대하여 의문을 제기하고, S-O-R 체계 내에서 새로운 행동 패러다임이 설계돼야 한다고 제안했다. 이 새로운 체계는 행동 수정 프로토콜의 효율성을 기능적으로 매개하기 위하여 미주신경 조절이 보다 최적의 수준으로 이루어지도록 생리적 상태를 조작하고자 하는 맥락을 사용한다. 내 강연은 매우 반응이 좋았고, 행동주의 관점을 가진 청중에게 그들의 방법론 및 패러다임과 갈등 없이 신경생리학적 관점을 받아들이는 기회를 제공했다.

중개변수를 찾아서

◑

　나의 과학적 여정은 각자 다른 행동을 보이는 개인의 차이를 이해하도록 도와주는 중개변수를 찾는 것이었다. 이 여정은 안전감을 포함해 행동과 심리적 경험에 대한 신경 플랫폼으로서 자율신경상태가 얼마나 중요한지 이해하도록 나를 이끌었다. 기본적으로 자율신경상태가 행동에 미치는 영향은 일대일 방식으로 우연이 아니다. 그러나 새롭게 나타나는 행동과 심리적 경험의 범위는 자율신경상태에 의해 제한받는다. 이 같은 관계성에 대한 대안은 구체적인 행동과 심리적인 느낌이 발생할 확률과 가능성에서 전환을 일으키는 것으로서 자율신경상태의 변화를 개념화하는 것이다.

　다미주 이론을 개념화한 나의 여정은 내가 소속한 연구 기관의 실용적인 요구에 부응했다. 대학은 교수들이 안전하게 보장받는다고 느끼도록 구조화되지 않았다. 아이디어와 논문들이 지속적으로 검토되도록 대학은 분명한 객관적 평가 모델을 갖고 일관성 있게 기능한다. 만성적인 평가 모델은 생리적 상태를 변화시켜 방어를 지원하도록 한다. 방어를 지원하는 생리적 상태는 창조성을 지지하고 이론을 확장하는 생리적 상태와 양립할 수 없다. 학구적인 환경 속에는 암묵적인 규칙들이 있고, 이 규칙들에 대한 이해는 나로 하여금 새로운 창조적 관점을 만들어내게 했다.

　돌이켜보면 나의 학문적 경력에는 세 단계가 있었다. 첫 번째 단계에서 나는 종신직을 얻고 부교수로 승진하기 위해 기술적 연구를 수행했다. 이 단계에서 심장박동변이를 중요한 현상으로 확인하면서 일련의 실험적 연구들을 수행했다. 두 번째 단계는 심장박동변이를 중재하는 신경생리학적 메커니즘을 설명하기 위한 연구로 특징지어진다. 이 단계에서 나는 정교수로 승진하는 데 필요한 과학적 업적을 만들었다. 정교수가 되자 초기 연구에서 얻은 지식을 임상 문제에 적용해볼 수 있는 기회가 생겼다. 그리고 세 번째 단계에서 신경생리학, 신경해부학, 진화론에 의거하여 뇌와 몸 혹은 마음과 몸의 과학에 대한 기반으로서 다미주 이론을 만들어냈다. 기존 패러다임에 도전하는 이론을 제시하는 일은 위험하며, 너무 이르게 제시하면 자기 경력을 종식시킬 수 있다. 그러나 내 경우에는 다미주 이론을 제시하는 데 필요한 과학적 신뢰도를 제공하는 지렛대로 나의 학문적 성취들을 이용할 수 있었다. 세 번째 단계는 정교수로 승진하고 10년이 더 지난 후에 정신생리연구학회Society for Psychophysiological Research에서 회장직을 수락하는 연설을 하면서 시작됐다(Porges, 1995). 운 좋게도 이 단계에서 학계와 이론이 적용되는 임상 세계에서 모두 좋은 보상을 받았다.

다미주 이론은 생리적 상태가 다른 사람과 상호작용하는 행동과 능력에 영향을 미치는 중개변수로서 얼마나 중요한지 설명하는 수단을 제공한다. 이 이론을 통해 위험과 위협 때문에 어떻게 생리적 상태가 방어를 지지하는 쪽으로 전환되는지 이해할 수 있다. 가장 중요한 점은 이 이론에서 안전이란 단순히 위협의 제거가 아니라는 것이다. 안전하다고 느끼는 것은 환경의 독특한 단서, 그리고 방어 회로를 적극적으로 억제하고 건강을 증진하며 사랑과 신뢰감을 고취해주는 관계성의 독특한 단서에 달려 있다.

안전과 생리적 상태

●

　안전은 인지적 평가에 대한 신체 반응으로 정의되는 여러 다른 환경적 특징들과 관련이 있다. 비판적 관점, 즉 적응적 생존의 관점으로 안전에 대해 얘기할 때 그 '지혜'는 지각의 영역 밖에서 기능하는 신체와 신경계 구조 속에 있다. 달리 말하면 환경에서 위험을 감지하는 우리의 인지적 평가는 잠재적으로 위험한 관계가 무엇인지를 확인하는 것을 포함하고, 사람과 장소에 대한 본능적 반응에 비하여 이차적인 역할을 한다. 다미주 이론에서는 인식 없이 환경 속에서 위험을 평가하는 신경 프로세스를 '신경지'라고 부른다(Porges, 2003, 2004). 이러한 주제에 부합하여, 우리의 정신적·신체적 건강에 도전하여 쇠약하게 만드는 효과들은 종종 인지적 수행 변화를 통하여 강조되고 측정됨으로써 규정되는데, 사건의 물리적 특징보다는 신체 반응에 달려 있다.

　신체는 도전에 직면하게 되면 거짓말탐지기처럼 기능한다. 어떤 사람에게는 편안하고 즐거울 수 있는 환경적 특징이 다른 사람에게는 불안하고 위협적인 것일 수 있다. 나 자신과 다른 사람들이 위험한 세상을 항해하여 안전한 환경과 신뢰할 만한 관계성을 찾도록 도울 때, 우리는 책임감 있는 사람, 세심한 부모, 좋은 친구, 멘토, 임상가로서 자신의 신체 반응을 경청하고 다른 사람들의 신체 반응을 존중할 필요가 있다.

　세상을 항해할 때 우리를 보호하는 신경계의 그와 같은 특징들이 내담자들의 상태와 그들이 필요로 하는 것에 관해 정보를 제공한다. 우리에게는 목소리 어조, 얼굴 표정, 몸짓, 자세에서 그들의 상태와 의도를 추론할 수 있도록 정교하게 조율된 역량이 있다. 이런 정보를 언어화할 수 없을지라도 그들이 우리로 하여금 느끼게 하는 방식에 귀 기울이면 이는 우리에게 정보를 준다.

다미주 이론은 교육기관, 법률기관, 정치기관, 종교기관, 의료기관에서 안전을 정의하기 위해 지금까지 사용한 기준 척도들에 도전한다. 울타리, 금속 탐지기, 감시 모니터링 같은 환경의 구조적 모델로부터 자율신경상태의 신경 조절 변화를 평가하는 내장 감도 모델visceral sensitivity model로 '안전'을 규정하는 정의를 바꾸면서, 이 이론은 사람들이 어떻게 다루어지는지에 대한 사회적 가치에 도전한다. 이 이론은 사회가 안전한 환경과 신뢰할 만한 관계성을 경험할 수 있도록 적절한 기회를 충분히 제공하고 있는지 질문하게 한다. 학교, 병원, 교회와 같은 사회적 기관 내에서 경험한 것들이 위험과 위협의 느낌을 촉발하는 만성적 평가로 특징지어진다는 것을 깨달으면 우리는 이런 기관들도 정치 불안이나 재정 위기 혹은 전쟁처럼 건강을 해치는 것임을 알 수 있다.

다미주 이론은 '안전'의 중요성, 그리고 생리적 상태, 사회적 행동, 심리적 경험, 건강에 위험한 요소가 감지될 시의 적응적 대처에 초점을 두는 신경생리학적 설명을 제공한다. 이 이론에서는 방어 전략을 멈추고 자발적인 사회 참여를 유도하는 특정 회로의 신경 조절에 어려움을 겪는 것으로 임상 장애를 재구성한다. 이런 관점은 비정형적 행동도 학습되는 것으로 가정하여 연상, 소멸, 습관에 초점을 두는 학습 이론을 토대로 치료하면 교정될 수 있다고 바라보는 전통적 학습 모델에서 벗어나는 것이다. 약리학적인 개입을 배제하는 것은 아니지만, 이는 현시점에서 약리학적인 조작이 우선적인 치료 방법이라는 생물정신의학의 여러 특징과도 결별하는 것이다.

다미주 이론은 생리적 상태를 '신경' 플랫폼으로 이해하고 존중하는 데 초점을 두는 현대적 모델을 제공하는데, 이 모델을 기반으로 여러 다른 적응 행동이 능률적으로 표현될 수 있다. 예를 들어 여러 다른 생리적 상태는 최적의 사회적 행동 및 효과적 방어 전략과 연관이 있을 것이다. 임상가가 다미주 이론을 이해하면 내담자의 생리적 상태를 인식하여 내담자가 표출할 수 있는 행동들의 중요 결정 인자로서 존중할 수 있게 된다. 더욱이 이 이론을 통해 자율신경상태의 조절을 개선해주는 구체적 '신경 훈련'에 기반하여 새로운 치료법에 다가갈 수 있다.

안전의 역할과 생존을 위한 안전 신호

파충류에서 포유류로 진화하면서 신경계는 특히 동종同種의 경우 근접하여 접촉하기에 안전하다는 측면에서 안전을 식별하게 됐다. 이런 적응적 기술에는 파충류와 다른 '원시' 척추동물에게 잘 발달되어 있는 방어 전략을 끊어버릴 수 있는 신경기제가 필요하다. 포유류는 여러 생물적 필요에 따라 안전을 확인해야 한다. 첫째, 우리가 진화해온 원시시대에 멸종된 파충류 조상과 달리 모든 포유류는 출생 시부터 엄마의 돌봄을 필요로 한다. 둘째, 인간을 포함한 여러 포유류는 생존하기 위해 오랜 기간에 걸친 사회적 상호 의존성을 요구한다. 포유류에게 고립은 '트라우마'이며 건강에 치명적이다. 따라서 안전한 환경과 안전한 동종을 확인하는 능력은 포유류가 자식을 돌보고 적절한 사회적 행동을 하기 위해 방어 체계를 중지하는 데 필수적이다. 셋째, 포유류의 신경계는 번식, 돌봄, 수면, 소화를 포함해 다양한 생물학적·행동적 기능을 수행하기 위해 안전한 환경을 필요로 한다. 임신 기간이나 어린 시절과 같이 매우 취약한 기간에는 더욱 그러하다. 특정한 생물학적 기능을 가능하게 해주는 안전에 대한 이러한 요구에는 사회적 행동의 표현과 정서 조절이 내포되어 있다.

멸종된 원시 파충류부터 포유류까지 계통발생적 이행을 보여주는 몇 가지의 구체적인 신경생리적 변화들은 사회적 행동 및 정서 조절과 연관된다. 정신적·신체적 건강과 관련해 말하자면 위험하고 생명을 위협받는 환경에서는 이런 신경 회로들에 접근할 수 없고, 그 회로들은 여러 정신적·신체적 질환이 있어도 적절히 기능하지 않는다는 것이 관찰됐다. 다미주 이론에 따르면 사회적 행동과 정서 조절을 지지하는 신경 회로들은 신경계가 환경을 안전하다고 여길 때만 사용되며, 그 회로들이 건강과 성장과 회복에 관여한다.

안전은 인간이 여러 영역에서 자신의 잠재적 가능성을 최적화하는 데 필요하다. 안전한 상태는 사회적 행동뿐만 아니라 인간의 창조와 생산을 위한 두뇌 구조를 갖추는 데 선결 조건이다. 그러나 교육기관, 정부, 의료 치료센터 같은 기관들이 안전한 상태를 조성하기 위해 무엇을 하고 있는가? 안전에 대한 개인적 필요를 존중하기 위해 우리 문화와 사회는 무엇을 우선순위에 두는가? 우리는 안전감을 깨트리는 것들이 어떤 특징을 지니는지 이해하고, 불안전한 세상에서 살아가며 잠재적으로 치르는 대가를 깨달을 필요가 있다. 위험과 생명의 위협에 우리가 얼마나 취약한지 이해한다면 우리의 방어 체계를 둔화시키고, 강력한 사회적 유대를 형성하도록 해주며, 건강과 성장과 회복을 지원하는 사회적 행동과 사회 참여 체계의 중요성을 유념하기 시작해야 한다.

여러 개입 기법을 효과적인 치료 모델에 통합할 수 있는 신경생리적 플랫폼으로서 신체 반응과 생리적 상태를 이해하는 다미주 이론을 토대로 다양한 치료 모델이 알려지고 있다. 다미주 이론에서는 심리적·신체적·행동적 반응들이 어떻게 생리적 상태에 좌우되는지를 중시한다. 이 이론에서는 자율신경계의 조절에 관여하는 미주신경과 다른 신경들을 통한 신체 기관과 뇌 사이의 양방향 소통을 강조한다. 또한 자율신경계가 조절되는 방식이 진화를 통해 어떻게 수정되어왔는지 얘기한다. 이 이론이 발전하면서, 진화를 통해서 포유류가 어떻게 안전하다는 신호를 보내고 상호 조절할 수 있는 신경 경로를 새로 발전시켜 사촌 격인 척추동물로부터 떨어져 나갔는지에 대해서도 설명한다.

사회 참여와 안전

◗

다미주 관점에서 바라보면 보고, 듣고, 목격하는 과정을 포함한 임상적 상호작용은 이 이론과 관련된 특징들을 분명히 보여준다. 그것은 바로 우리의 기분과 정서에서 드러나는 주관적 느낌에 기여하는 사회 참여 체계와 신체 기관의 피드백이다. 사회 참여 체계는 얼굴과 머리의 가로무늬근을 조절하는 신경 경로의 기능적 집합체이다. 사회 참여 체계는 신체적 느낌을 투사하는데, 신뢰와 사랑을 고취하는 조용하고 안전한 상태부터 방어 반응을 촉발하는 불안하고 취약한 상태까지 연속적으로 변화하는 신체적 느낌을 보여주는 통로이다.

사람을 바라보는 과정은 참여 행위이고 그 관찰자의 신체적 상태를 투사하는 것이므로 보고 듣는 행위는 사회 참여 체계의 중요한 속성이다. 그렇게 투사된 관찰자의 신체적 상태에 근거해서 피관찰자는 '바라보는 사람'이 자신을 환영하는지, 아니면 무관심한지를 느낄 것이다. 내담자를 느끼고 목격하는 것은 내담자의 참여 행동에 대한 치료자의 신체적 반응, 그리고 치료자의 상호적 참여 행동에 포함된 신체적 느낌에 대한 투사를 포함한다.

치료를 하면서 다른 사람을 보고, 듣고, 느끼는 것은 사회적 상호작용을 하는 동안 신체적 상태와 정서적 과정 사이에 양방향 소통이 역동적으로 일어나는 예이다. 사회적 상호작용을 통해 서로를 지원하고 생리적 상태의 상호 조절이 가능하도록 하려면 양자의 사회 참여 체계에서 표현되는 신호들이 서로에게 안전과 신뢰를 보여줘야 한다. 이것이 일어날 때 실제로 참여하고 있는 참가자들은 아이와 부모든 성인 커플이든 상대의 품속에서 안전을 느낄 것이다. 상호주관적인 경험을 공유하는 과정은 비유적으로 말하면 자물쇠와 열쇠가 맞으면서 잠금이 열리는 것과 같다.

사회 참여 행동과 신체적 상태 사이의 연결은 멸종된 원시 파충류에서 포유류로 변천하는 과정의 진화적 산물이다. 포유류의 진화에 따른 신경 생리적 변화는 같은 종족 내에서 개인의 정서적 상태에 신호를 보내고 알아차리는 것을 가능하게 했다. 이런 변화를 통해 포유류에게는 접근하여 신체적 접촉을 하고 사회적 관계를 맺는 것이 안전한지, 그렇지 않은지 신호하는 능력이 생겨났다. 만일 그 신호가 공격이나 방어를 반영하면 갈

등이나 잠재적 상처 없이 그 관계는 즉시 종료할 수 있었다.

사회 참여 체계를 결정하고 얼굴 표정, 소화, 경청, 발성을 조절하는 신경과 구조들은 진화 과정에서 심장을 진정시키고 방어를 하향조절하는 자율신경계의 신경 경로에 통합됐다. 정서적 특징을 생산하고(얼굴 표정이나 발성) 감지하는(소리나 입맛) 회로에 생리적 상태를 연결하는 진화 과정이 포유류의 특징을 규정한다. 기능적인 면에서 볼 때, 이렇게 신체적 상태와 얼굴 표정과 발성이 통합적으로 연결되어 동종이 안전 신호를 보내는지, 위험 신호를 보내는지 구별할 수 있고, 싸우거나 도망칠 수 없을 때 움직이지 않고 죽은 체를 할 수 있다. 신체적 상태와 얼굴 표정 및 발성을 연결하는 양방향 시스템은 어려움이 있을 때 우리를 진정시키는 기제와 상호 조절의 회복을 요구하는 것을 포함한다.

이런 통합적 체계는 다른 사람이 접근하기에 안전하다는 신호를 제공하는 얼굴과 머리 근육의 신경 조절을 포함한다. 안전에 대한 우리의 생물학적 추구와 서로 연결되어 생리적 상태를 상호 조절하는 암묵적인 생물학적 과제는 사회 참여 체계 내에 존재한다. 우리가 서로를 어떻게 바라보는가 하는 것은 이러한 연결 역량의 중요한 면이다. 상호 이해와 느낌 및 의도를 나누는 미세한 신호들이 전달된다. 이런 신호들은 억양이나 발성의 운율에 따라 변하기도 하면서 생리적 상태를 소통한다. 생리적 상태가 평안할 때만 우리는 서로 안전 신호를 나눌 수 있다. 이렇게 서로 연결하고 상호 조절하는 기회들은 엄마와 자녀, 아빠와 자녀 혹은 다른 관계에서 관계성의 성공을 결정짓는다. 사회 참여 체계는 개인의 생리적 상태에 대한 표현일 뿐만 아니라 타인의 불안이나 안전을 분별하는 관문 역할을 할 수 있다. 안전이 감지되면 생리적 상태는 평온해진다. 위험을 감지하면 생리적 상태는 방어를 위해 활성화된다.

생물학적 과제의 추구

◐

　다미주 이론에 따르면 안전감이 자율신경상태에 달려 있으며 안전 신호가 자율신경계를 진정시키는 데 도움이 된다는 것을 이해할 수 있다. 생리적 상태를 진정시키면 안전하고 신뢰할 수 있는 관계를 맺을 기회가 늘어나는데, 이 관계성 안에서 행동과 생리적 상태를 상호 조절하는 기회가 확장된다. 이런 조절의 '순환'이 정신적·신체적 건강을 지지하는 건강한 관계성을 규정한다. 이 모델에서 신체적 느낌(자율신경상태)은 타인에 대한 우리의 반응에 기여하는 중개변수로 기능한다. 교감신경이 활성화되어 가동화 상태에 놓이면 우리는 방어하도록 '조율되어' 안전 신호를 보내지도, 안전 신호에 반응하지도 못하게 된다. 그러나 자율신경상태가 부교감신경의 배쪽미주경로에 의해 조절되면 사회 참여 체계는 우리 자신과 다른 사람들의 방어를 하향조절하는 목소리와 얼굴 표정을 통해 안전 신호를 조정한다. 사회 참여 체계 사이의 조절은 사회적인 연결을 촉진한다. 이 이론은 치료 모델들이 신체적 느낌을 존중해야 할 필요뿐만 아니라, 인간 경험의 '긍정적' 측면을 최적화하는 생리적 상태를 어떻게 지원해야 할지에 대한 이해를 제공한다.

　다미주 이론은 타인과의 연결 및 상호 조절이 생물학적 과제임을 일께워준다. 이렇게 절실한 과제를 우리는 선천적으로 안전을 추구하면서 경험하는데, 오직 성공적인 사회적 관계성을 통해서만 이 안전에 도달할 수 있고 그 안에서 우리는 행동과 생리적 상태를 상호 조절한다. 우리 삶에서 안전감이 지닌 중요성을 숙고해보면, 느낌의 생리적 측면과 이런 느낌을 일으키는 신호에 대해 이해하는 것이 우리의 관계성을 증진하고 내담자와 가족, 그리고 친구들을 지지하는 것이라는 사실을 깨닫게 된다. 따라서 연결되어 있고자 하는 생물학적 과제를 성취하기 위해 우리의 개인적 의제를 각 개인이 안전하다고 느끼는 방향으로 조절할 필요가 있다.

2. 다미주 이론과 트라우마 치료

—스티븐 W. 포지스와 루스 부친스키

Polyvagal Theory and
the Treatment of Trauma

트라우마와 신경계

◉

|부친스키박사| 안녕하세요. 부친스키 박사입니다. 코네티컷 주의 공인 심리학자이자 NICABMNational Institute for the Clinical Application of Behavioral Medicine 회장입니다.

오늘은 스티븐 포지스 박사와 이야기를 나누겠습니다. 저는 포지스 박사의 작업이 우리가 트라우마와 다른 장애들을 이해하는 방식을 바꾸리라고 생각합니다. 어떤 사람이 트라우마를 겪을 때 내부적으로는 무슨 일이 실제로 일어날까요?

|포지스박사| 트라우마에 대한 신경생리학적 반응을 이해할 때 주요한 문제는 트라우마가 고전적인 스트레스 장애로 개념화되어 있다는 것입니다. 트라우마를 스트레스 관련 장애로 분류하면서 트라우마로 특정되는 중요한 속성들이 원인과 기제, 그리고 치료를 논의하는 장에서 사라졌습니다. 이 문제는 위험과 생명의 위협이 있을 때 인간의 신경계가 교감신경계 및 HPA(시상하부—뇌하수체—부신)의 축과 연관 있는 일반 스트레

스 반응으로 대응한다고 잘못 이해했다는 데 근거합니다. 과학자들뿐만 아니라 치료자들도 인간의 신경계는 '도전/도피' 행동을 관리하는 것과 연결되어 하나의 방어 혹은 스트레스 시스템을 가진다고 가정했습니다. 다미주 이론에서는 일반적인 위험과 생명의 위협은 다른 방어 반응 프로 파일을 가진다고 강조합니다. 이 이론에 따르면 위험 반응은 교감신경계 와 부신을 통한 자동적 활성화의 증가로 표출되는 스트레스 반응이라고 받아들여진 개념과 연관이 있습니다. 그러나 다미주 이론은 생명의 위협 과 관련된 두 번째 방어 시스템을 찾았는데, 이는 부교감신경계의 아주 오래된 경로에 의한 자율신경기능의 거대한 하향조절로 특징지어집니다.

우리는 모두 '고전적인' 스트레스 반응의 부정적인 영향에 익숙합니다. 이 스트레스 반응은 우리 신경계의 건강 지원 기능을 방해합니다. 자율신 경, 면역, 내분비계의 조절을 방해함으로써 스트레스는 정신적·육체적 질병에 취약해지도록 만듭니다. 이런 방어 시스템은 학술적 심리 서적들 에 잘 서술되어 있으며 건강과 심리적 경험 사이의 연결을 논하는 중심에 있기도 합니다. 이 모델은 신경내분비학, 신경면역의학, 정신생리학, 정 신신체의학 같은 개별 분야에 잘 기술되어 있습니다. 그러나 이런 논의에 서 빠진 부분은 도전/도피 반응에서 나타나는 가동화가 아니라 셧다운과 해리에서 나타나는 부동화의 특징들을 포함한 두 번째 방어 체계입니다. 비록 도전/도피 행동이 위험한 단서에 반응하는 데는 적응적임에도 불 구하고 그 상황을 피하거나 육체적으로 방어할 수 없을 때는 덜 적응적입 니다.

도전/도피 반응과는 대조적으로, 생명의 위협에 대한 반응은 부동화와 해리로 표현되는 두 번째 방어 체계를 불러옵니다. 방어 상태에서 몸이 움직이지 않을 때는 잠재적으로 치명적일 수 있는 독특한 생리적 상태로 들어갑니다. 이 반응은 일반적으로 고양이의 덫에 걸린 야생 집쥐같이 작은 포유류에게서 발견됩니다. 고양이한테 물린 쥐는 죽은 것처럼 보이지만 그렇지 않습니다. 이런 쥐의 '죽은 척하기'를 적응적 반응이라 부릅니다. 그러나 이것은 의식적이거나 자발적인 반응이 아닙니다. 이것은 방어하거나 탈출하기 위해 도전/도피 기제를 사용할 수 없을 경우 적응적으로 나타나는 생물학적 반응입니다. 이 반사 반응은 인간이 두려움에 처했을 때 기절하는 것과 유사합니다.

트라우마를 치료하기 어려운 이유는 위협에 대한 모든 종류의 적응적인 생물학적 반응에 관한 인식이 부족하기 때문입니다. 불행히도 트라우마 환자를 치료하는 임상가들은 부동화 방어 체계와 친숙하지 않습니다. 과학 문헌을 추적해보면 이런 사각지대는 가동화 방어 전략을 지원하는 부신과 교감신경계에 초점을 맞추는 지배적인 스트레스 이론과 부동화 방어 체계가 양립하기 어려워 발생한 문제입니다.

다미주 이론에서는 신경계가 하나 이상의 방어 전략을 가지고 있지만 가동화 도전/도피를 사용할지, 아니면 부동화 셧다운 방어 전략을 사용할지를 자발적으로 결정하는 것은 아님을 강조합니다. 의식의 영역 밖에서 신경계는 환경의 위험을 연속적으로 평가하고 판단하며 적응 행동의 우선순위를 정합니다. 이런 과정은 의식 없이, 그리고 의사결정에 포함되는 '실행' 기능에 기여하는 의식적 정신 과정 없이 발생합니다.

환경의 독특한 물리적 측면이 어떤 사람에게서는 도전/도피 행동을 유발하는 반면에, 다른 사람에게서는 동일한 물리적 측면에 대해 완전한 셧다운 반응을 불러올 수 있습니다. 트라우마 사건 자체가 아니라 그 사건에 대한 반응을 이해하는 것이 성공적인 트라우마 치료에 더 중요하다는 것을 강조하고 싶습니다.

어떤 사람들에게는 트라우마 사건이 단지 위험한 사건일 뿐이지만 다른 사람들은 같은 사건에 생명을 위협받는 반응을 보입니다. 그들의 몸은 곧 죽을 것처럼 반응하는데 이는 고양이에게 물린 생쥐의 반응과 유사합니다.

| 부친스키박사 | 이것은 많은 군인이 전쟁에 나가서 끔찍한 사건을 견디며 그들 중 누군가는 외상 후 스트레스 장애를 겪지만 그렇지 않은 사람도 있는 이유에 대한 설명이 될까요?

| 포지스박사 | 그렇습니다. 문제는 우리가 특정한 정신 질환을 논의할 때 항상 그 정의에 포함되지 않는 다양한 증상을 얘기한다는 것입니다. 그것은 점심 혹은 저녁에 나올 음식이 이미 선택되어 있는 식당 메뉴와 같습니다. 어떤 사람은 선택된 음식을 즐기지만 다른 사람은 같은 음식에 대해 역겨움을 느낄 수 있습니다. 임상가가 어떤 한 무리의 특징에 기반하여 진단해도 그렇게 진단받은 사람이라면 모두 동일한 신경생리적 반응을 경험한다거나 동일한 임상적 징후를 보인다는 것을 의미하지는 않습니다.

임상가는 대부분 이 사실을 이해합니다. 내담자가 특정 진단을 받아도 그것이 그들이 만나온 다른 내담자들과 비슷하게 되어가리라는 것을 의미하지는 않으며, 한 사람에게 효과적인 치료가 다른 사람에게도 효과적이라는 의미가 아님을 그들은 압니다.

다미주 이론의 기원, '미주신경의 역설'

●

| 부친스키 박사 | 그럼 다미주 이론이 어떻게 우리가 트라우마를 이해하도록 도와주는지 얘기해볼까요?

| 포지스 박사 | 다미주 이론에 대해 논의하기 전에 왜 다미주 이론이 생겨났는지 그 배경을 약간 설명하고 싶습니다. 나는 다미주 이론을 전혀 기대하지 않았다고 자주 말합니다. 나의 학술적 생활도 이 이론을 만들기 전에 훨씬 쉬웠습니다. 내 연구는 잘 진행되고 있었으며 연구비도 많았고 출판도 많이 했습니다. 나는 미주신경의 활동을 측정하는 더 나은 방법이라고 생각한 것을 발전시키는 중이었는데, 우리 신경계의 보호적인 특징을 쉽게 모니터링할 수 있는 포털을 제공하는 것이었습니다.

　그 배경을 살펴보면 이렇습니다. 미주신경은 뇌간에서 나와 우리 몸의 여러 기관으로 퍼지는 뇌신경입니다. 미주신경은 뇌간과 내장 기관 사이에서 양방향으로 작용하는 도관을 제공합니다. 일반적으로 미주신경의 운동신경 기능과 그 운동신경경로가 어떻게 심장과 내장을 조절하는지에 초점을 맞추지만, 실은 미주신경은 대략 80퍼센트가 정보를 내장에서 뇌로 보내는 섬유인 감각신경입니다. 나머지 20퍼센트는 운동신경경로를 만들고, 이것들이 역동적으로, 때로는 극적으로 우리의 생리적 상태를 변화시키는데, 이런 변화 중 일부는 몇 초 이내에 일어납니다. 예를 들어 미주운동신경경로는 심장을 더 느리게 뛰도록 할 수 있으며 내장도 자극할 수 있습니다.

토닉 상태일 때 미주신경은 심장박동조율기에서 브레이크처럼 기능합니다. 이 브레이크가 제거되면 미주신경톤이 낮아져 심장은 더욱 빨리 뜁니다. 심장으로 가는 미주신경경로는 억제하는 기능을 해서 심장박동 수를 느리게 합니다. 이것은 자주 평온한 상태로 경험됩니다. 그래서 미주신경은 '항스트레스' 장치로 기능한다고 곧잘 여겨집니다.

그러나 미주신경의 긍정적인 속성을 반박하고, 생명을 위협하는 서맥이나 기능적으로 갑작스런 사망과 연결하는 문헌도 있습니다. 기본적으로는 항스트레스 체계로 알려진 동일한 미주신경이 심장도 정지할 수 있고, 생명을 위협하는 경험에 반응하여 배변도 하게 할 수 있습니다.

대학원에서 자율신경계를 공부할 때 미주신경은 부교감신경계의 주요 부분이며 이는 교감신경계와는 서로 반대되는 체계라고 배웠습니다. 기능적으로, 미주신경이 진정시키고 성장하고 회복하는 것에 관련되어 있다면 자율신경계의 교감적 요소는 우리 몸을 가동화하여 우리를 움직이게 합니다.

해부학이나 생리학 교과서에는 대부분 자율신경계가 한 쌍을 이루지만 서로 반대되는 두 요소의 대립적인 체계로 기술됩니다. 은유적으로 '스트레스'를 지원하는 교감신경계는 우리에게 '치명적인 적'이고, 부교감신경계에는 이런 적의 영향력을 약화하는 능력이 있다고 배웠습니다. 최종적인 결론은 적대적인 두 체계 사이의 균형입니다.

임상 세계에서 '자율신경균형' 같은 용어는 우리가 좀 더 부교감적이고 미주신경적이면 더욱 평온할 것이라는 기대를 가지고 사용합니다. 미주신경의 활동과 긴장도를 줄이면 우리는 긴장하고, 반응하고, '스트레스'를 경험할 것입니다. 자율신경계에 대한 이런 간략한 설명은 단지 부분적으로만 사실입니다. 그렇습니다, 대부분의 내장 기관은 부교감신경계와 교감신경계 이 두 신경계에 연결되어 있으며, 부교감신경계의 신경섬유는 대부분 미주신경을 통해 여행한다는 것은 사실입니다.

널리 일반적이었던 이 모델의 유용성은 내가 신생아를 연구할 때 깨졌습니다. 나는 심장박동 패턴에서 미주신경의 활동을 측정하는 방법을 새로 개발하고 있었습니다. 더 긍정적인 임상 궤적으로 이어지는 보호적인 면들을 색인하려고 했지요. 내 연구는 만약 신생아의 미주신경이 더 높은 수준으로 활동할(미주신경톤) 수 있다면 더욱 좋은 임상 결과로 이어질 것임을 보여줬습니다. 나는 호흡성 동성 부정맥으로 알려진 리드미컬한 심장박동 패턴을 수량화하여 미주신경의 활동을 측정했습니다. 호흡성 동성 부정맥에서는 심장박동 수의 리드미컬한 증가와 감소가 관찰되는데, 이는 자발적 호흡과 연관되어 있습니다. 그러나 어떤 아기들은 상대적으로 일정한 심장박동률을 보이고 호흡 패턴과 관계없는 심장박동을 합니다. 이런 신생아들에게는 심각한 합병증의 위험이 있습니다.

이런 발견을 토대로 《소아과 저널Pediatrics》(Porges, 1992)에 논문을 발표했습니다. 이 논문의 목표는 신생아 영아실에서 심장박동변이의 구성 요소인 호흡성 동성 부정맥의 유용성에 관해 신생아 학자들과 소아과 의사들을 교육하는 것이었습니다. 이 논문이 출판된 후 어느 신생아 학자에게서 편지를 한 통 받았습니다. 그 학자는 미주신경이 보호적으로 활동할 수 있다는 개념은 그가 훈련받은 내용과 일치하지 않는다는 것이었습니다. 자신이 의대를 다닐 때 미주신경이 우리를 죽일 수도 있다고 배웠다면서요. 그가 의미하는 바를 나는 바로 이해했습니다. 그의 견해는 미주신경이 심장박동을 급격하게 저하시키고 호흡을 멈추게 하고 생명을 위협하는 서맥 및 무호흡증을 촉진할 수 있다는 것이었습니다. 서맥과 무호흡증은 많은 조산아의 생명을 위협합니다. 그는 좋은 것이 너무 많으면 나쁘다고 제안했습니다. 그의 조언은 자율신경계에 대한 이해를 바꾸는 데 도전하도록 했습니다.

그의 조언을 진지하게 받아들이고 내 연구에서 관찰한 바를 생각해보기 시작했습니다. 내가 연구하는 동안 호흡성 동성 부정맥이 있을 때 서맥과 무호흡증을 관찰한 적이 없다는 것을 깨달았습니다. 이를 깨닫고 '미주신경의 역설'을 구상했습니다. 미주신경은 어떻게 호흡성 동성 부정맥으로 나타날 때는 보호적이지만, 서맥과 무호흡증으로 나타날 때는 생명을 위협하는 것일까요?

몇 달 동안 신생아 학자의 편지를 서류 가방에 넣어 가지고 다녔습니다. 나는 이 역설을 설명하려고 노력했습니다. 그러나 내 지식이 너무 부족해서 설명할 수 없었습니다. 이 역설을 해결하기 위해 나는 이런 모순된 반응 패턴을 조절하는 다른 미주신경회로가 있지 않을까 연구하려고 미주의 신경 구조를 조사했습니다.

역설의 기저를 이루는 미주신경 기제를 확인한다는 것이 다미주 이론으로 진화했습니다. 이 이론을 발전시키면서 해부학, 진화론적 역사, 그리고 미주신경의 두 가지 기능이 확인됐습니다. 하나는 서맥과 무호흡증을 중재하는 미주신경 시스템이고, 다른 하나는 호흡성 동성 부정맥을 중재하는 미주신경 시스템입니다. 하나의 시스템은 잠재적으로 치명적이었고, 다른 하나는 잠재적으로 보호적이었습니다.

두 미주신경경로는 뇌간의 다른 영역에서 발생했습니다. 비교해부학을 통해 나는 두 회로가 순차적으로 진화했음을 알았습니다. 기본적으로 우리에게는 계통발생의 역사에 기반한 자율 반응 체계가 내장되어 있습니다. 이런 사실은 다미주 이론의 핵심입니다.

부동화, 서맥, 무호흡은 포유류가 있기 훨씬 이전인 고대의 척추동물에게서 진화한 방어 시스템의 구성 요소입니다. 애완동물 가게에서 파충류를 관찰해보면 이런 방어 체계를 볼 수 있습니다. 파충류를 관찰하면 별로 움직이지 않는다는 것을 알 수 있는데, 부동화가 파충류의 주요 방어 시스템이기 때문입니다. 그러나 햄스터나 생쥐같이 작은 포유류의 행동을 관찰하면 파충류와는 대조를 이룹니다. 작은 포유류는 활동적이고 사회적이며 같이 놀고, 움직이지 않을 때는 형제들과 신체적으로 접촉하고 있습니다.

다미주 이론을 조직하는 원리로서 진화론을 적용해보면서 각기 다른 계통발생 단계에서 각기 다른 신경 회로가 각기 다른 적응 행동에 관여했다는 것을 점차 이해하기 시작했습니다. 연구를 계속해가면서 진화론적으로 초기 척추동물들과 연관이 있는 고대 방어 시스템을 발견했는데 이것이 우리의 신경계 내부에 아직까지 내장되어 있습니다. 이런 고대 방어 시스템은 도전/도피 방어 행동에 필요한 가동화와는 대조적으로 부동화를 특징으로 합니다. 부동화, 죽은 척하기, 무생물처럼 보이기가 파충류나 다른 척추동물들에게는 적응 행동이었지만, 산소가 많이 필요한 포유류에게는 잠재적으로 치명적입니다. 만일 생명을 위협하는 사건이 인간을 부동화 상태로 빠뜨리는 생체 행동 반응을 유발하게 되면 다시 '정상'으로 재구성하기 어려울 수도 있습니다. 많은 트라우마 생존자의 경우처럼요.

자율신경계의 재검토

●

이 이론이 발전하면서 자율신경계의 적응적 기능에 대한 새로운 모델이 나타났습니다. 다미주 이론의 맥락에서 자율신경계의 상태와 반응은 더 이상 부교감과 교감이라는 쌍을 이루는 두 요소의 대립적인 결과물로 설명될 수 없었습니다. 자율신경기능을 설명하려면 오히려 진화생물학의 기능으로서 위계적으로 조직된 세 가지 기능적 하부 체계를 알아야 할 필요가 있습니다. 인간과 포유류에게 이 하부 체계는 ① 횡격막 아래에 있는 기관들의 주요 미주 조절을 제공하는 무수미주신경경로, ② 횡격막 위에 있는 기관들의 주요 미주 조절을 제공하는 유수미주신경경로, ③ 교감신경계를 포함합니다.

무수미주신경경로가 먼저 진화했고, 대부분의 척추동물과 이를 공유했습니다. 인간과 다른 포유류의 경우, 이런 고대의 체계는 유기체가 안전한 상황에 있을 때 항상성을 지원합니다. 그러나 방어를 해야 할 때는 부동화를 지원하고, 서맥과 무호흡증을 만들어내고, 신진대사 자원을 보존하며, 행동적으로는 셧다운 혹은 붕괴로 나타납니다. 인간의 경우에는 아마도 해리와 관련 있을 것입니다. 이런 셧다운 체계는 파충류에게 잘 나타나는데 파충류의 작은 뇌는 포유류보다 적은 양의 산소를 필요로 하기 때문입니다. 파충류는 몇 시간 동안 숨을 쉬지 않고도 생존할 수 있습니다. 반대로 물속에 사는 포유류일지라도 단지 20분 정도 숨을 참을 수 있을 뿐입니다.

파충류의 미주신경계는 계통발생적으로 수초가 없는 고대의 미주를 대표합니다. 파충류와 대조적으로, 포유류는 두 개의 미주신경회로를 가집니다. 파충류와 공유하는 무수미주신경과 수초로 덮여 있는 독특한 포유류 회로입니다. 두 미주신경회로는 뇌간의 다른 영역에서 유래합니다. 수초화된 경로는 더욱 빠르고 긴밀하게 조직된 반응을 제공합니다. 척추동물의 자율신경계는 부동화 행동을 지원하는 무수미주신경에서 그 진화를 시작합니다. 상어나 가오리 같은 연골어조차 무수미주신경을 가집니다.

계통발생적으로 경골어에게서 발달하기 시작한 교감신경계는 제 기능을 하여 내장 기관에 영향을 줍니다. 교감신경계는 무수미주신경과 대립하는 역할을 합니다. 대부분의 경우 교감신경경로는 내장 기관의 활동을 증가시키고 무수미주신경경로는 내장 기관의 활동을 감소시킵니다. 경골어는 무수미주신경계와 교감신경계가 대립쌍을 이루는 자율신경계를 가진 덕분에 떼 지어 헤엄치고, 잽싸게 도망치고, 멈출 수 있습니다.

포유류로 진화하면서 더욱 새로운 회로인 독특한 유수미주신경이 기능하기 시작합니다. 이런 새로운 미주신경회로를 추가하여 자율신경계의 적응적 기능은 확장됩니다. 첫째, 미주신경경로가 두 개로 분리되면서 여러 신체 기관을 조절하는 데 있어서 그 역할이 분리됩니다. 무수미주신경은 횡격막 아래에 있는 기관들의 주요 부교감신경 조절자로 기능합니다. 인간 조숙아 같은 포유류에게도 유수미주신경경로의 보호적 영향을 받지 못한 채 심장으로 들어가 서맥을 만들어내기에 충분한 정도의 무수미주신경경로가 있습니다. 유수미주신경은 횡격막 위에 있는 기관들의 주요 부교감신경 조절자로 기능합니다. 또한 포유류의 새로운 유수미주신경이 나오는 뇌간 영역은 얼굴과 머리의 근육을 조절하는 뇌간 영역과 연결되어 있습니다.

직관적인 임상가들은 (얼굴과 머리의 근육에 의해 조절되는) 내담자의 얼굴을 보고 음성을 들으면서 내담자의 생리적 상태를 정확하게 추론할 수 있습니다. 그들은 이 정보를 사용하여 내담자에게 무슨 질문을 할지 결정합니다. 트라우마 내담자의 목소리에는 운율(억양)이 부족할 수 있다는 것을 압니다. 트라우마 내담자의 얼굴 윗부분에서 감정 표현이 부족하다는 것도 압니다. 더욱이 이런 유사한 내담자들은 빈번하게 자신의 행동 상태를 조절하기 어려워하며, 차분하다가도 매우 반응적인 상태로 빠르게 변할 수 있다는 것도 알고 있습니다. 이제 우리는 이런 생리적인 동작이 실제로 다른 상황에서도 밖으로 나오는 것을 보기 시작합니다.

다미주 이론에서는 자율신경계가 단지 한 쌍의 대립적인 체계가 아니라 우리가 논의했던 세 가지 하부 체계로 구성된 위계적 시스템이었다는 것으로 개념화됩니다. 그 위계는 새로운 회로가 오래된 회로를 억제하는 진화의 기능으로 조직되어 있습니다. 이 위계적 모델은 뇌 손상 및 뇌 질환에 따르는 뇌 회로의 탈억제를 설명하기 위해 존 휴링스 잭슨이 제안한 '소멸의 개념'과 일치합니다.

실제적인 문제는 우리가 도전을 받을 때 어떻게, 그리고 왜 다른 회로로 전환하는가 하는 것입니다. 도전을 받으면 자율신경계의 조절은 생존을 위한 적응적 시도로써 오래된 회로로 돌아갑니다. 이 과정의 단서 혹은 계기는 무엇일까요?

우리는 인지적 편견이 있는 세상에 살고 있으며 우리 행동이 자발적이라고 추정합니다. 우리는 동기와 결과에 관련된 질문들과 마주합니다. 우리는 비용, 위험, 혜택에 관해 질문받습니다. 그러나 자율신경계의 신경 조절에서 상태의 변화가 행동에 지대한 영향을 끼치는데도 불구하고 그 상태의 변화가 항상 자발적인 것은 아니라는 것입니다. 우리가 환경에서 구체적인 단서에 직면할 때 그 상태는 더 반사적인 방식으로 바뀝니다. 비록 내담자들이 상태의 변화를 촉발하는 단서를 알지 못한다 해도 심장 박동 수가 증가하고 심장이 쿵쾅거리며 땀이 나는 신체 반응은 알아차립니다. 이런 반응들은 비자발적입니다. 그들이 이런 반응을 원하는 것 같지는 않습니다.

이와 유사한 반사적 상태 변화가 대중 연설 공포증을 포함한 임상적 조건에서 관찰됩니다. 이런 공포증을 가진 사람은 군중 앞에 서게 되면 자신이 기절할까 봐 두려워합니다. 이것은 자발적인 반응이 아닙니다. 이런 환경의 몇 가지 특징이 신경계를 자극하여 무수미주신경회로를 동원합니다.

신경지, 자각 없는 탐색

●

| 부친스키 박사 |　우리의 신경 회로들은 어떤 상황이 안전한가를 어떻게 결정하나요?

| 포지스 박사 |　그 과정이 변연계 방어 시스템을 억제하는 상위 뇌 구조 체계와 관련되어 있다는 것을 알지만, 정확한 신경 경로들을 알지는 못합니다. 우리는 변연계 방어 회로의 억제가 '생물적' 움직임의 의도를 평가하는 측두엽을 비롯해 대뇌피질 영역들을 포함하고 있다는 것을 압니다.

생물적 움직임에는 얼굴 표정, 목소리 억양(운율), 그리고 손짓과 머릿짓을 포함한 신체의 움직임이 포함됩니다. 예를 들어 우리는 아이를 달래는 데 엄마의 운율적 목소리가 중요하다는 것을 압니다. 하지만 안전을 감지하는 회로들보다는 위험을 감지하는 회로들에 대해서 더 잘 압니다.

더 많은 연구가 이루어지면서 우리는 비적응적 반응을 표출시키는 한계점 혹은 취약점을 바꾸는 데 생애 초기의 경험들이 중요한 역할을 담당한다는 것을 배우게 됐습니다. 새로운 미주신경회로의 보호를 받고 있을 때 우리는 잘 살아갑니다. 하지만 이 새로운 미주신경회로가 생리적 상태를 통제할 능력을 잃으면 우리는 방어적인 도전/도피 기계가 됩니다. 도전/도피 기제가 방어 기능을 할 때 인간과 다른 포유류들은 움직여야 합니다. 갇히거나 제지당해서 행동에 제한을 받으면 우리 신경계는 그 단서를 읽고서 기능적으로 움직이지 않으려고 합니다. 방어 시스템이 작동하는 두 가지 예를 들어보겠습니다. 첫 번째는 CNN 뉴스에서 본 것이고, 두번째는 내가 경험한 것입니다.

몇 년 전, 나는 학회 강연을 하기 전에 CNN 뉴스를 보고 있었습니다. 비행기가 난항 속에 착륙하는 장면을 보여줬습니다. 바람 때문에 비행기가 심하게 요동치며 날개가 위아래로 흔들렸습니다. 비행기는 매우 불안정해 보였지만 안전하게 착륙했습니다. 승객들이 내리자 기자가 몇몇 승객을 인터뷰했습니다. 기자는 승객들이 "너무 무서웠다, 소리를 질렀다, 충격이 컸다"라고 얘기하리라고 예상했습니다. 불안하게 착륙하는 동안 어떠했는지 설명해달라고 어느 여성 승객에게 요청했는데 그녀의 반응에 기자는 말문을 잃었습니다. "무엇을 느꼈냐고요? 저는 기절했어요."

생명이 위협받는 순간에 직면하자 이 여성에게는 고대의 미주신경회로가 작동했던 것입니다. 우리에게는 이 회로를 통제할 능력이 없습니다. 하지만 의식을 잃는 것은 트라우마 사건을 겪을 때 이로운 면을 갖기도 하는데, 즉 우리 고통의 역치를 높일 수도 있다는 것입니다.

학대, 특히 물리적인 제지를 포함하는 성적·신체적 학대를 당한 사람들은 그 학대 현장에 없었던 것처럼 자신의 심리적 경험을 자주 묘사하곤 합니다. 그들의 몸은 무감각해지고, 해리를 경험하거나 아예 의식을 잃을 수도 있습니다. 이런 사람들은 트라우마 사건의 감각적·심리적 영향을 완화할 수 있도록 학대 사건에 대해 적응적 반응을 보입니다. 당연히 문제는 해리를 경험하고 적응적으로 신체에 대한 의식을 잃은 사람들이 다시 '몸속으로' 어떻게 돌아가도록 하느냐, 입니다.

다른 예는 개인적인 경험입니다. 나는 MRI 스캔을 받으면서 예상치 못하게 생리적 상태의 전환을 경험했습니다. 이 과정에 대해 관심이 많았는데 동료들이 MRI를 사용하여 많은 연구를 했기 때문입니다. 그래서 호기심을 가지고 이 경험을 기대하게 됐습니다. MRI로 뇌를 스캔받으려면 설치대 위에 납작하게 누워야 하는데 그러면 설치대는 자석의 핵심을 향해 움직입니다. 나는 신나서 설치대에 누워 새로운 경험을 할 준비를 마쳤습니다. 편안했고 불안하지 않았습니다. 설치대가 서서히 MRI 자석의 아주 작은 개구부 속으로 움직였습니다. 내 정수리가 자석의 핵심으로 들어섰을 때 나는 "잠깐 멈춰주세요. 물 좀 마셔도 될까요?"라고 말했습니다. 그들이 그곳에서 나를 뺐고 나는 물을 마셨습니다. 다시 누워서 내 코가 자석의 핵심에 닿을 때까지 설치대가 옮겨졌을 때 나는 결국 "못 하겠어요. 여기서 빼내주세요!"라고 말했습니다. 나는 밀폐된 공간에 있을 수가 없었습니다. 이 경험이 바로 공황 발작을 촉발했던 것입니다.

내 지각, 내 의식이 내 몸의 반응과 불일치했던 예로 나는 이 경험을 듭니다. 나는 MRI 스캔을 받고 싶었고 무섭기는커녕 위험하지도 않았습니다. 하지만 MRI 속으로 들어갈 때 내 몸에서 어떤 반응이 일어났습니다. 내 신경계가 감지하는 어떤 단서들이 있었고, 이런 단서들이 방어를 촉발하고 나를 가동화하여 그곳에서 빠져나가도록 했습니다.

이렇게 생리적 상태의 전환을 촉발하는 환경적 사건의 경험들은 환경의 위험한 면면을 평가하고, 신경 회로들이 자율신경상태로 전환하도록 하는 과정을 설명하기 위해 새로운 개념을 요구했습니다. 이것의 결과로 내가 '신경지'라고 이름붙인 과정을 확인했습니다. 이 용어를 정의하기가 조심스러웠는데, 지각과는 다른 별개의 과정으로 설명하고자 했기 때문입니다. 지각은 의식적인 주의가 있어야 하지만 신경지는 의식 없이 반사적으로 일어납니다.

| 부친스키박사 |　정의해보죠. 신경지는 현재 일어나고 있는 일에 대한 신경학적 지각인가요?

| 포지스박사 |　여기서 매우 조심합시다. 우리는 '신경지neuroception'를 '지각perception'과 구별해야 합니다. 신경지는 환경의 위험을 의식 없이 평가합니다. 지각은 인식하는 것과 의식적으로 탐지하는 것을 내포합니다. 신경지는 인지적 과정이 아닙니다. 의식하기 전에 일어나는 신경계의 과정이죠. 신경지는 환경에서 오는 다양한 단서에서 위험을 평가하고 여기에 적응적으로 반응하기 위해 자율신경상태로 전환하는 신경 회로에 영향을 받습니다. 다미주 이론 안에서 신경지를 설명하자면, 자율신경계를

다미주 이론에서 정의된 광범위한 세 가지 상태(안전, 위험, 생명의 위협)로 전환하고 얼굴, 심장, 유수미주신경을 포함한 포유류의 강력한 사회 참여 체계가 도전/도피와 셧다운 방어 시스템을 하향조절하는 데 미치는 역할을 강조하는 메커니즘입니다.

사회 참여 체계가 작동하면 방어기제들이 하향조절되어 우리는 안정을 찾고 사람들을 안아줍니다. 그들을 바라보며 기분이 좋아지죠. 하지만 위험이 커질 때는 두 방어 시스템이 우선시됩니다. 위험에 대한 반응으로 교감신경계가 활성화되며 도전/도피 반응의 신체 활동을 지원하기 위해 신진대사 자원을 증가시킵니다. 우리가 안정감을 느끼는 데 이것이 도움이 되지 못할 때는 고대의 무수미주신경회로를 소환하여 셧다운 상태로 들어갑니다.

임상적으로 유의미한 이 모델의 긍정적인 특징은 방어 전략을 완화할 수 있는 치료법을 만들어내는 데 시사점을 제공한다는 것입니다. 신경지의 특징은 사회 참여 체계를 작동한다는 것인데, 이때 사회 참여 체계는 포유류만의 독창적인 혁신인 자율신경계의 신경 조절로 사회적 상호작용을 가능케 하여 생리적 상태를 진정시키고 건강과 성장과 회복을 지원합니다.

| 부친스키 박사 |　당신의 MRI 경험은 신경지와 통제 불가능한 반응 때문인가요?

| 포지스 박사 |　네! 비행기에서 의식을 잃은 여성처럼 나는 아무것도 할 수 없었던 것이죠.

| 부친스키 박사 | 그곳에서 빠져나갈 방법을 생각할 수 없었군요.

| 포지스 박사 | 전혀 그렇게 할 수 없었죠. 눈을 감고 그곳에서 빠져나가는 것도 상상할 수 없었어요. 거기서 당장 나가야만 했어요! 이제는 MRI를 받을 때 약을 먹습니다. MRI에 반응하지 않도록 약물의 도움을 받을 수 있어서 참 감사해요. 약물을 선호하는 것은 아니지만 어떤 상황에서는 매우 도움이 됩니다.

두 가지 상황에서 강조하고 싶은 점은, 비행기 안에 있었던 여성과 MRI를 받았던 나의 반응, 둘 다 비자발적이었다는 것입니다. 불안전한 비행기가 승객에게서 셧다운을 작동시켰으며, 내 경우에는 MRI의 특징들이 가동화를 촉발했습니다. 비행기 안에 있었던 사람들을 더 많이 인터뷰했다면 어떤 사람들은 소리를 지르거나 외치고, 몸을 움직여 비행기 밖으로 빠져나가고 싶어 했을지 모릅니다. 어떤 승객들은 옆 사람의 손을 잡으며 그 상황을 차분하게 겪어냈을 수도 있고요.

여기서 중요한 핵심은 같은 사건이 여러 사람에게서 다양한 신경지 반응을 유발할 수 있고, 이것이 다른 생리적 상태를 불러일으킨다는 점입니다.

| 부친스키 박사 | 당신이 MRI 안에 있을 때 "여기서 나를 빼내줘"라고 했는데 아무도 반응하지 않았다면 더 원초적인 상태로 돌아갔을까요?

| 포지스 박사 | 그럴 수도 있죠. 나는 거기에 갇혀 있고 나갈 수 없습니다. 폐쇄된 공간 안에 있습니다. 나에게 무슨 일이 일어날까요? 이 경험은 제지당하고 물리적으로 학대받는 것과 비슷합니다. 우리는 흔히 의학적

절차들이 물리적 학대를 경험하는 것과 유사한 단서들을 우리 몸에 제공한다는 점을 간과합니다. 사람들을 어떻게 대할지에 대해 우리는 매우 조심해야 합니다. 긍정적인 의도로 개입해도 제지가 포함되면 트라우마 반응을 일으키고 PTSD도 유발할 수 있습니다.

외상 후 스트레스 장애를 일으키는 것

●

| 부친스키 박사 |　PTSD 증세들을 촉발할 수 있는 치료 행위에 대해서 말씀해주세요.

| 포지스 박사 |　마취하려고 사람을 붙잡아놓는 강제적 신체 강박도 포함될 수 있습니다. 의료계의 역사를 보면, 정신장애를 가진 사람들을 치료할 때 흔히 강박을 사용했다는 것을 알 수 있습니다. 환자를 보호한다는 명목으로 시행됐지만, 환자들의 반응은 많은 점에서 상해, 위험, 위협의 상황과 유사하게 반응했습니다. 강박은 정신장애가 있는 환자들이 다른 사람들과 자신을 해하지 않도록 하는 데 사용했습니다. 마취제가 없거나 마취 효과가 없을 때는 수술 중에 환자들을 꼼짝 못 하게 했습니다.

　하지만 유념해야 할 점은 의료 환경의 어떤 면들은 환자들에게 취약한 느낌을 불러일으켜 방어적인 신경지를 작동시킨다는 것입니다. 예를 들어 의료 환경은 우리의 일상생활에서 중재 역할을 담당하는 사회적 지지를 차단하는 경향이 있습니다. 입원하면 환자의 옷을 가져갑니다. 환자는

공공장소에 노출되고 어떤 예측도 할 수 없게 됩니다. 우리 신경계가 자신을 조절하고 안전하게 느끼도록 만드는 것들이 많이 없어집니다.

| 부친스키 박사 |　환자들에게 콘택트렌즈도 끼지 말라고 하며 안경도 벗게 하여 잘 볼 수조차 없어지죠.

| 포지스 박사 |　네, 신경지가 우리의 생리적 상태에 어떤 영향을 주는가에는 시각적·청각적 단서들이 중요한 역할을 담당합니다. 신경지의 가장 강력한 촉발제 중에서 적어도 안전에 대한 신경지는 청각 자극에 의한 것입니다.

엄마가 아기에게 불러주는 자장가나 우리가 듣는 전통 민속음악과 사랑 노래에 관해 생각해봅시다. 이처럼 다른 종류의 성악곡이 지닌 청각적 특징들에서 공통점을 발견할 수 있습니다. 이런 음악은 저주파 소리들을 사용하지 않으며, 우리에게 들리는 고주파 소리들을 적극적으로 조절합니다. 이런 소리들은 여성의 목소리와 비슷합니다. 남성의 저주파 목소리로, 특히 베이스 영역의 목소리로 자장가를 아기에게 불러줬다면 같은 정도의 진정 효과를 갖지 못할 것입니다. 우리 신경계는 주파수대역, 그리고 주파수대역 내에서 청각적 주파수의 조절에 반응합니다.

나는 강연에서 음악 동화 〈피터와 늑대〉를 예로 들어 주파수대역과 주파수대역 내에서 주파수를 조절하는 것이 어떻게 신경지를 촉발할 수 있는가를 설명합니다. 〈피터와 늑대〉에서 친절한 등장인물들은 바이올린, 클라리넷, 플루트, 오보에 연주로 표현됩니다. 포식자는 저주파 소리들로 표현되고요. 작곡가 세르게이 프로코피예프Sergei Prokofiev는 신경지 과정에서 청각 자극이 주는 효과를 직관적으로 이해하고 있었으며, 이야기를 만들어가는 데 이 직관을 사용했습니다.

MRI에는 무슨 청각적 특징이 있을까요? MRI는 대량의 저주파 소리를 생성합니다. 일반적으로 병원의 청각적 환경에는 저주파 소리가 대부분인데, 특히 환기 시스템과 장비에서 그런 소리들이 납니다. 신경계는 우리가 의식하지 못하는 사이에 이런 청각적 특징에 반응하는데, 이런 청각 자극을 포식자의 특징으로 해석하고 도전/도피 행동이나 셧다운을 불러일으키도록 우리의 생리적 상태를 전환합니다.

사회 참여의 역할과 애착

◑

|부친스키박사| 애착에 대해서 조금 얘기해볼까요. 초기 애착이 이 모든 것에 어떤 영향을 줍니까?

|포지스박사| 애착에 대한 연구를 살펴보면서 나는 중요한 점이 빠져 있다는 것을 발견했습니다. 이 빠진 부분을 애착의 서막으로 봅니다. 다미주 이론에서는 이 빠진 부분을 '사회 참여'로 설명합니다. 이를 개념화하면서 나는 좋은 사회적 유대감이 발달하는 과정을 두 가지의 절차적 과정으로 나누기 시작했는데, 이는 사회 참여와 사회적 유대의 확립입니다.

사회 참여에 대해서부터 시작합시다. 이는 우리가 발성, 그 목소리의 억양, 얼굴 표정, 몸짓 등을 사용하는 과정입니다. 우리는 아이에게 음식

을 먹이는 것 같은 섭식 행동을 사용하기도 합니다. 성인이 되면 같은 시스템을 다른 상황에서 사용합니다. 사람들과 교류하기 위한 방편으로 점심을 먹으러 가거나 술을 마시러 갑니다. 섭식 행동을 할 때 우리는 사회적 행동에서 쓰는 신경 메커니즘과 같은 것을 사용합니다. 사람들을 진정시키거나 타인들과 교류하기 위해 섭식 행동을 사용하는 것입니다. 사회참여가 효과적일 때 사람들 사이의 심리적 거리가 최소화되고, 결과적으로 물리적 거리도 줄어듭니다.

영아 발달을 관찰해보면 영아가 생애 초기에는 누구와 상호작용할지에 대해 별로 가리지 않는다는 것을 알 수 있습니다. 이 시기에 아기는 여러 사람에게 안기는 시스템에 엄청난 가소성을 가집니다. 하지만 점차 자라면서 안전의 특징들을 감지하는 신경지 과정을 지나는 동안, 아기는 익숙하고 안전한 것을 정의하는 데 까다로워져 다른 사람들이 아기를 안기가 더 힘들어지게 됩니다.

자폐 아동을 치료하는데, 부모들이 얘기하는 특징 중 하나는 아이가 아빠를 무서워한다는 것입니다. 이것은 무엇을 의미할까요? 아이가 아빠 목소리를 두려워한다는 것입니다. 왜? 아빠 목소리는 저주파 소리를 특징으로 하는데, 이런 소리들은 진화를 통해 포식자를 적응적으로 판별하는 신경 회로로 연결됩니다. 그래서 임상 장애에서 관찰되는 행동들은 많은 경우에 신경지를 통해 작동되는, 실제로는 적응 행동이지만 그 의도를 잘못 해석한 경우입니다.

애착에 관한 당신의 질문으로 돌아갑시다. 안전감은 안정적인 애착을 형성하는 능력을 중재한다고 봅니다. 생애 초기에 개인이 부모, 양육자, 가족 구성원, 타인을 안전하게 느끼느냐 여부가 트라우마에 대해 개인별로 차이 나는 취약성을 중재할 수 있습니다.

자폐와 트라우마의 공통점

◗

| 부친스키 박사 |　당신은 방금 자폐증과 트라우마에 대한 문제들을 제시했습니다. 우리 통화를 준비하면서 자폐증과 트라우마에서 일어나는 청각적 활동 사이에 공통점이 많다고 생각하게 됐습니다.

| 포지스 박사 |　네, 나는 정신장애를 분류하는 몇몇 카테고리 사이에 공통적인 핵심 특징들이 있다고 생각합니다. 공통적 원리라기보다는 공통적 현상이라 할 수 있습니다. 하지만 과학의 관점과 임상 현장에서 질병과 건강의 특징들에 다르게 접근하는 것을 자주 봅니다. 과학이 과정에 관심을 갖는다면, 임상 현장에서는 대부분 질병의 실체나 진단의 구체성에 초점을 둡니다. 예전부터 장애에 이름을 붙여주면 더 나은 치료 효과가 나타나며, 그 장애를 더욱 잘 이해하게 된다고 믿어왔습니다. 하지만 정신 건강 영역에서는 진단이 도리어 임상가의 재정 상태에는 많은 영향을 주었으나, 정신장애의 메커니즘을 이해하여 치료를 개선하는 데는 별로 영향을 주지 못했습니다. 대체로 진단명은 임상가가 보험회사에서 요구하는 의료비 청구 코드를 쓸 수 있도록 해줬으나, 정신장애의 기저를 이루는 신경생리적 메커니즘을 이해하는 데는 거의 도움을 주지 못했죠.
　과학자들은 정신장애와 관련된 진단명보다 그 장애의 기저를 이루는

과정에 더욱 흥미를 보입니다. 정신장애에서 공통적으로 찾을 수 있는 몇 가지 과정이 있습니다. 이런 공통적 과정들은 연방자금기관과 질병 중심 재단의 관심사가 아닙니다. 이런 공통적 과정에 초점을 맞춘 연구는 제한적이며 대개는 재정 지원 없이 이루어집니다. 왜냐하면 임상적 진단의 '생물 지표'들을 밝히는 연구에 주로 자금을 후원하기 때문입니다. 거의 모든 정신장애에 생물학적 요인들이 있고, 종종 유전이나 뇌 구조의 요인들도 있다고 여겨지는데, 안타깝지만 찾기 힘든 생물 지표나 생물학적 특징을 밝혀내는 연구에 십수 년 동안 주력해도 이렇다 할 연구 성과를 거두지 못하고 있습니다.

몇몇 정신장애에서 공통적으로 관찰되는 과정 중 하나에는 청각 과민성이 있습니다. 이것은 어느 한 가지 정신장애에 국한되지 않고 진단에 영향을 미치는 구체적 기준도 아니어서 정신 건강을 연구하는 사람들 사이에서 큰 관심을 얻지 못했습니다. 하지만 청각 과민성에 영향을 주는 그 기저의 메커니즘을 이해하게 되면 청각 과민성과 '무표정한 안면 정서, 빈곤한 목소리 운율, 심장의 미주신경 조절 약화'를 관련짓는 신경 회로가 있다는 것을 알 수 있습니다.

트라우마 이력이 있는 사람들을 자세히 관찰하고 면담하면서 그들이 소음이나 소리 때문에 공공장소에 있는 것을 싫어하며, 자주 주변의 움직임 속에서 사람의 목소리를 알아차리는 데 큰 어려움을 겪는다는 것을 알게 됐습니다. 자폐증이 있는 사람들도 동일한 문제들을 자주 토로합니다. 즉 자폐증이 있는 사람들은 자주 청각/청취에서 역설적인 현상을 경험하는데, 소리에는 극도로 민감하면서도 육성을 구별하고 이해하는 데는 큰 어려움을 겪는 증상입니다.

우울증이나 정신분열증같이 다른 정신장애를 지닌 사람들을 관찰할 때도 비슷한 특징들을 보게 됩니다. 이들은 청각적으로 과도하게 민감할 뿐만 아니라 행동 상태를 조절하기 어려워합니다. 그리고 얼굴에 감정이 잘 표현되지 않는 무표정, 목소리의 운율 부족, 빠른 심장박동과 심장의 미주신경 조절 약화로 인한 방어적 행동이 그 특징인 자율신경상태에 있습니다. 감정을 표현하고 알아차리는 핵심적 과정들은 '사회 참여 체계'에 통합되며, 이는 포유류의 새로운 미주신경계를 통제하는 뇌간에 의해 조절됩니다.

표현이 풍부한 얼굴과 운율적 목소리를 가진 사람은 주변 소리에서 사람의 목소리를 쉽게 알아차리도록 해주는 중이 근육을 수축시키고 있는 것입니다. 미소를 지으며 자신에게 말하는 상대를 보고 있을 때 사람들의 중이 근육은 수축되어 있습니다. 이런 상태에서는 배경의 소음 속에서도 사람의 목소리를 더 잘 알아차리지만 그들은 대가를 지불하고 있는 것입니다.

사회적 행동을 하느라 인간들이 지불하는 '적응적' 대가는 다미주 이론이 정신장애를 이해하도록 어떻게 돕는가를 설명하는 데 핵심적인 지점입니다. 저주파 소리를 들을 수 있는 능력을 하향조절하는 것으로 대가를 지불하는데, 이 소리는 우리의 계통발생사에서는 포식자와 관련된 소리입니다. 자폐증과 PTSD, 그리고 다른 정신장애를 지닌 사람들에게는 사회 참여 체계와 방어 시스템을 하향조절하는 능력에 타격이 옵니다. 그러나 타격을 입은 사회 참여 체계는 기능적으로 포식자를 감지하는 데 유리한 면을 제공합니다. 사회 참여 체계가 하향조절되면 누군가가 뒤에서 걸어오고 있다는 것을 알 수 있습니다. 이런 생물행동적 상태에서 그들은 저주파 배경 소리들을 들을 수 있지만, 사람의 음성과 관련된 고주파 소리들에서 의미를 알아차리는 데는 어려움을 경험하게 됩니다.

| 부친스키 박사 |　　그들의 중이 구조가 달라서 그런가요?

| 포지스 박사 |　　흠, 부분적으로 그렇죠. 하지만 이런 차이가 영구적이라고 상정하지는 않습니다. 예를 들어볼게요. 어느 지역에 사세요?

| 부친스키 박사 |　　저는 코네티컷에 삽니다.

| 포지스 박사 |　　그렇군요. 뉴헤이번이 안전하지 않은 시간에 당신이 누군가와 걸어가고 있다고 상상해보세요. 그 사람이 당신에게 말을 하고 있어요. 그 사람이 무슨 말을 하는지 이해할 수 있을까요? 아니면 뒤에서 들려오는 발걸음 소리에 주의를 기울일까요?

| 부친스키 박사 |　　경계 태세로 있겠죠.

| 포지스 박사 |　　경계 태세에서는 상대의 이야기를 잘 안 듣고 뒤에서 오는 발걸음 소리를 들을 것입니다. 잠재적인 위험이 도사리고 있는 새로운 환경에 들어설 때 우리는 안전한 사회 참여 체계에서 감시 경계 체계로 전환합니다. 인지적 관점에서는 '주의력의 할당' 같은 개념을 사용합니다. 하지만 신경생리적 모델에서는 단순히 주의력의 할당만으로 바라보지 않습니다. 우리는 생리적 상태를 전환한 것입니다. 중이 구조의 신경

톤을 낮추어 포식자의 저주파 소리를 더 잘 듣도록 한 것입니다. 하지만 그렇게 할 때도 대가를 지불하는데, 즉 사람의 음성을 듣고 이해하는 데 어려움을 겪게 됩니다.

| 부친스키 박사 | 제가 의도한 것이 아니라는 말인가요?

| 포지스 박사 | 네, 그렇죠! 사람의 목소리에 집중한다면 생명에 지장이 될 수 있는 것들을 놓치겠죠.

| 부친스키 박사 | 사람들이 위험을 감지해야 할 때 위험을 감지하지 못한다고 가정해봅시다. 구조적으로, 생리학적으로 무슨 일이 일어날까요?

| 포지스 박사 | 사람의 목소리에 집중하여 위험을 감지하지 못한다면 그들의 신경계는 잠재적 포식자의 위험한 특징들보다는 발성의 사회적 특징들에 더욱 우선하고 있는 것입니다.

신경계가 안전 요인 혹은 위험 요인에 얼마만큼 우선순위를 두느냐에서 사람마다 차이를 볼 수 있습니다. 여러 사람이 함께 새로운 환경에 들어갈 때 어떤 사람들은 반사적으로 과민하게 경계하느라 집단 대화에 더 이상 참여하지 않는가 하면, 또 어떤 사람들은 누군가가 뒤로 다가와서 위험한 일이 일어날 때까지 계속해서 서로 얘기하기도 합니다.

중이 구조의 신경 조절의 적응 정도를 강조하는 모델을 활용한다면 우리는 다양한 소집단에서 중이 근육의 신경 조절이 언어 지체에 미치는 잠재적 역할에 대해 질문할 수 있을 것입니다. 위험한 동네나 안전하지 못한 가정에서 자란 아이에게서 언어 지체가 일어날까요? 이런 환경에서 사는 아이들은 포식자를 감지하는 데 익숙한데, 포식자를 감지하는 신경계가 활성화되어 있을 것입니다. 사람의 목소리를 명확히 듣지 못해서 언어 지체가 올 수 있을까요? 중이 근육이 사람의 목소리를 추출하기에 적절하게 조절되어 있지 않으면 말의 의미를 알아차리기 어려울 수 있습니다. 중이 근육톤이 약할 때는 자음과 관련 있는 고주파 배음이 약하게 들립니다. 누군가가 말하고 있다는 것은 알 수 있지만 그 소리의 의미를 알지 못할 수 있습니다.

| 부친스키 박사 | 말소리를 들을 수는 있는데 그 의미는 알아차리지 못한다는 거죠?

| 포지스 박사 | 네, 의미를 전달하는 음성의 특징은 단어 끝에 오는 자음을 인식하는 데 주로 달려 있는데, 자음의 주파수는 모음의 기본적 주파수보다 높습니다. 예를 또 하나 들어볼게요. 노화의 자연적 기능으로 높은 주파수를 듣는 능력을 상실하게 되는데, 이것은 사람들이 무슨 말을 하는지 이해하는 능력을 손상하고, 특히 다른 소리들이 그 배경에 있을 때 더욱 그렇습니다.

| 부친스키 박사 | 네, 일부가 그렇죠!

| 포지스 박사 | 일부이고, 전부 다는 아니에요! 성인인 우리가 술집이나 시끄러운 식당에 들어갔는데 사람들이 우리에게 얘기하면 우리는 그들

이 말하는 단어의 끝소리를 듣나요? 우리는 그들이 말한다는 것을 알고 말소리도 듣지만, 무슨 말을 하고 있는지는 압니까? 하지만 십 대나 대학생일 때는 콘서트나 술집에 가면 지금은 우리가 시끄럽다고 생각하는 환경에서도 새로운 사람들을 만나서 듣고 얘기할 수 있었습니다.

젊을 때는 우리도 놓치는 단어가 거의 없었습니다. 모든 것을 들을 수 있었죠. 중이 구조를 효과적으로 통제하는 기능적 신경계가 있어서 사람들이 무슨 말을 하는지 알 수 있었습니다. 그런데 이것은 우리 나이가 들어가며 바뀌었습니다. 처음부터 그랬다면 우리의 언어적·사회적 능력이 어땠을까요? 나이 든 사람처럼 중이 신경 조절이 손상된 상태에서 어린 아기같이 언어를 배워야 했다면 우리는 많은 어려움을 겪었을 것입니다. 배경 소리에서 단어들을 알아차리기 어려웠겠죠. 많은 자폐아가 경험하는 감각적 세계가 이러한 것 같습니다.

자폐 장애의 치료

◗

| 부친스키 박사 |　　이런 점들이 자폐 장애를 치료하는 데 어떤 의미를 지니는지에 대해 얘기해보죠. 자폐 아동 이야기가 마침 나왔으니 우선 거기에서 시작한 다음에 PTSD 환자를 치료하는 이야기로 우회할까요.

| 포지스 박사 |　　PTSD와 자폐는 다미주 관점에서 보면 어떤 사람이 안전하다고 느끼도록 우리가 도와줄 수 있는가 하는 것이 중요하다는 점에

서 한 묶음으로 볼 수 있습니다. 안전감은 그 맥락, 행동, 정신적으로 이루어지는 과정, 생리적 상태와 같은 몇 가지 과정 및 영역과 관련된 강력한 구성물이라고 할 수 있습니다. 우리가 안전하다고 느낄 때 얼굴 근육을 조절하는 신경 조절에 접근할 수 있습니다. 즉 일반적으로 관찰되는 도전/도피 반응과 스트레스 반응을 하향조절하는 유수미주신경회로에 접근할 수 있습니다. 그리고 이렇게 방어를 하향조절해야 우리는 사회적 상호작용을 즐기고 놀 수 있는 여유를 가질 수 있습니다.

자, 이제 놀이의 개념에 대해 얘기해보죠. 놀 수 있는 능력이 없는 것은 정신 질환을 가진 사람이 많이 지니는 특징입니다. 그렇지만 진단 기준에는 어디에도 다른 사람들과 놀지 못한다든가, 서로 농담을 잘 주고받지 못한다는 점이 포함되어 있지 않습니다.

지금 내가 말하는 놀이란 비디오게임, 컴퓨터, 장난감을 가지고 혼자 '노는 것'을 가리키는 것은 아닙니다. 여기에서 놀이란 사회적 상호작용이 필요한 놀이를 말합니다. 놀이는 교감신경을 활성화할 수 있는 능력을 요구하고, 서로 얼굴을 마주 보는 사회적 상호작용과 사회 참여 체계로 교감신경의 흥분을 다시 완화할 수 있는 능력을 필요로 합니다. 이런 모델에서는 놀이란 사회적 상호작용을 이용해서 생리적·행동적 상태를 '상호 조절'하는 효율적 신경훈련입니다. 이와 대조적으로 컴퓨터나 비디오게임과 같은 물건으로 혼자 하는 놀이는 자기 스스로 조절하는 놀이입니다.

| **부친스키 박사** | 모든 사람이 알도록 다시 한 번 얘기해주시죠. 놀이에는 무엇이 필요하죠?

| 포지스 박사 |　　　우리 강아지가 어떻게 노는지를 예로 들어봅시다. 우리 강아지는 두 마리인데 저패니즈 친으로 몸무게가 각각 8파운드가량 나갑니다. 그놈들은 서로를 쫓아다니며 집 안을 돌아다니기 일쑤입니다. 서로를 쫓아다니는 놀이에서 한 놈은 다른 한 놈의 뒷다리를 물어서 그놈을 잡으려 합니다. 이런 일이 일어날 때 다리를 물린 놈은 다른 놈을 쳐다보기 위해서 뒤돌아봅니다. 이런 면대면 상호작용은 공격적인 행위와 놀이를 구별하는 데 중요합니다. 면대면 상호작용은 물린 강아지에게 무는 행동이 놀이이지 진짜 싸우려는 것이 아님을 알려줍니다. 이런 경우에 사회 참여 체계는 면대면 상호작용을 사용하여 그 행위가 너무 지나쳐 도전/도피의 공격적 행동이 되지 않도록 흥분을 받아들여 완화해주는 기능을 합니다.

여기에서 나는 닥터 제이와 래리 버드라는, 오래전에 은퇴한 유명한 농구 선수들의 비디오 장면을 예로 들고자 합니다. 첫 장면에서 그들은 친한 친구처럼 보입니다. 그들은 농구화 광고에 출연했습니다. 그다음 장면에서 그들은 심하게 몸싸움을 하며 시합을 하고 있습니다. 그들은 서로 치고받습니다. 이런 몸싸움에서 닥터 제이는 의도치 않게 상대의 얼굴을 치고 맙니다. 버드는 땅에 넘어지고, 닥터 제이는 버드의 얼굴을 쳐다보지도 않고 가버립니다. 그냥 가버림으로써 닥터 제이는 버드에게 자기 행위가 싸움/도피가 아니라 놀이라는 단서를 주지 못하게 된 것입니다. 버드는 방어적으로 반응하여 닥터 제이를 쫓아가서 그를 밀치고, 서로 주먹다짐하기 시작합니다.

이런 예는 인간이나 다른 포유류가 어떻게 면대면 상호작용을 통해서 기대가 어긋났을 때 그것을 다시 회복할 수 있는지 보여줍니다. 우리는 놀이를 하면서 싸움/도피 방어 행동을 할 수 있는 생리적 상태 변화로 가동화됩니다. 그리고 나서 서로의 얼굴을 쳐다봄으로써 이런 방어 반응을 다시 하향조절하는 것입니다. 실수로 상대를 칠 경우에 우리는 "미안합니다"라고 말합니다. 우리 행위가 공격적이라고 신경계가 오해할 가능성을 낮추기 위해 우리는 목소리와 얼굴 표정을 사용합니다.

놀이는 종종 가동화를 필요로 합니다. 그러나 그 가동화가 공격적인 것으로 이행되지 않으려면 놀이에는 면대면 상호작용이 필요합니다. 노는 중에 싸움/도피와 유사한 움직임에는 서로 얼굴을 마주 보는 상호작용이 따르는 것을 볼 수 있습니다.

춤 같은 어른들의 놀이에서도 이처럼 움직임의 상호적 측면과 면대면 상호작용에 의해 보완되는 움직임의 억제 같은 것을 볼 수 있습니다. 대부분의 팀 스포츠에도 이렇게 눈맞춤으로 소통하는 면대면 상호작용이 포함되는데 눈맞춤이 가능하지 않을 경우에는 목소리로 소통합니다.

러닝 머신 위에서 뛰는 것은 놀이가 아닙니다. 다미주 관점에서 놀이는 혼자 하는 것이 아닙니다. 놀이는 상호적이며 얼굴 대 얼굴의 상호작용, 운율적 목소리를 비롯한 사회 참여 체계의 다른 소통 방식을 필요로 합니다.

이런 관점에서 놀이란 공격적인 행위를 위한 연습이라고 볼 수 없습니다. 그보다는 놀이란 사회 참여 체계를 이용하여 신경계를 기능적으로 조절하는 훈련입니다. 싸움/도피 행동을 하향조절하는, 그리고 이런 방어 체계를 억제하여 '사회화'하는 포유류의 독특한 체계라고 할 수 있습니다. 놀이란 계통발생적으로 오래된 체계(교감신경계에 의해 활성화되는 가동화)를 새로운 체계(유수미주신경경로를 가진 사회 참여)로 조절하는 신경 훈련인 것입니다. 몇 가지 정신 병리를 가진 사람이 놀이에 어려움을 느낀다는 데 주목하는 것은 중요합니다.

| 부친스키 박사 | 이제 이것을 치료에 적용해보죠.

| 포지스 박사 | 치료에서 중요한 점은, 안전하게 느끼는 것은 치료가 효과적이기 위해서 기능적으로 꼭 필요한 사전 단계라는 것입니다. 많은 성공적 치료법은 안전 상태를 만들어주는 신경 조절을 훈련시키는 기능을 하는데, 이런 치료를 거쳐 내담자는 사회 참여 체계를 통해 방어 전략을 하향조절하기 위한 여러 개인적 자원을 제공받습니다. 면대면 상호작용을 통해 사회 참여 체계를 동원하는 것은 유수미주신경경로를 동원하여 교감신경의 활성화를 약화하는 신경훈련으로 기능합니다. 놀이는 글자 그대로 호혜적인 사회적 상호작용을 통해 자율신경상태의 신경 조절을 훈련하는 기능적 치료 모델이 되어줍니다. 전통적인 대화 치료도 신경훈련으로 개념화할 수 있습니다.

내담자의 안전감을 증진하는 비교적 효과적인 방법은 임상 환경을 실제로 바꾸는 것입니다. 내담자가 위협적으로 느낄 수 있는 소리를 없애고 내담자가 편안하고 안전하게 느낄 수 있는 소리를 들려줍니다. 신경계가 포식자의 소리로 감지하는 저주파 소리를 없애는 것도 도움이 됩니다. 부드러운 성악곡이나 운율이 있는 발성도 내담자를 안심시킵니다. 내담자와 얘기할 때 임상가는 억양을 다양하게 하여 운율적 목소리로 말할 필요가 있습니다. 큰소리가 아니라 억양의 변화를 통해 내담자를 안심시켜 안정된 상태가 되도록 할 수 있습니다. 임상가가 큰소리로 내담자를 진정시

키려 한다면 내담자의 신경계는 지금 자신이 공격당하고 있으므로 반사적으로 방어를 지원하는 생리적 상태가 되어야 한다고 느낄지도 모릅니다. 생리적 상태는 내담자의 반응과 느낌에 영향을 줍니다. 따라서 임상가는 내담자의 위험을 감지하는 신경지의 지대한 역할을 존중하고, 내담자가 신뢰할 수 있는 안정적 상태가 되도록 하기 위해서는 어떻게 임상 환경에서 맥락의 단서를 이용할 수 있을지를 이해하여 활용해야 합니다. 내담자가 위험에 대해 얼마나 방어적인지를 알수록 치료자는 내담자를 어떻게 다루어야 하는지 알 수 있고, 사회 참여 체계를 비롯한 신경훈련을 통해 회복을 꾀할 수 있을 것입니다. 이런 신경훈련을 하는 동안, 치료자와 내담자 모두 '반사적'으로 방어를 유발하는 요인에 대해 더 잘 이해하게 될 것입니다. 이런 과정은 내담자에게 친사회적 행동을 할 때, 트라우마에 반응할 때 두 경우 모두에서 생리적 상태가 얼마나 중요한 역할을 하는지 이해하도록 해줍니다. 그리고 이런 이해는 그 질환이 내담자의 자발적인 선택과 관련되어 있다는, 내담자가 경험하는 낙인에서 오는 수치심을 줄여줍니다.

나는 치료에 대해 얘기하는 것이 아닙니다. 질환을 가진 사람들이 좀 더 나은 삶을 꾸릴 수 있도록 몇 가지 증상을 줄여주는 것에 대해 얘기하고 있는 것입니다. 생리적 상태가 서로 다른 여러 종류의 행동을 하게 하는 기능적 플랫폼이라는 것을 이해한다면 내담자가 도전/도피를 하는 생리적 상태에 있을 때 그가 사회적인 행동을 할 수 없는 상태임을 알게 될 것입니다. 내담자가 셧다운의 생리적 상태에 있다면 기능적으로 사회적 상호작용을 할 수 없는 상태인 것입니다. 치료의 중요한 목적은 내담자에게 사회 참여를 가능하게 하는 생리적 상태에 접근할 수 있는 능력을 키

위주는 것입니다. 이런 능력을 개발하려면 신경계가 위험을 감지하는 과정 때문에 안전한 환경에서만 이런 생리적 상태에 이를 수 있다는 것을 내담자에게 알려야 합니다. 이 같은 지식에 기초하여 우리는 위험이나 생명의 위협에 대한 신경지를 유발하는 감각적 단서를 없앨 수 있는 구조 환경을 만들어야 합니다. 저주파 소리를 제거하는 것이 좋은 출발점일 것입니다.

| 부친스키 박사 | 병원에 방음실이 필요할까요?

| 포지스 박사 | 그렇습니다. 신경지를 통해 생리적 안전감을 느끼게 해주는 '안전한 지역'을 만들 필요가 있습니다. 병원에는 스스로 취약하다고 느끼게 만드는 공간이 아니라 안전하다고 느끼게 해주는 공간이 필요합니다. 내담자로 병원에 가보면 '안전하다'고 느낄 수 있는 데는 거의 없습니다. 우리의 개인 공간personal space이 침범당하는 일투성이입니다. 우리 모두 그런 경험이 있을 것입니다.

| 부친스키 박사 | 그렇군요. 그렇지만 그것이 무엇을 의미하죠?

| 포지스 박사 | 그것이 의미하는 바는 당신이 안전하지 않다는 것입니다. 당신의 신체가 건강과 회복이 아니라 방어를 지원하는 상태에 있다는 것을 의미합니다. 방어 상태에 있다는 것은 회복을 방해하는 상태라는 말입니다. 심리적으로는 신뢰 상태가 과잉 경계 상태로 대체되어 있다는 말입니다. 그리고 사회 참여 체계는 다른 사람이 함부로 자신을 간섭하는

환경에서는 작동하지 않기 때문에 당신의 사회 참여 체계도 작동하지 않는다는 의미입니다.

| 부친스키박사 |　그렇군요. 환자가 어느 정도 예측할 수 있도록 환자에게 일정을 미리 알려줄 수도 있을 것입니다.

| 포지스박사 |　우리 신경계는 예측할 수 있는 것을 좋아합니다.

| 부친스키박사 |　트라우마, 즉 외상 후 스트레스 장애에 대해서는 어떻습니까?

| 포지스박사 |　나는 강연에서 "내담자들과 함께 다른 것을 시도해보세요"라고 임상가들에게 말하기 시작했습니다. "트라우마를 겪은 내담자들에게 최근에 그들이 경험한 심각한 생리적·행동적 상태가 사회에서 제대로 기능하지 못하도록 제한할지라도 자신의 신체 반응들을 칭찬해야 한다고 말해주세요. 그런 반응들 덕분에 그들이 살아남은 것이므로 마땅히 칭찬해줘야 한다고요. 그것이 그들의 목숨을 구했고, 너무 심하게 다치지 않도록 도왔습니다. 강간 같은 상황에서 격렬하게 반항했다면 그들은 죽었을지도 모릅니다. 사회적이고자 했는데도 신체가 뜻대로 따라주지 않은 것에 죄책감을 가지는 대신에 신체가 반응한 방식을 칭찬하라고 내담자들에게 말한 후 무슨 일이 일어나는지 한번 보세요."

　임상가들이 이런 단순한 메시지를 전하자 내담자들이 저절로 좋아졌다는 이메일을 받기 시작했습니다. 내 생각에 이것은 내담자들이 자기가

나쁜 짓을 저지른 것이 아니라는 사실을 알기 시작한 데서 비롯된 결과입니다.

이것은 내가 종종 지적해왔던 다른 점과도 일치하는데 어떤 경우에도 나쁜 반응은 없다는 것입니다. 오직 적응적인 반응만 있을 뿐입니다. 중요한 점은 신경계는 우리를 생존시키기 위해 올바른 일을 하려고 노력할 뿐이므로 신경계가 하는 일을 존중해야 한다는 것입니다. 우리의 신체 반응을 존중할 때 우리는 이렇게 평가하는 상태에서 벗어나 자신을 더 존중할 수 있으며, 이것은 다시 기능적으로 치료 과정에 도움을 줍니다.

자, 이제 대부분의 치료에서 무슨 일이 일어나는지 기억해봅시다. 치료는 내담자에게 자기 신체가 적절하게 행동하지 않는다는 메시지를 전달하곤 합니다. 내담자는 다르게 행동했어야 한다는 이야기를 듣습니다. 내담자가 변해야 한다고 말이죠. 그래서 치료 자체가 개인을 몹시 평가하는 것이 되어버렸습니다. 그리고 우리는 평가당할 때 기본적으로 방어 상태에 있게 됩니다. 안전한 상태에 있지 못하는 것입니다.

| 부친스키 박사 |　가르치는 것도 마찬가지입니다.

| 포지스 박사 |　맞습니다. '마음 챙김mindfulness'에 대해 강의했는데 그때 나는 마음 챙김에도 안전감을 느끼는 것이 필요하다고 말했습니다. 안전하다고 느끼지 않으면 신경생리적으로 우리가 안전한지 우리 환경을 평가하게 되는데 그로 인해 안전감을 느낄 수 없어집니다. 이런 방어 상태에서는 다른 사람들과 관계를 맺지 못합니다. 우리의 인간적인 면들, 포용적이고 창조적이며 박애적인 면들을 표현할 수 있게 해주는 신경 회로

를 동원할 수도 없습니다. 안전한 환경을 창조할 수 있다면 우리가 사회적일 수 있고, 배울 수 있고, 기분 좋게 느낄 수 있도록 해주는 신경 회로에 접근할 수 있습니다.

경청 프로젝트 프로토콜과 치료

◐

|부친스키박사| 당신에게는 사람들이 알고 싶어 하는 치료 프로젝트가 있군요.

|포지스박사| 그렇습니다. 다미주 이론의 다양한 특징을 측정할 수 있는 기술을 시도하기 시작한 1990년대 말부터 이런 치료적 개입에 대해 계속 연구해왔습니다. 특히 사회 참여 체계를 강조하는 이론적 부분에 따르면, 우리는 운율적인 발성을 들을 때 중이 근육을 사용하고, 그 근육이 신경 피드백을 통해 다른 배경 소리에서 사람의 목소리를 가려내도록 도와주는데, 이런 적극적 경청은 생리적 상태를 변화시켜 개인으로 하여금 자발적으로 사회적이 되도록 합니다. 이런 체계는 엄마가 아이를 달래면서 극도로 조절된 목소리를 내는 데에서 관찰됩니다. 소리의 높이가 다양한 운율적 목소리를 들을 때 이런 체계가 촉발됩니다. 이것은 신경계에 안전의 신경지를 유발하는 청각적 단서를 제공하는 데 초점을 맞춘 지극히 협소한 모델입니다. 우리가 자폐 아동을 대상으로 이런 모델을 시험했는데 놀라운 효과를 얻었습니다(Porges 등, 2013 ; Porges 등, 2014).

지난 10년 동안 200명 이상의 아동과 몇 명의 어른이 우리 연구에 참여하여 이런 경청 치료를 받았습니다. 실험을 통해 청각 과민성의 감소, 청각 처리의 개선, 자발적인 사회적 행동의 증가, 심장의 미주신경 조절 증가(호흡성 동성 부정맥)라는 결과를 얻었습니다.

| 부친스키박사 | 200명 모두에게 자폐증이 있었나요?

| 포지스박사 | 네, 대부분 그렇게 진단받은 사람들입니다. 그렇지만 당신의 질문을 듣고 보니 자폐적인 사람들을 연구하면서 생기는 추가 질문들이 떠오르군요. 자폐아들을 대상으로 연구하기 시작한 후 나는 자폐증이 하나의 진단 범주로서 어떤 특정한 진단이 아니며 증상이나 기능에서 많은 차이를 보인다는 것을 깨달았습니다. 그래서 자폐의 청각 과민성에 주목하는 것이 자폐 치료와 같이 논의의 여지가 있는 주제를 피할 수 있어 도움이 된다는 것을 알았습니다. 특히 자폐증의 진단적 특징을 규정하는 것은 체계화되어 있지도 않고, 잘 알려진 신경생리학적 기준에 들어맞지도 않기 때문입니다.

자폐증은 개인뿐만 아니라 가족에게까지도 심각하게 영향을 줄 수 있는 매우 복잡한 질환입니다. 자폐 치료에 대해 얘기하는 것은 연구 집단에서 많은 논쟁을 야기합니다. 그 진단에 따르면 자폐증은 알려지지 않은 유전적 원인, 그리고 뇌와 신경계의 알려지지 않은 증상이 발현되는 영구적 장애이기 때문에 정신의학계에서 증상의 회복은 종종 진정한 회복이 아니라 진단의 오류로 해석되기도 합니다. 이런 논쟁을 피하기 위해 청각 과민성을 내 개입 전략의 대상으로 삼았습니다.

개입 메커니즘을 객관화하기 위해 우리 연구팀은 중이 구조의 기능을 객관적으로 측정할 수 있는 척도를 개발해야 했습니다. 지난 10년 동안 대학원생 제자였던 그레그 루이스Greg Lewis와 함께 중이 전달 기능을 측정하는 장치를 개발하여 어떤 소리가 실제로 중이를 통과해 뇌에 전달되는지 확인했습니다. 우리는 이 장치를 '중이 소리 흡수 시스템MESAS, Middle Ear Sound Absorption System(Porges & Lewis, 2011)'이라고 명명했습니다. MESAS로 우리는 경청 프로젝트 프로토콜Listening Project Protocol이 실제로 뇌에 전달되거나 고막에서 튕겨내는 소리들의 청각적 양상을 바꾸는지 측정할 수 있었습니다. MESAS는 우리가 처음으로 사용했고, 지금은 경청 프로젝트 프로토콜을 평가하는 세 개의 임상 시도에서 사용되고 있습니다. 중이 근육이 긴장하면 사람의 고주파 목소리는 중이 구조를 통과해 청각 신경을 거쳐 뇌로 들어가고, 저주파 소리의 청각적 에너지는 대부분 고막에서 튕겨져 나옵니다. 고막은 팀파니와 아주 비슷합니다. 중이 근육이 기능적으로 고막을 긴장시키면 좀 더 부드럽고 높은 소리가 뇌로 들어갑니다. 중이 근육의 긴장이 풀어지면 고막의 긴장도 느슨해져서 낮고 큰 소리는 뇌로 들어가고, 좀 더 높은 소리는 배경음에 섞여 들리지 않습니다.

낮은 소리를 들을 때 신경계는 포식자의 움직임을 감지하도록 대비하기 위해 낮은 소리를 감지하도록 편향되어 있습니다. 이렇게 포식자가 오는 소리를 듣는 데는 이롭지만, 이는 사람의 목소리를 듣는 데 장애가 될 수 있습니다. MESAS는 중이 근육이 청각 처리 과정에 미치는 기능적 영향을 개관적으로 측정할 수 있도록 고안됐습니다.

MESAS는 중이 전달 기능의 개인적 차이를 측정하기 위해, 그리고 그 기능의 결함으로 인해 배경 소리가 있을 때 사람의 목소리를 이해하기 어려운지 확인하기 위해 사용됩니다. 심지어 보통 사람으로 제한해도 그 효과를 볼 수 있습니다. 이 장치는 치료에 대한 반응으로서 기능의 변화를 객관적으로 측정할 수 있습니다. 이 장치가 개발되기 전에는 청각 과민성을 주관적으로 측정했기 때문에 이는 커다란 전환점이 됐습니다. 언어 문제가 있는 아동을 치료할 때 치료자는 아이의 주관적인 경험에 대한 정보를 얻기 위해 부모에게 묻는데, 그때 전문가에게 유효한 정보를 주려면 부모는 아이를 정확하게 관찰할 수 있어야 합니다.

경청 프로젝트 프로토콜에 참여한 어느 아버지는 자폐 아들에 대해 흥미로운 이야기를 들려줬습니다. 치료적 개입을 받기 전에 아이는 소리가 자신을 방해하면 자기 귀에다가 손가락을 집어넣었다고 합니다. 자기 귀를 손가락으로 막는 것은 자폐아들에게는 흔한 반응입니다. 지난해에 이 아이는 장애인 올림픽에 참여했습니다. 그때 출발신호가 울리자 다른 아이들은 모두 출발선에 멈춰 서서 자기 귓속에 손가락을 넣었는데 그 아이만 그러지 않고 계속 달려서 승리했다는 것입니다.

여기서 중요한 점은 우리가 개발한 방법으로 청각 과민성을 치료할 수 있다는 것입니다. 또 중요한 점은 청각 처리의 개선으로 청각 과민성이 줄어들 수 있다는 것입니다. 청각 과민성이 감소하면 사람의 목소리를 좀 더 잘 처리할 수 있고 언어 발달도 개선됩니다. PTSD 내담자에게는 아직 시도해보지 않았지만 최근에 학대 아동에게 이 개입법을 실험하는 중입니다. 전단계 반응은 긍정적입니다.

| 부친스키박사 | 아이들을 대상으로 청각 과민성을 측정하는 방법이 있다는 것은 알겠습니다. 하지만 아이들에게 이런 일이 일어나고 있다는 것

을 알게 되고 나서는 무엇을 해줄 수 있습니까?

| 포지스 박사 |　　경청 프로젝트에 대해서는 아직 설명하지 못했군요. 다시 나를 제자리로 돌려놓아줘 고맙습니다. 경청 프로젝트 프로토콜은 아주 단순합니다. 청각 자극을 듣는 것입니다. 경청 프로젝트 프로토콜에서는 사람 목소리의 운율적 특징을 강조하려 하기 때문에 성악곡을 듣습니다. 운율이 있는 소리의 특징에 대해 내가 얘기했던 것을 떠올려보세요. 음조가 다채로운 소리를 들으면 우리 신경계는 안전과 관련된 상태를 촉진하기 시작합니다.

　이 지식을 이용해서 우리는 컴퓨터 알고리즘을 통해 성악곡의 운율적 특징을 강화합니다. 그것을 들으면 마치 음악이 사라지는 것처럼 들립니다. 소리가 아주 가늘어졌다가 다시 풍부해졌다가 다시 가늘어집니다. 소리가 점점 사라지면 더 열심히 들으려 노력하고 주관적인 상실감을 느끼게 됩니다. 소리가 다시 돌아오면 충만함을 느끼죠.

　주파수대역을 조절하여 우리가 청각적 환경에 들어갔다가 나왔다가 하는 주관적 느낌을 가지게 되는 것입니다. 이 치료적 개입의 목적은 안전을 감지하는 신경지와 관련된 신경 회로를 촉진하는 것인데, 이 회로는 보통 아이를 달래는 엄마 목소리와 유사한 운율적 목소리에 의해 촉진됩니다. 목소리의 크기를 높이는 것이 아니라 운율을 과장함으로써 개입하는 것입니다. 이는 선율은 더욱 풍부해지도록, 억양은 더욱 다양하게 발성하도록 한다는 의미입니다. 방어를 유발하는 저주파 소리는 제거합니다. 아이가 다른 사람과의 상호작용을 비롯해 다른 형태의 자극을 처리하기 어렵다는 점을 감안하여 조용한 방에서 이처럼 수정된 청각 자극을 아이에게 전달하는 것입니다.

치료적 개입은 다음 두 가지에 착안하여 이루어집니다. 바로 아이가 안전감을 지원하는 생리적 상태에 있도록 하는 것, 그리고 조절된 청각 자극에 아이를 노출시키는 것입니다. 신경계가 과각성으로 방어적이지 않아야만 중이 근육이 수정된 소리의 신경생리학적 이점을 아이가 경험할 수 있도록 도와줍니다.

내 관점에서 이 치료적 개입은 운율이 있는 목소리에 대한 이미 각인된 흥미를 유발하는, 혹은 신경계의 필요를 유발하는 소리를 수동적으로라도 들을 수 있도록 해주는 신경훈련입니다. 이 치료적 개입에 참여하는 아이들을 관찰하면 전체적인 사회 참여 체계를 조절하는 신경 회로가 총출동하는 것을 볼 수 있습니다. 아이의 얼굴 근육이 더욱 활발하게 움직입니다. 아이가 자기 목소리를 잘 듣게 될수록 아이의 목소리에 운율이 풍부해집니다. 이 치료적 개입은 기능적으로 심장의 미주신경 조절도 증진하며, 이를 통해 생리적 상태가 안정되고 목소리의 운율도 더욱 풍성해집니다(LPP는 Safe and Sound Protocol로서 Integrated Listening Systems를 통해 임상가가 이용할 수 있습니다).

음악은 어떻게 안전감을 주는가

◑

| 포지스 박사 | 조니 매시스Johnny Mathis라는 가수를 기억하십니까?

| 부친스키 박사 | 그럼요!

| 포지스 박사 | 아주 아쉬워하는 듯한 억양으로 말씀하셨는데 조니 매시스에 대해 알고 있는 것을 말씀해주세요.

| 부친스키 박사 | 네, 그의 목소리는 달콤하고 선율이 아름다워요.

| 포지스 박사 | 그래요. 그래서 그의 목소리를 들을 때 생리적으로 어떤 느낌이 들었죠?

| 부친스키 박사 | 평온하고 마치 노래를 따라 부르는 느낌이었어요.

| 포지스 박사 | 자랄 때 그 음악을 특정한 상황에서 써먹지 않았나요?

| 부친스키 박사 | 틀림없이 그랬던 것 같아요!

| 포지스 박사 | 청소년들이 육체적으로 서로에게 가까워지려 하는 시기가 아니었나요? 맞죠?

| 부친스키 박사 | 맞아요!

| 포지스 박사 | 그때는 조니 매시스의 목소리가 우리로 하여금 안전하게 느끼도록 해주는 신경지 회로를 작동한다는 사실을 몰랐습니다. 우리

는 안전하다고 느낄 때 육체적인 접촉을 즐길 수 있습니다. 어떤 면에서 조니 매시스의 노래는 우리의 방어심을 많이 흐트러뜨립니다. 조니 매시스를 듣는 동안 당신의 신체적·주관적 반응만 생각해도 경청 치료가 어떻게 기능하는지 직관적으로 이해하게 될 것입니다. 조니 매시스가 노래하면서 음역의 주파수를 조절하는 것은 엄마가 아기에게 불러주는 자장가와 비슷하게 인간으로 하여금 안전하다고 느끼게 해주는 신경 회로를 촉발합니다. 조니 매시스가 노래하는 모습을 상상하는 것만으로도 우리 목소리의 억양이 달라지기 시작합니다.

경청 프로젝트 프로토콜은 장기간의 집중적인 개입은 아닙니다. 1시간씩 5회차로 이루어집니다. 그 효과를 본다면 보통 3일 후에 나타나기 시작합니다. 첫 이틀 동안은 아이가 이런 치료 환경에 익숙해지는 시간입니다.

여기에서 비유적으로, 신경계가 우리 방어를 무력화하는 조니 매시스를 기다리고 있다는 사실을 강조하고 싶습니다. 목소리의 억양을 기다린다는 것입니다. 운율적 목소리를 감지하면 이런 소리에 대한 신경 반응이 우리의 생리적 상태를 변화시킵니다.

운율 있는 목소리의 매혹적인 영향과 대조적으로, 지루한 대학교수들의 단조로운 목소리는 어떻게 신경지가 우리의 생리적 상태를 변화시키는지에 대해 또 다른 예를 보여줍니다. 어쨌든 단조로운 목소리는 흥미를 잃게 하고 졸음을 일으킵니다. 벤 스타인Ben Stein이 이런 사람을 얼마나 잘 희화화했는지 많이들 기억할 것입니다. 단조로운 어조로 얘기하면 무슨 말인지 이해하기가 어렵습니다. 그 목소리에 담겨 있는 정보를 알고자 하는 동기를 주지 않기 때문에 청자를 대화 속으로 끌어당기지 못합니다. 인지 세계에서, 특히 교육 시스템에서는 목소리가 우리의 흥미와 주의에 얼마나 큰 영향을 주는지에 대해 제대로 이해하지 못하고 있습니다. 인지세계에서는 말의 내용에만 집중할 뿐 그 말이 전달되는 억양에 관해서는 별로 관심을 기울이지 않습니다.

치료자는 치료 환경의 단서들이 치료 과정의 성공에 얼마나 중요한지 이해할 필요가 있습니다. 배경 소리가 내담자의 생리적 상태를 변화시켜 내담자의 치료를 제한합니다. 임상가가 치료 회기에 사용하는 말뿐만 아니라 어떤 억양으로 발성하는지도 내담자의 안전감에 영향을 미치게 됩니다. 치료 환경의 청각적 속성과 치료자의 목소리 억양이 어떤 통찰보다 치료에 훨씬 더 중요합니다.

| 부친스키 박사 | 자폐아들을 대상으로 하는 중이 근육 훈련을 나이 든 사람들에게도 시도해보신 적이 있습니까? 그들도 배경 소리와 구별하여 말을 잘 알아들을 수 있도록 말입니다.

| 포지스 박사 | 그에 대해 생각해본 적은 있습니다. 당신의 직관이 맞습니다. 노화는 이런 시스템의 기능적 저하에 영향을 미칩니다. 나는 개입 자극의 효과를 경험해보기로 마음먹었습니다. 그리고 이런 치료적 개입을 연장하면 어떤 효과가 있을지도요. 과복용하면 어떻게 되는지 알아보고 싶었죠! 처음에는 빨리 피곤해지는 작은 속근들을 자극하는 것이 개입의 목적이었기 때문에 피곤하면 어떻게 되는지가 내 관심사였습니다.

나는 며칠 동안 하루 6시간에서 8시간까지 경청 프로젝트 프로토콜에서 청각을 자극해주는 소리를 들었습니다. 고주파에 너무 예민해져서 컴퓨터가 켜진 책상에 도저히 앉아 있을 수 없을 정도였죠. 컴퓨터 팬이 돌

아가는 소리가 너무 컸어요. 나는 고주파 소리, 보통은 가까운 거리 안에서 흩어지는 소리를 들을 수 있었습니다. 심지어 아이들이 집의 반대쪽 방에서 얘기하는 소리도 들을 수 있었습니다. 나는 사람 목소리의 주파수대역에 잘 조율되어 있어서 그 목소리를 무시할 수 없었습니다. 평소의 청력으로 돌아오는 데 2주나 걸렸습니다. 이제는 개인이 가지는 예민성이나 취약성에 대해 더 신중하고 존중하려 합니다.

경청 프로젝트 프로토콜의 매개변수를 만드는 동안, 나는 쉽게 피곤해지는 아주 작은 중이 근육들의 신경 조절에 대해 알게 됐습니다. 근육이 피곤해지면 신체는 피로를 알아차립니다. 경청 프로젝트 프로토콜을 진행하는 동안 하루 한 시간만 들을지라도 피곤함이 몰려온다고 몇몇 참가자가 얘기했습니다. 치료 회기 후에는 잠을 잘 자게 된다는 보고도 있었습니다. 이런 피로는 중이의 소근육들이 피곤해져서 신경계에 피드백을 보내기 때문이라고 추측합니다.이렇게 작은 근육들이 보내는 피드백은 몇 마일 뛰고 나서 큰 근육들이 피곤함을 느끼는 것과 똑같은 정도의 강력한 신호로 작용하는 것처럼 보입니다.

| 부친스키박사 |　만약 근육을 계속 사용한다면 내성이 생길까요?

| 포지스박사 |　그럼요. 보통의 경청 능력으로 사회 참여 행동을 하는 사람들의 경우에 중이 근육톤은 더 큽니다. 그러나 포식자의 소리에 더 예민하도록 되어 있는 사람들의 경우에는 신경톤이 위축되어 있습니다. 이런 위축은 질병이나 열, 혹은 트라우마 반응에 의해 나타납니다(위험에 노출되거나 생명을 위협하는 단서들). 일단 이런 회로가 안전한 상황에서 적절하

게 자극되면 사회 참여의 긍정적인 속성이 사회적인 보상을 주고, 이런 시스템이 계속 유지됩니다. 어떤 의미에서 중이 근육의 위축이 사회적 상황에서 상호적으로 보상을 받게 될 것입니다. 아이가 부모에게 말하고 부모가 아이를 돌아보면 가족이라는 단위는 상호적인 피드백 루프를 가지게 되고, 아이는 더 많이 말하며 경청하게 될 것입니다.

그렇지만 아이가 부모와 상호작용하고자 할 때 모든 부모가 아이와 상호작용해주지는 않습니다. 종종 전문가의 아이가 치료적 개입을 받으러내 연구실로 들어오는 경우가 있습니다. 그 아이의 아버지를 콘퍼런스에서 만났습니다. 아이가 어떻게 지내느냐고 물었죠. 그는 나와 눈을 맞추지 않고 고개를 90도 돌리면서 "잘 지내고 있는데요"라고 말했습니다. 아버지의 행동은 나의 사회 참여 체계가 기대하는 바와 어긋나는 것이었습니다. "당신이 아이와 얘기할 때 그렇게 고개를 돌린다면 아이에게 다시문제가 생길 것입니다. 아이를 외면하면 안 됩니다. 당신이 자신도 모르게 그렇게 한다면 스스로 조절해야 합니다." 아버지가 아이를 계속 외면하면 아이는 사회 참여 체계를 꺼버립니다.

인간이라는 종은 매우 적응적입니다. 우울한 부모 슬하나 혼란스러운 가정에서 자란다면 그들과 관계를 맺지 않음으로써 적응하게 될 것이고 사회 참여 체계를 글자 그대로 하향조절할 것입니다. 그러나 사회 참여체계를 하향조절하면 다른 임상 질환들의 증상을 보이게 될 수 있습니다. 그것이 일생 동안 그런 질환들을 지니고 계속 살아간다는 것을 의미하지는 않습니다. 그것은 사회 참여 체계가 하향조절돼도 적절한 자극이 주어지면 다시 쓸 수 있다는 것을 의미합니다. 경청 프로젝트 프로토콜은 이렇게 동면 중인 사회 참여 체계를 깨워서 지금은 그 기능을 다하지 못할

지라도 다시 최적화되도록 돕기 위해 개발된 것입니다.

|부친스키박사| 당신의 작업에 대단히 감사합니다. 많은 사람에게 삶을 바꾸는 기회를 제공할 것입니다. 이것은 패러다임의 전환이고, 그래서 당신에게 감사하고 당신이 이미 이루어놓은 것에 경의를 표합니다.

3. 자기 조절과 사회 참여

—스티븐 W. 포지스와 루스 부친스키

Self-regulation and
Social Engagement

심장박동변이도와 자기 조절의 관계

●

| 부친스키 박사 |　심장박동 수나 호흡 같은 우리의 무의식적인 기능들이 신뢰와 친밀감 같은 사회적 관계성과 어떤 식으로든 다소간 관련되어 있다는 이야기를 듣곤 합니다. 실제로 그렇다면 그런 관계성들은 불안, 우울증, 트라우마, 심지어 자폐증을 치료하는 데도 막대한 영향을 줄 것입니다.

그렇다고 해서 신경계가 다른 사람들과 상호작용하는 방향으로만 영향을 준다는 뜻은 아닙니다. 그 반대의 경우도 있습니다. 다른 사람들과의 상호작용은 신경계에 영향을 줍니다. 심장이 안정적으로 뛰는 사람들과 자기 조절에 더 능한 사람들은 심장이 불안정하게 뛰고 자기 조절이 안 되는 사람들에 비해 트라우마와 그 외의 다른 경험들에 대처하는 방식이 다르다는 것을 당신은 관찰해왔을 것입니다.

| 포지스 박사 |　심장박동 패턴을 관찰하는 것은 글자 그대로 우리 신경계가 우리 몸을 어떻게 조절하는지를 관찰하는 관문 역할을 합니다. 심장박동 패턴이 양호하게 주기적인 진폭을 보일 때는 기본적으로 우리가 양

호한 상태에 있다는 것을 말해줍니다. 그것은 항상성 체계가 잘 조절되고 있음을 반영합니다.

이 체계가 도전을 받으면 말초신경, 내장, 심장에서 뇌로 보내는 신경 피드백이 변하고, 신경 피드백은 심장의 미주신경 조절에 반영됩니다. 심장의 미주신경 조절은 호흡성 동성 부정맥으로 알려진 심장박동변이에 내재된 정기적 요소의 진폭으로써 역동적으로 반영됩니다.

심리적 경험들의 생리학적 상관물이라는 관점에서 얘기하기보다는, 다양한 도전에 적응하는 신경계의 능력, 그리고 그런 적응들이 우리 몸에 어떻게 반영되는지를 바라볼 수 있는 역동적 창문으로서 생리적 반응들에 대해 생각해봅시다.

다미주 이론의 조직 원칙들

◗

| 부친스키 박사 | 당신의 이론은 관찰 이면에 존재하는 조직 원칙들을 제공해줍니다. 당신은 다소 무관해 보이는 분야들, 즉 과학 분야와 치료 분야를 결부하고 있고요. 그에 대해 어떻게 생각하십니까?

| 포지스 박사 | 그것은 기본적으로 인간의 생리적 측면이 정신적·행동적 상태와 어떻게 관계되는지를 이해하기 위해 내 생애를 건 여정이었어요. 멋진 경험이었습니다. 나는 신경계가 어떻게 기능하는지를, 사실은 우리가 복잡한 환경에서 어떻게 기능하는지를 탐색하기 위해 나의 연구

와 전문직을 이용할 수 있었기 때문이죠.

　다미주 이론을 떠받치는 개념들은 비교적 기본적인 것들이지만 미묘하고 파악하기가 어렵습니다. 수세기 동안은 아닐지 모르지만 수십 년 동안은 그랬죠. 관점(지향성, 경향성, 연구 방향)의 변화, 그리고 진화적 관점에서 도전들에 대한 신경계의 반응을 이해하고 생리적 상태와 행동의 변화를 생존에 연계된 적응적 전략으로 바라보려는 시도 덕분에 그 개념들이 분명해지게 됐습니다. 포유류의 적응적 전략들은 기능적으로 계통발생사에 따른 진화 과정을 반복(재현)하는 것입니다. 여기서 척추동물이 진화하는 동안, 특히 고대에 멸종된 파충류에서 포유류가 출현하는 동안, 자율신경계의 신경 조절이 어떻게 변화했는지에 대한 이야기가 시작됩니다.

| 부친스키박사 |　이 진화는 단지 생물학적 진화일 뿐만 아니라 유전적인 진화이기도 하죠.

| 포지스박사 |　맞아요. 체계가 변했고 포유류, 즉 우리에게 다양한 적응적 기능들을 제공해줬습니다. 그래서 다미주 이론을 이해하는 데 실제적 논점이 되는 것은 포유류로서의 인간이 생존하기 위해서는 함께 상호작용할 수 있는 다른 포유류, 즉 다른 사람들이 필요하다는 것을 깨닫는 것입니다.

　중요한 측면은 정말로 호혜적으로 상호작용하는 능력, 서로의 생리적 상태를 호혜적으로 조절하고 기본적으로 안전하다고 느낄 수 있는 관계를 만들어내는 능력이죠.

이것을 인간의 발달과 노화의 모든 측면을 관통하는 하나의 주제로 본다면, 그렇다면 애착 같은 개념들은 친밀감, 사랑, 우정 같은 개념만큼 잘 이해될 것입니다. 괴롭힘, 다른 개인들과 빚는 문제들, 배우자와의 갈등과 같은 개념들도 이해할 만해집니다. 교실에서 적대적으로 행동하는 것도 이해할 수 있고요. 기본적으로 우리 신경계는 상태 조절로 안전감을 느끼게 해주는 호혜적 상호작용을 갈망합니다. 그리고 이렇게 호혜적으로 상호작용할 수 있는 능력의 붕괴는 역기능적 발달의 한 특징이 됩니다.

이미 언급된 것처럼 사람들은 호혜적 상호작용이 생리적인 것이 아니라 행동적인 것이라고 생각해왔습니다. 그러나 다미주 이론은 그것이 생리적인 것이고, 사회적 지지와 사회적 행동의 신경 경로들은 건강·성장·회복을 지원하는 신경 경로들과 공유된다는 것을 알려줍니다. 그것들은 동일한 신경 경로들이죠. 마음과 신체를 다루는 과학과 뇌와 신체를 다루는 과학 사이에 상관관계가 있다는 말은 정확하지 않은 표현입니다. 같은 것을 다른 관점으로 표현했을 뿐이죠.

| 부친스키박사 |　그 이야기를 다시 한 번 해주세요. 신경 경로들이 공유된다고요?

| 포지스박사 |　사회적 지지의 신경 경로들이 있습니다. 다시 말하지만, 사회심리학과 행동의학의 영역에서는 친구를 만들거나 타인과 근접해 지내는 것이 건강을 증진하고 상해, 질병, 그 밖에 다른 해로운 경험들에서 회복되도록 어떻게 돕는지에 매우 관심을 두고 있어요.

이것은 단지 '우리는 사람들을 사회적으로 지지해줄 거야'라는 문제로

만 취급되어왔습니다. 그게 진짜 논점은 아니에요. 진짜 논점은 적절한 사회적 상호작용들이 실제로 건강, 성장, 회복을 지원하는 신경 경로들을 같이 사용한다는 것이죠. 아픈 사람을 그 사람이 안전감을 느끼지 못하는 환경으로 옮기는 것은 그 사람에게 유익한 일이 아니라 해로운 일입니다. 요컨대 결론은, 다른 포유류처럼 인간의 신경계도 탐색 활동에 종사하는데, 그 탐색은 안전을 추구하기 위함이고, 우리는 다른 사람들을 이용하여 안전감을 느낀다는 것이죠.

안전감을 위해 타인을 어떻게 이용하는가

◐

| 부친스키 박사 | 삼사 년 전에 어떤 연구가 진행됐는데, 연구자들은 진료를 잘하지 못하는 의사들을 살피고 있었습니다. 그들은 한 무리의 병든 사람들을 선발하여 무작위로 할당했습니다. 절반과는 따뜻한 관계를 맺어 그들의 증상에 대해서도 공감하며 경청해줬습니다. 다른 절반에게는 따뜻한 대우와 친절함은 없이 의학적 처치만을 제공했습니다. 그 결과, 따뜻하고 친절하게 대우받은 사람들이 독감에서 더 빨리 회복한다는 것을 발견했습니다.

| 포지스 박사 | 그것은 생리학적으로도 이해되는데, 건강 관리에 대해 이해하는 데 우리가 빠트리고 있는 것이기도 합니다.

| 부친스키박사 | 그것이 어째서 생리학적으로 이해될 수 있나요?

| 포지스박사 | 사회적 행동이 생리적 상태, 즉 우리 자율신경계의 상태에 영향을 미치기 때문에 그렇습니다. 안전한 사람이라는 단서는 아픈 사람이나 면역 기능이 저하된 사람이 방어 상태에 있지 않도록 해줍니다. 방어 상태에 있다는 것은 신진대사 자원들을 방어하는 데 사용하고 있다는 뜻입니다. 두려울 때가 단지 창의적이거나 사랑할 수 없는 때라는 뜻만은 아닙니다. 상처를 치유할 수 없는 때이기도 합니다.

치유를 위한 신경 경로는 사회 참여를 위한 신경 경로와 겹칩니다. 더 구체적으로 말하자면, 이것은 뇌에서 말초신경으로 가는 정보를 전달하는 하나의 미주신경경로입니다. 이것이 당신의 신체에 안전하다는 신호를 주고 당신을 진정시킵니다.

신경계에서 고등한 부분들이 손상이나 위험을 감지하면 이렇게 진정시키는 미주신경경로의 반응은 위축되고 도전/도피 행동을 준비하게 됩니다. 이것은 오래된 계통발생적 회로, 즉 교감신경계를 통해 일어나는데, 이때 방어는 가동화를 통해 나타날 수 있습니다.

다미주 이론은 계통발생적으로 새로운 미주신경회로는 신체가 안전하다는 단서들을 감지할 때만 작동한다는 것을 알려줍니다. 이 회로는 내장의 상태를 안정시킬 뿐만 아니라 얼굴도 움직이게 합니다. 얼굴에 표정이 풍부해지고 목소리에는 운율이 생겨납니다. 다른 사람들이 이런 특징들을 보여주면 우리 신체는 진정되고, 우리 목소리와 얼굴은 긍정적인 정서를 표현합니다.

측두엽은 이렇게 다른 사람들의 목소리와 얼굴에 드러나는 정보를 판독합니다. 뇌의 이 영역은 생물학적 움직임을 감지하고 반사적으로 그 의도를 해석합니다. 당신이 낯선 개의 뒷머리에 손을 대면 무슨 일이 벌어질까요? 그 개는 당신에게 달려들어 물려고 할 거예요. 그 개의 앞쪽에 당신의 손을 내려놓으면요? 그 개는 당신의 손에 코를 대고 킁킁거리면서 당신의 움직임을 중립적인 참여로 해석하여 방어적인 태도를 보이지 않을 것입니다. 측두엽은 얼굴 표정, 억양, 몸짓을 해석하는 데 기여합니다. 이런 해석 과정을 거쳐서 참여해도 안전한지, 위험한지에 대해 '신경계'의 의사결정이 이루어지는데 이는 전혀 인지적이지 않습니다.

| 부친스키 박사 | 그런 것을 판독할 능력이 없는 사람들은 어떻게 되나요?

| 포지스 박사 | 다미주 이론에서는 그런 단서들을 판독하지 못하는 것도 생리적 상태의 한 기능입니다. 그 기능상, 어떤 사람이 가동화되어 방어 상태에 있다면 안전의 단서를 감지하기가 어려울 것입니다. 만약 '셧다운' 상태에 있거나 해리되어 있다면 그가 안전의 단서를 감지하는 것은 거의 불가능합니다.

이 답변을 확장하여 왜 다미주 이론이 발전했는지에 대해 얘기하고 싶습니다. 과학자들은 도전/도피 체계가 있다는 것도, 진정 체계가 있다는 것도 이해했습니다. 그러나 그들은 고도로 진화된 포유류의 미주신경을 포함하여 그 진정 체계가 얼굴과 머리에 있는 근육들에 대한 신경 조절과 연결되어 있다는 것은 이해하지 못했어요. 그것이 다미주 이론이 중요하게 공헌한 바입니다. 자율신경계는 일종의 위계에 따라 예측 가능하게 반응하여 포유류 특유의 미주신경계가 교감신경계의 기세를 꺾을 수 있도

록 해준다는 점을 이해하는 것도 중요합니다. 그러나 문헌에서 빠지거나 축소된 것은 고양이의 턱에 물린 쥐가 반응하듯이 셧다운이라는 아주 오래된 방어 체계, 즉 죽은 척하기입니다.

서구 교육과 문화를 통해 우리는 인간이 단 하나의 방어 체계, 즉 가동화를 증가시키고 도전/도피 행동으로 표현되는 체계만 가지고 있다고 생각하도록 체계화되어왔습니다. 심지어 우리 어휘도 방어를 이해하는 능력을 한정시켜 신체가 매우 가동화된 방어 상태에 있을 때 '스트레스'라는 단어를 사용하곤 합니다.

트라우마를 겪은 사람들은 자기 반응을 어떻게 묘사할까요? 스트레스를 받으면 심장이 빠르게 박동하고 긴장감을 느끼게 됩니다. 그러나 트라우마나 학대를 경험한 사람들이 항상 이런 특징들을 언급하지는 않습니다. 그런 끔찍한 사건에서 살아남은 생존자들을 면담해보면 그들은 스스로를 차단하여 셧다운 상태에 있었으며, 근육이 풀렸고, 의식을 잃었으며, 해리를 겪었다고 얘기합니다.

내담자가 이런 특징들에 대해 임상가에게 말하면 임상가는 내담자가 교감신경계의 활성화와 이에 연관된 도전/도피 행동으로 특징지어지는 스트레스 상태에서 트라우마를 경험한다고 가정합니다. 내담자의 경험과 치료자의 해석 사이의 이런 불일치로 인해 치료자가 자신의 개인적인 이야기를 경청하지도 이해하지도 못한다고 내담자가 느끼게 되면 치료적 경험을 망칠 수 있습니다. 심한 학대나 트라우마를 겪은 사람들이 자기 경험을 잘 설명하지 못하는 것은 바로 이 때문입니다. 임상가, 친구, 가족에게는, 그리고 그들이 쓰는 어휘에는 부동화 방어 체계라는 개념이 없으니까요.

정신생물학적 치료나 스트레스와 두려움의 기본적 모델에 대해 말하면 사람들은 이렇게 묻습니다. "당신은 두려움에 대해 공부하고 있나요?" 나는 "우리가 도망갈 때 느끼는 두려움을 말하는 건가요, 아니면 의식을 잃을 때 느끼는 두려움을 말하는 건가요?"라고 되묻습니다.

우리는 심리학적 개념들을 사용하는데, 그런 심리학적 개념들은 생물학적 적응 반응들에 잘 들어맞지 않습니다. 내가 지금 당신과 이렇게 말하고 있는 이유는, 트라우마 분야에 있는 사람들이 다미주 이론에서 내담자들이 보이는 몇몇 중요한 특징을 설명해준다는 것을 발견했기 때문입니다. 다미주 이론 이전에는 그들의 내담자들이 얘기한 그 특징들을 설명할 방법이 없었습니다.

아기들이 보이는 서맥과 무호흡증을 설명하는 데에서 출발한 내 아이디어가 학대와 트라우마라는 인간의 경험에도 적용될 수 있다는 것에 나는 충격을 받았습니다. 임상가와 내담자들이 다미주 이론을 사용하여 그들의 신체가 트라우마에 영웅적 방식으로 반응했다는 것을 인정하게 됐다는 데 기쁨을 느낍니다. 그들의 신체가 그들이 생존할 수 있도록 적응적인 방식으로 반응했다는 것을 그들은 배우는 중입니다.

세상에 반응하는 방식에 영향을 주는 시스템들

◑

내 생각에는 다미주 이론의 주요한 공헌 중 하나는 각종 도전에 순차적으로 반응하도록 위계적으로 조직된 자율신경계의 세 가지 요소에 대해 언급한 점입니다.

안전한 환경에 있을 때 우리는 효율적으로 단서들을 감지합니다. 얼굴 표정, 몸짓, 목소리의 운율을 즉각적으로 처리하죠. 이런 능력들을 촉진하는 요소로서 안전한 환경의 중요성을 강조할 필요가 있습니다. 우리 두 사람은 지금 사면이 둘러싸인 환경에 앉아 있습니다. 당신은 벽 네 개와 문 한 개가 있는 어느 방에 있고, 나도 벽 네 개와 문 한 개가 있는 방에 있습니다. 우리 중 누구도 우리 뒤편에서 무슨 일이 일어날지 염려하지 않습니다. 혹시 예상치 못한 위험이 도사리고 있을까 점검하느라고, 서로를 향한 시선을 딴 데로 돌리지도 않습니다. 우리가 개방된 곳에서 이 인터뷰를 하고 있다면 우리 신경계는 끊임없이 우리 뒤쪽을 살펴보고 싶어 할 것입니다. 우리는 잠재적인 위험들을 확인하고 싶어질 것이라는 말입니다.

그러나 우리 각자의 방은 위험하지 않습니다. 우리는 사회 내에서 안전하다고 규정되는 환경들을 만들어왔는데, 그런 환경들에는 어떤 정도의 구조와 예측 가능성이 있기 때문입니다. 신경계가 이를 원한다는 것을 안다면, 면대면 상호작용을 할 수 있다면 우리는 사건들에 대한 오해를 많이 없앨 수 있습니다. 그래서 면대면 상호작용은 갈등을 완화하고 해결하는 데 큰 도움이 되는데, 특히 그 상호작용이 안전한 환경에서 일어난다면 더욱 그렇습니다.

우리는 또한 교감신경계가 나쁜 것이 아님을 압니다. 움직임, 각성, 충만한 경험을 가능하게 해주는 교감신경계의 가치를 인정합니다. 그러나 교감신경계가 주로 방어 체계로 사용된다면 우리는 타인에게도 우리 자신에게도 위험해집니다. 교감신경계가 자율신경상태를 압도하면 어떤 의미에서 툭하면 놀라는 상태가 됩니다. 우리는 공격적으로 타인을 때리고, 타인이 전하는 단서를 오해할 것입니다. 다미주 이론에서는 교감신경계가 (포유류의) 유수미주신경회로에 의해 억제되지 않을 때는 상호작용하려는 시도들을 방해할 수 있는 방어 체계로 작용한다는 것을 알려줍니다.

그러나 또 다른 방어 체계가 존재합니다. 셧다운 체계인데, 이 체계도 적응적으로 기능합니다. 통증의 역치를 상승시킵니다. 한 개인이 학대에 끔찍하게 노출되고도 그것을 의식적으로 느끼지 못하도록 함으로써 생존하도록 해줍니다.

하지만 그런 생존 전략에는 결과들이 뒤따릅니다. 포유류는 사회 참여가 가능한 안전 상태, 그리고 교감신경계의 활성화에 따른 가동화 이 둘 사이를 재빨리 오가도록 진화했는데도, 우리는 셧다운과 가동화 사이를, 그리고 셧다운과 사회 참여 사이를 효율적으로 오가도록 진화하지는 않았습니다.

학대당한 사람들의 관점에서 생각하면, 그들이 방어하겠다고 선택할 수 있다면 그들이 할 수 있는 적극적 방어란 사람들에게서 벗어나려 발버둥 치거나 자신이 있는 곳에서 탈출하려고 시도하는 정도일 것입니다. 각 회로가 적응적 기능을 한다는, 즉 각 회로가 하나의 유용한 목적을 가진다는 반응 위계의 관점에서 생각해보는 것이 유용하겠습니다.

우리가 방어를 위해 부동화 회로를 사용할 때는 한 가지 문제가 생기는데, 신경계는 거기에서 벗어날 수 있는 효율적 통로를 가지고 있지 않기 때문입니다. 많은 사람이 부동화 회로에서 빠져나올 수 없기 때문에 치료를 받고 있죠.

미주신경의 역설

●

미주신경은 셧다운에 관여하지만(기절, 서맥, 무호흡), 또한 사회 참여와 진정 작용에도 관여합니다. 미주신경의 기능들은 실제로 역설적입니다. 다미주 이론은 이런 역설을 해결하려는 노력의 산물이었죠.

이런 두 과정이 어떻게 같은 신경을 통해 일어날 수 있을까요? 이것이 어떻게 좋은 것이 너무 많아도 나쁜 상황에 해당한다고 추측할 수 있을까요? 이런 추측은 나로서는 이해되지 않았는데, 왜냐하면 인간 신생아들을 연구하면서 내가 관찰한 바 때문입니다. 나는 심장박동변이라는 배경이 없을 때만 서맥을 관찰했습니다. 당황스러웠는데, 서맥과 심장박동변이 둘 다 당연히 미주신경경로를 통해 중재된다고 생각했으니까요.

강한 심장박동변이 패턴들 없이 서맥이 일어난 것입니다. 이런 관찰로 인해 나는 지적으로 곤경에 빠졌습니다. 어떤 의미에서 과학자가 멋진 전문 직업인 이유는 우리가 아는 것 때문이 아니라 모르는 것 덕분입니다. 과학은 질문을 동력으로 삼고, 그 질문은 검증 가능한 가설로 구조화됩니다.

이 사례에서 드러난 미주신경의 역설적인 기능들은, 척추동물이 진화하면서 심장에 대한 신경 조절이, 더 구체적으로는 미주신경의 기능이 어떻게 바뀌었는지 그 진화적 변화들을 연구함으로써 이해됐습니다. 그것은 흥미로운 이야기이기도 하고, 여러 분야에서 연구가 이루어지면서 그 이야기는 계속 발전하고 있습니다. 어쩌면 자율신경기능을 조절하는 신경계의 진화적 변화를 탐구하는 연구가 지루하게 여겨질지도 모르지만, 지금은 멸종된 원시 파충류에서 포유류로 변천한 계통발생적 전환에서 신경의 변화를 밝혀내는 것은 흥미진진한 일입니다. 우리의 고대 공통 조상은 아마도 거북과 유사한 자율신경계를 가졌을 것입니다. 거북의 일차적인 방어 체계는 무엇이었을까요? 셧다운과 머리까지 집어넣는 것이었습니다!

포유류는 이런 고대의 신경 셧다운 체계를 물려받았습니다. 그것은 우리 신경계에 깊이 새겨져 있습니다. 그것을 자주 사용하지는 않는데, 그것을 사용하면 몇 가지 위험이 따르기 때문입니다. 포유류인 우리는 산소가 많이 필요하므로 심장박동률을 늦추고 호흡을 멈추는 것은 좋은 일이 아닙니다. 그러나 가동화가 우리를 위험에서 벗어나도록 하지 못한다면 신경계는 자율적으로 이 셧다운 체계로 전환할 것입니다.

다시 쟁점은 우리가 경험할 수 있는 생리적 회로나 상태들을 수의적으로 선택하지 못한다는 사실을 이해하는 것입니다. 신경계는 이것을 무의식의 수준에서 평가합니다. 신경계가 환경 속에 산재한 위험의 특징을 반사적으로 평가하는 역할에 주목하여 나는 '신경지'라는 용어를 사용합니다.

당신이 나를 편안하게 느끼고 내 목소리에 긍정적인 운율이 있다면, 내 몸짓이 당신의 기분을 좋게 한다면, 내가 당신에게 소리를 지르지 않는다면, 내가 묵직한 목소리로 말하지 않는다면, 내가 당신에게 강의하거나 정보를 받아들이도록 강요하지 않는다면. 만약 내가 이대로 따른다면 당신은 더 잘 경청하기 시작할 것이고 차분해질 것입니다. 내가 대부분의 대학교수처럼 말한다면 당신은 두 눈동자를 떼굴떼굴 굴리기 시작하면서 흥미를 잃을 것입니다. 내가 임상가가 되지 않은 것은 정말 다행이라고도 말하겠죠!

우리가 개념을 다루느라 더 많은 시간을 보내고 사람이 아닌 사물과 상호작용하면 사람과 관계를 맺고 상호작용하는 능력이 변할 수 있습니다. 곧 이런 생각들과 연결 지어 설명하겠습니다. 우선 다미주 이론이 생물행동적 상태를 조절하는 신경생리적 회로들을 해독하고 이해하기 위해 조직화하는 원칙으로 진화를 이용한다는 것부터 강조하고 싶습니다.

계통발생적으로 초기의 척추동물은 수초화되지 않은 미주신경만 가지고 있었는데, 수초화된 미주신경에 비해 생리적 상태를 조율하는 데 효율성이 낮았습니다. 수초화되지 않은 미주신경회로는 고대의 척추동물에게 부동화를 통해 방어하는 능력을 제공했는데, 이는 신진대사 요구량, 산소 요구량, 음식 요구량 등을 감소시키는 것을 뜻합니다.

척추동물이 진화하면서 척추 교감신경계가 경골어에서 출현했습니다. 이 교감신경계는 경골어의 동작을 지원했는데 여기에는 물고기 떼와 같은 집단에서 협응하는 움직임도 포함됩니다. 이 가동화 체계가 강력하게 활성화될 때 방어 체계로 작동하여 부동화 회로를 억제합니다.

포유류가 진화하면서 미주신경에 여러 변화가 생겨났습니다. 포유류는 그들의 진화적 조상들과 다른 미주신경경로를 또 하나 가지게 됩니다. 새로운 미주신경회로는 교감신경계를 약화하는 역할을 했습니다. 교감신경계를 적극적으로 억제함으로써 포유류의 미주신경은 도전/도피 방어를 하향조절하여 사회 참여 행동들이 자발적으로 일어날 수 있도록 하는데, 이 과정에서 신진대사 자원들을 가장 잘 이용하고 항상성 과정들을 최적화합니다.

또 다른 중요한 쟁점이 있습니다. 진정 작용을 하는 미주신경이 포유류에게 출현했을 때 새롭게 수초화된 미주신경을 조절하던 뇌간 영역은 얼굴과 머리의 근육을 통제하던 뇌간 영역들과 연결됐습니다. 이 뇌간 영역은 중이 근육을 통해 듣고, 후두 및 인두 근육을 통해 발음하고, 얼굴을 통해 정서와 의도를 표현하는 우리의 능력을 통제합니다.

임상심리학자로서 내담자들의 얼굴을 바라보고 그들의 목소리를 들으면서 당신은 그들의 생리적 상태에 대한 정보를 추론하게 되는데, 얼굴과 심장의 신경 회로가 뇌간에서 서로 연결되어 있기 때문입니다. 중요한 임상적 관찰을 다시 예로 들자면, 특히 트라우마를 가진 사람들을 치료하면서 관찰해보면 운율이 없는 목소리가 정서적으로 무표정한 얼굴의 윗부분과 동시에 작용한다는 것입니다. 이런 특징을 보이는 내담자는 배경 소음에는 극도로 민감하면서도 배경 소리 중에서 인간의 목소리를 이해하는 데는 곤란을 겪을 수 있습니다.

우리는 억양, 즉 음성의 운율적 특징을 들으면서 다른 사람의 생리적 상태를 읽고 있는 것입니다. 생리적 상태가 진정되어 있다면 선율이 있는 음성으로 반영될 것이고, 그 음성을 들으면 우리도 진정됩니다. 입으로 소리내기와 듣기의 관계에 대해 달리 생각해볼 수 있는 또 한 가지 방법은 포유류에게 구문론이나 언어가 생기기 오래전에 입으로 소리내기가 있었고, 소리내기는 사회적 상호작용의 중요한 요소였음을 이해하는 것입니다. 입으로 소리내기는 같은 종, 즉 같은 종의 다른 구성원들에게 그 개체가 가까이하기에 위험한지 안전한지를 전달합니다.

미주신경, 운동신경경로와 감각신경경로의 도관

◖

| **부친스키박사** | 미주신경은 신경 집단인가요, 아니면 뇌간의 여러 영역에서 시작되는 신경 경로인가요?

| **포지스박사** | 미주신경을 바라보는 데는 두 가지 방식이 있습니다. 당신은 이렇게 질문할 수 있습니다. 미주신경이 어디에서 나오나요? 혹은 이렇게 물을 수도 있지요. 미주신경은 어디로 가나요?

뇌에서 나와 내장 기관들로 가는 미주운동신경섬유와 뇌에서 나와 뇌간으로 가는 미주감각신경섬유는 다른 영역에 위치합니다. 비록 그것들이 하나의 도관으로서 더 기능하는 공동 신경에서 뇌를 출발하기는 하지만요. 미주신경을 하나의 도관이라고 생각해보세요. 그 안에 많은 섬유가 들어 있는 케이블 말입니다. 미주신경은 단순히 뇌에서 내장으로 가는 운동신경이 아닙니다. 내장에서 뇌로 가는 감각신경이기도 합니다.

이제 당신은 신경 경로들을 통해 마음과 몸, 몸과 마음, 혹은 뇌와 몸, 몸과 뇌의 관계에서 많은 것을 설명할 수 있게 됐어요. 미주신경에 있는 신경섬유의 80퍼센트는 감각신경입니다. 운동신경섬유 중 대략 6분의 1만이 수초화되어 있습니다. 소수의 유수미주운동신경섬유는 횡격막 위의 기관들에 일차적 미주운동신경 입력을 제공하는 데 매우 중요합니다. 대부분의 무수미주신경경로들은 횡격막 아래의 기관들을 조절합니다.

세 개의 미주신경경로가 있는데 감각신경섬유와 두 가지 유형의 운동신경섬유로 구성됩니다. 주로 횡격막 아래, 즉 내장 같은 기관들로 가는 무수미주신경(횡격막하 미주신경)을 통해 이동하는 운동신경섬유, 그리고 주로 횡격막 위, 즉 심장 같은 기관들로 가는 유수미주신경(횡격막상 미주신경)을 통해 이동하는 운동신경섬유가 그것입니다. 뇌간에서 감각신경섬유는 고립로핵으로 알려진 영역에서 끝나고, 유수미주운동신경경로는 주로 의문핵에서 시작되며, 무수미주운동신경경로는 주로 미주신경의 등쪽핵에서 시작됩니다.

이런 경로들을 임상적 특징들과 연결하기 위해서는 내담자들의 건강 문제와 행동 문제에 대해 생각해봐야 합니다. 그들은 내장과 위장에 문제가 있을지 모르는데, 이는 부동화 방어 체계로 동원되는 무수미주신경의 산물일 수 있습니다. 횡격막 아래의 문제들은 가동화된 도전/도피 방어 체계를 만성적으로 사용할 때 생길 수 있습니다. 이런 일이 생기면 교감신경계가 활성화되어 소화 기능을 포함해 항상성 기능들을 지원하기 위해 무수미주신경의 능력을 약화합니다.

| 부친스키 박사 | 다미주 위계에서는 트라우마에 영향받는 다른 각성 영역들이 있다고 하는데 맞습니까?

| 포지스 박사 | 그 이론에서는 기능적으로 이렇게 설명합니다. 즉 진화에 기초하여, 만약 당신이 어떤 도전에 직면한다면 당신의 신경계 중 가장 최근에 진화한 부분이 얼굴과 목소리를 사용하여 안전을 협상하려고 시도할 것이라고요. 그런데 그렇게 작동하지 않는다면 심장에 대한 미주신경의 억제(미주신경 브레이크)를 포함해 사회 참여 체계는 위축될 것이고, 이는 심장박동률을 증가시킬 것입니다. 이는 곧 도전/도피 행동을 통해

방어하기를 기대하면서 가동화를 촉진하려는 시도입니다. 그렇게 되지 않는다면 당신은 도전/도피를 위한 교감신경계를 더욱 활성화하려 할 것입니다.

당신이 도망치거나 싸울 수 없다면 그때는 아마도 반사적으로 셧다운을 할 거예요. 이것은 많은 트라우마 이야기의 특징이고, 특히 작은 아이들의 경우, 이외에 신체 크기에서 차이가 나는 상황일 경우, 또 생존자가 무기를 가진 가해자와 마주칠 경우에 나타나는 특징이기도 합니다.

기본적으로 위험 신호들은 다른 신경 회로들에 의해 다른 생리적 상태와 행동들로 번역될 수 있습니다. 이와 같이 공통된 신호나 사건에 대해 보이는 다양한 반응은 트라우마 치료에서 가장 어려운 문제입니다. 트라우마 치료와 진단은 사건에만 초점을 맞추어 치우치게 됐고, 사건에 대한 개인의 반응이 결정적인 특징이 될 수 있음을 간과했습니다.

트라우마와 사회 참여의 관계

◑

아주 오래된 신경 회로가 활성화되어 두려움으로 옴짝달싹하지 못하게 된다는 점이 대단히 중요합니다. 이 오래된 신경계는 진화를 거치면서 거듭 수정되어왔지만, 그런 수정들이 오히려 두려움으로 인한 부동화 상태에서 빠져나와 안전한 상태로 돌아가는 능력을 방해하는 것처럼 보입니다. 이때 안전한 상태란 자발적인 사회 참여 행동, 말하자면 타인과의 관계에 자발적으로 참여하여 안전감을 획득하는 것을 특징으로 합니다.

사회적 상호작용을 높여 안전감을 느끼는 상태에 있지 못하면 사람들은 여러 복잡한 이야기를 발전시킵니다. 그들이 사회적 상호작용을 원하지 않는 이유, 다른 사람을 신뢰하지 않는 이유 말입니다. 그런 이야기들은 그들의 몸속 깊은 곳에서 올라오는 느낌을 해석해줍니다. 그들의 신경계는 실제로 위험하지 않을 때도 위험을 감지하고, 그들의 이야기는 사랑하지 않고, 신뢰하지 않으며, 자발적으로 참여하지 않는 것을 정당화해줍니다.

이런 상황에서 당신은 어떻게 그 사람을 방어와 정당화의 고리에서 빠져나오게 할 수 있을까요? 어떻게 그 사람으로 하여금 사회 참여 체계를 이용하여 교감신경계의 가동화 도전/도피 상태를 억제하고 위험스러운 부동화 셧다운 상태에서 빠져나오게 할 수 있을까요? 이런 질문들에 답하여 다미주 이론에서 비롯된 통찰들을 임상 세계에 적용하고 있습니다.

다미주 시각에서 본다면, 내담자는 무엇보다 우선적으로 신경생리적인 안전감을 느낄 수 있는 환경에서 치료자와 협상하고 탐색하기를 원합니다. 이는 종종 치료자와 가까이 있는 것, 즉 치료자의 근접성과 관련되어 있기도 합니다. 트라우마 이력이 있는 내담자인 경우 치료자를 위험한 존재라고 여기고 반응할 수 있습니다. 임상가는 내담자가 안전하다고 느낄 때까지 물리적 환경과 심리적 환경 둘 다에서 자율권을 가지고 탐색하며 협상하도록 독려해야 할 필요가 있습니다. 일단 내담자가 안전하다고 느끼면 내담자의 생리적 상태는 크게 도약할 것이고 자발적인 참여 행동이 뒤따르며 목소리와 얼굴 표정도 바뀝니다.

임상가들에게 두 가지를 제안합니다. 첫째, 내담자에게 안전함을 협상해내도록 자율권을 주세요. 둘째, 신경지의 원리를 이해하세요. 신경지의 원리는 안전한 환경에서도 신경계가 위험한 상황에서 반응하는 것과는 다르게 어떤 특징들에 반응하고 있음을 이해하게 해줍니다.

저주파 소리를 포함하고 있는 소음이 많은 환경은 신경계에 포식자가 있다는 위험을 불러일으키기 때문에 저주파 소리와 배경 소음을 제거하여 치료 공간의 치유 가능성을 최적화할 수 있습니다. 이는 치료 공간이 비교적 조용해야 하는 중요한 이유입니다. 트라우마 이력을 가진 내담자들은 대개 공공장소에서 극도로 불안정합니다. 그들은 때때로 식당이나 영화관에도 가고 싶어 하지 않습니다. 그들은 쇼핑몰에서 걷고 있을 때 소리와 진동과 타인들의 밀착에서 위협을 느끼고 압도되는 경험을 합니다. 에스컬레이터의 저주파 소리와 진동도 부담스럽습니다. 이를 안다면 그들이 좀 더 안전하게 느낄 수 있는 환경을 만들지 않을 이유가 없죠.

일단 내담자가 안전하다고 느끼면 치료 전략에 따라 효과적으로 나아갈 수 있을 것입니다. 하지만 어떻게 내담자의 안전한 느낌을 확실하게 해주는 사회 참여 체계를 작동할 수 있을까요? 어떤 선택들은 우리 신경계와 연결되어 있습니다. 소리가 가진 운율은 우리를 더욱 안정시킵니다. 다른 사람이 없어도 성악곡을 들으면서 안전감을 느끼는 것처럼요.

음악이 어떻게 미주신경 조절의 신호가 되는가

◑

내가 발전시킨 치료적 개입 방식의 일부는 성악곡을 듣는 것입니다. 경청 프로젝트 프로토콜(2장 참고)을 처음에는 자폐 환자들에게 적용했습니다. 목소리의 억양을 과장되게 가공하여 내담자들의 중이 근육의 신경 조절을 단련하면 그곳이 안전한 장소라는 신호를 신경계에 보내서 결과적으로 심장의 미주신경 조절을 변화시킵니다.

| 부친스키박사 | 음악 프로젝트에서 당신은 무슨 일을 하십니까?

| 포지스박사 | 나는 컴퓨터로 성악곡을 고치는 일을 합니다. 성악곡, 특히 여성이 부르는 성악곡은 저주파 없는 억양을 사용합니다. 성악곡을 컴퓨터로 처리하는 것은 모듈들을 강조하고 기능적으로 증폭하는 것입니다. 이것은 운율을 과장하는 것과 같아서 운율적인 목소리를 감지하고 반응하는 신경 회로를 효과적으로 촉발합니다.

개입 방식은 이론적으로는 운율을 감지하는 신경 회로를 촉발하도록 설계되어 있는데, 이는 배경 소리를 약화하여 사람의 목소리를 이해하는 능력을 개선하기 위해 중이 근육에 대한 신경톤을 증가시키는 하강신경 경로를 작동합니다. 중이 근육을 조절하는 뇌간 영역은 얼굴 표정, 운율적 발성, 그리고 심장에 영향을 미치는 미주신경까지 포함하므로 경청을 통한 개입으로 통합적 사회 참여 체계를 자극하도록 설계한 것입니다.

15년 동안 나는 다미주 이론을 토대로 설득력 있는 가설을 세워왔습니다. 중이 구조의 신경 조절이 청각 과민증 및 청각 처리 과정과 관련 있다는 것입니다. 특히 중이 근육의 신경 조절 변화가 중이 구조의 청각 전달 기능을 결정적으로 변화시킨다는 가설을 세웠습니다. 이 가설은 어째서 청각 과민성이 인간의 언어장애와 연계하여 일어날 수 있는지를 설명하는 타당한 메커니즘을 제공합니다. 그런데 경청 프로젝트 프로토콜이 청각 과민성을 줄이고 청각 처리 과정을 개선한다는 가설을 세웠지만, 중이 전달 기능을 측정하고 그 가설을 실험할 수 있는 어떤 장치도, 실험 수단도 없었습니다. 이 문제는 나의 대학원생 제자였던 그레그 루이스가 풀었죠. 2011년에 그레그 루이스는 내 실험실에서 박사 학위 연구를 끝냈습니다. 그 과정에서 그가 중이 구조의 전달 기능을 측정하는 장치를 개발했습니다. 그것은 음성언어과학과 청각과학에서 빠져 있던 개념이었죠. 우리는 이 장치를 '중이 소리 흡수 시스템MESAS, Middle Ear Sound Absorption System'이라고 명명했습니다(Porges & Lewis, 2011).

이제 우리는 소리가 뇌로 들어가는지, 고막에서 튕겨 나가는지 객관적으로 측정할 수 있습니다. MESAS(2장 참고)는 사람들이 자기 고막을 통해 사람의 목소리를 흡수하는지 아닌지, 그리고 이 말소리가 포식자의 소리로 신경계가 해석하는 저주파 소리를 흡수하여 차폐된 것인지를 기록합니다. 고막을 팀파니라고 시각화해보세요. 팀파니의 가죽이 팽팽할 때 팀파니의 음조도 올라갑니다. 이것은 고주파수들이 선택적으로 흡수되고 저주파수들은 흡수되지 않았다는 의미입니다.

MESAS는 청각 과민성에 대한 객관적 잣대를 제공합니다. 우리는 자폐로 진단받은 여러 아이에게 MESAS를 실험했습니다. 트라우마 이력이 있는 사람들 중 과민한 청각 문제를 호소했던 사람들에게도 실험했습니다. 우리는 인간 음성의 주파수대역, 특히 두 번째와 세 번째 포먼트의 주파수대역의 흡수가 약해진다는 것을 예비 연구에서 밝혔습니다. 포먼트formant란 성도聲道의 고유진동수에 반응하는 특정 주파수에서 일어나는 음향 에너지의 집중을 말합니다. 청각이 과민한 사람들은 저주파 소리를 더 많이 흡수하는 반면에, 고차원적 포먼트는 왜곡되어 다양한 음성을 구별하기가 어렵습니다. 고차원적 포먼트를 처리할 수 있다는 것은 자음을 구별하고 단어의 끝을 처리할 수 있음을 의미합니다.

우리는 경청 프로젝트 프로토콜 참여자들을 대상으로 그 이전과 이후를 실험했습니다. 그 결과, 참여자 모집단 중 일부 집단에서 중이 전달 기능이 정상화됐습니다. 이는 우리가 일부 참여자들에게서 중이 근육의 신경 조절 능력을 재활시킬 수 있었다는 것을 의미합니다. MESAS의 기록은 소리를 흡수하는 변화 곡선을 보여주는데 여기서 사람의 말소리와 관련된 주파수가 더 많이 흡수됐다는 의미입니다. 이것이 관찰되기 이전에 임상가들은 청각 과민증과 청각 처리 장애는 대뇌피질에 있는 신경 회로가 결정한다고 추정했습니다. 중이 구조가 필터의 역할을 할 뿐만 아니라 사회 참여 체계를 담당하고 있다는 점을 이전에는 이해하지 못했습니다. 이 연구 덕분에 청각 처리와 청각 과민증, 그리고 행동 상태를 조절하는 능력과 사회 참여 체계의 다른 특징들에서 생길 수 있는 장애 사이에 연결 고리가 생긴 것입니다.

경청 프로젝트 프로토콜에 참가한 참여자의 약 50퍼센트는 청각 과민성 연구에도 참가했습니다. 이들은 치료적 개입을 받은 후 청각 과민성이 사라졌습니다(Porges 외, 2014). 또한 이 하위 집단에 속한 참여자들은 대부분 사회 참여 행동이 개선됐습니다. 또 다른 연구에서는 사회 참여 행동을 많이 하면 자율신경상태의 미주신경 조절도 향상된다는 것이 확인됐습니다. 이는 치료적 개입으로 자율신경상태를 바꾼다면 사회 참여 행동을 위한 신경 플랫폼을 기능적으로 변화시킬 수 있고, 그 결과로 방어 행동이 줄어든다는 가설을 더욱 설득력 있게 만들어줍니다(Porges 외, 2013).

| 부친스키박사 |　　음악 치료는 어떻습니까? 효과가 있나요?

| 포지스박사 |　　그럼요. 음악 치료는 두 가지 면에서 많은 사람에게 매우 유익합니다. 음악 치료가 가진 문제는 치료적 도움이 되는 측면이 어떻게 작동하는지 그 메커니즘을 이해하지 못한다는 거예요. 음악 치료에 긍정적인 보고서들이 있기는 해도 그것이 어떻게 작동하는지를 밝혀낸 실제적이고 강력한 이론은 없습니다. 그런데 다미주 이론으로 음악 치료의 작동 메커니즘과 그 유익한 효과를 설명할 수 있습니다. 노래 부르기를 관장하는 후두·인두 근육들이 중이 근육들과 연결되어 있기 때문입니다.

　사람들은 노래할 때 자기 호흡을 조절합니다. 노래 부르기는 내내 날숨이 확장되는 과정입니다. 호흡에서 날숨이 지속되는 동안 심장에서 수초화되어 있는 미주원심신경경로의 효과가 올라갑니다. 즉 노래를 부르거나 관악기를 부는 것은 생리적 상태를 상당히 진정시켜 침착한 상태를 유지하도록 하여 사회 참여 체계에 더 많이 접근할 수 있도록 도와줍니다.

　노래 부르기는 단지 숨을 내쉬는 것이 아니라 그 이상입니다. 노래할 때 당신은 날숨을 쉬는 것 외에 다른 일도 많이 합니다. 당신은 그 노래를 듣습니다. 이것이 당신의 중이 근육의 신경톤을 증가시킵니다. 이것 말고도 당신은 후두와 인두 근육에 대한 신경 조절 능력을 활성화하죠. 또한 안면신경과 삼차신경을 통해 입과 얼굴의 근육들을 씁니다.

　다른 사람들과 함께 합창을 한다면 당신은 사회적 참조social referencing를 하고 있는 것으로, 동시에 그 자체로 이미 타인에게 참여하는 것입니다. 그래서 노래하기, 특히 여럿이 함께 노래 부르기는 사회 참여 체계를 연습하는 놀라운 신경훈련입니다.

관악기를 연주하는 것도 매우 비슷합니다. 주의 깊게 듣기, 날숨 쉬기, 연주를 지휘하는 사람에게 집중하고 참여하기가 일어납니다.

요가 호흡(프라나야마 요가)도 비슷한 과정을 이용하는 또 다른 전략입니다. 프라나야마 요가는 기능적으로는 사회 참여 체계를 위한 요가입니다. 이 요가를 통해 호흡과 얼굴 및 머리의 가로무늬근을 수련할 수 있죠.

사회 참여 신호들, 자기 조절 vs. "무지몽매"

◑

| 부친스키박사 |　어떤 사람들은 그런 사회 참여 신호들을 원하는데 또 어떤 사람들은 그것이 마치 외국어인 듯 원한다는 낌새조차 보이지 않습니다. 외국으로 막 이민을 온 사람들처럼요. 어째서일까요? 이에 대해 우리가 앞에서 얘기하기는 했죠.

| 포지스박사 |　자, 우선 모든 복잡한 진단적 범주를 다 잊어버리고 시작해보죠. 이 현상에 대해 진단적 범주를 사용한다면 우리는 결국 이 현상의 근원적 원인과 과정을 이해하는 데 전혀 도움이 되지 않는 개념을 기술할 수밖에 없거나, 기껏해야 중복이환重複罹患으로 기술할 수밖에 없어집니다.

인간의 행동에 대해 아주 단순한 모델을 만들어봅시다. 타인들과의 상호 조절 능력을 기준으로 사람들의 순위를 연속적으로 매겨봅시다. 당신이 얘기한 것이 바로 이것입니다. 어떤 사람들은 다른 사람의 특징에 정말로 무지합니다. 그들은 자신의 생리적 상태를 타인들과의 관계성 안에서

상호 조절할 능력이 없습니다. 그들은 정말로 다른 사람과 잘 지내지 못합니다.

　이제는 다른 차원에서 얘기해보죠. 바로 사물, 즉 대상으로 자기 조절을 하는 사람들에 대해서요. 현대사회에서 SNS는 글자 그대로 엄청나게 우리를 몰아붙이고 있습니다. 그런데 SNS를 만든 사람들은 타인과의 상호 조절이 안 되고 사회적 의사소통 능력에 문제가 있는 사람들이라는 것을 기억해야 합니다. 우리는 이 새로운 테크놀로지에 소셜 네트워킹이라는 이름을 붙였습니다. 우리는 컴퓨터를 사용합니다. 스마트폰으로 문자를 보냅니다. 이렇게 본다면 우리는 지금 인간의 상호작용에서 가장 중요한 본질, 즉 얼굴과 얼굴을 직접 맞대는 경험을 하나씩 제거하고 있는 것입니다. 우리는 동시적 상호 대면 전략에서 메시지를 남기고 얼굴은 나중에 보는 비동시적 상호 대면 전략으로 이행해가는 중입니다. 타인의 현존 안에서 생물행동적 상태를 조절하기는 어려워하고 사물과의 조절은 아주 잘하는 개인들의 법칙을 기반으로 세상이 돌아가도록 허용하는 것입니다.

　세계적인 임상의 관점에서 본다면 치료자가 치료하도록 적극적으로 요구하는 장애들은 대체로 바로 타인과의 조절이 어려운 장애입니다. 다른 사람들과의 상태 조절이 힘들거나 관계를 통한 상호 조절이 안 된다면 사물과의 상태 조절에 적응적으로 이끌릴 수밖에 없습니다.

　이런 경향성이 임상적 꼬리표를 만들어내곤 합니다. 자폐라거나 사회 불안증이라거나 그 이름을 뭐라고 붙이든 그것은 중요하지 않습니다. 중요한 점은 바로 이런 사람들이 신경계에 타고나는 호혜의 사회적 상호작용을 못 하게 된다는 것입니다. 그들은 사람들과 함께하는 것이 안전하지 않다고 느낍니다. 사람들과 함께해서 안전하다고 느끼는 경우가 극히 드뭅니다. 그러니 자신에게 이로운 생리적 상태로 진입할 수 없습니다. 당연히 자신의 건강과 성장과 회복을 지원해주는 사회적 행동도 불가능해집니다. 이런 사람들에게 사회 참여 행동은 방해가 될 뿐 도움이 되지 못합니다. 이제 사람들은 사회적 상호작용을 통한 자기 조절과 대상을 통한 자기 조절 두 가지 범주에서 하나만 선택하게 됩니다.

이차적인 문제점은 이 두 전략(사람과의 관계성을 통한 조절 전략과 대상을 통한 조절 전략)이 아동교육과 아동의 사회화에 끼칠 영향입니다. 교육 현장은 얼굴과 얼굴을 마주하는 상호작용에서 멀어지고 있습니다. 취학 전, 그리고 초등학교 아이들의 손안에 아이패드가 놓여 있습니다. 초등학교에서 아이패드를 사용할 것이라는 뉴스를 봤습니다. 학교 당국은 이 기술을 받아들인 것을 엄청나게 자부하더군요. 카메라가 교실을 보여줬을 때 아이들은 아이패드를 바라볼 뿐 서로를 쳐다보거나 선생님을 바라보지 않았습니다.

이것이 진정 무엇을 의미할까요? 신경계가 이제 더 이상 사회 참여 행동을 훈련시킬 신경 조절 회로를 연습할 기회를 가질 수 없다는 것입니다. 이 신경 회로들을 연습하지 않는다면 아이들은 자기 조절, 그리고 도전에 직면해서 타인과 함께 조절해나가는 자연스러운 능력을 발달시킬 수 없게 됩니다.

여기서 또 다른 중요한 점은 학교 시스템에서 일어나는 일입니다. 인지 중심, 대뇌피질 중심의 세상이 가하는 압박 속에서 우리는 미처 이해할 사이도 없이 엄청난 정보의 폭격을 당하고 있습니다. 정보를 이해하기 위해 우리 신경계는 유수미주신경으로 조절된 생리적 상태를 필요로 합니다. 그 미주신경이 정보를 충분하게 처리한다면 새롭고 대담한 아이디어를 만들어내고 창조적인 사람으로 긍정적인 사회적 행동을 하게 될 것입니다. 합창단에서 노래를 부르거나 오케스트라에서 관악기를 연주하거나 쉬는 시간에 다른 사람과 몸을 부딪치며 노는 것은 모두 수초화된 미주신경경로와 사회 참여 체계를 훈련하는 기회들이자 상호 조절에 필요한 집단행동들입니다. 이는 신경계를 확장하고 긍정적인 영향을 줍니다. 그런데 우리는 이렇게 신경훈련을 도와주는 기회가 아이들을 교실에 좀 더 오래 붙잡아놓지 못하도록 산만하게 만든다고 오해합니다. 아이들이 교실에 좀 더 오래 붙들려 있으면 당연히 더 많은 정보가 아이들에게 주어지겠지만 그 정보는 충분히 처리되지 않아 오히려 저항 행동으로 튕겨져 나옵니다. 교육과정과 인간 발달에 대한 순진한 견해인 것이죠.

내 생각에 이것은 초기 경험, 이런 초기 경험의 결과, 그리고 어떻게 초기 경험이 또 다른 위험 요소를 야기할 수 있는가에 대한 질문으로 이어져야 할 것 같습니다. 이 질문들에는 신경 모델, 발달 모델, 심지어 훈련 모델의 관점에서 접근해야 합니다. 예를 들어 우리가 행동과 생리적 상태를 조절하는 데 특정 신경 회로를 사용하지 않는다면 해당 신경 회로는 제대로 발달하지 못할 것입니다. 물론 이후에 그 신경 회로를 전혀 사용할 수 없을 정도로 비관적이라는 의미는 아닙니다. 어쨌든 우리가 그 신경 회로를 좀 더 일찍 사용하지 않는다면 반드시 그에 따른 대가를 치른다는 것입니다.

신경 조절의 사용

◐

| 부친스키 박사 |　신경 회로를 사용할 수 없는 사람들을 어떻게 도와줄 수 있을까요? 그들이 신경 회로를 사용하는 법을 배울 수 있을까요?

| 포지스 박사 |　당연히 안전감이라는 맥락이 가장 먼저입니다. 내담자의 나이에 달려 있다고 말하려 했지만, 실제로는 나이와 상관없이 첫째로 내담자에게 그가 어떤 잘못도 하지 않았음을 전달해야 합니다. 내담자가 빨리 변화하도록 우리가 요구하면 할수록 내담자는 뭔가 자신이 잘못하고 있다고 해석할 수 있습니다. 일단 이런 '비판적' 피드백이 내담자의 신경계에서 처리되면 신경계는 방어 태세로 전환합니다. 그러면 내담자는 진정 상태를 이해해 유지하기가 더 힘들어집니다. 그래서 신경계의 작동 방식, 그리고 우리가 아이를 기르고 학생을 가르치고 내담자를 다루는 방식 사이에 완벽한 모순이 존재하게 된 것입니다.

　사람들이 안전하다고 느끼기를 바란다면 그들이 잘못했다거나 나빴다고 비난하지 않아야 합니다. 그들의 몸이 반응하는 방식, 그 반응이 어떻게 적응적인가를 그들에게 알려줘야 합니다. 그리고 이 적응적 특징이 얼마나 유연해질 수 있으며 또 다른 맥락에서는 얼마나 변화할 수 있는지를 이해할 필요가 있다고 설명해야 합니다. 그렇게 우리는 경이로우리만치 창의적이고 통합적인 우리 두뇌를 사용하여 비정형적 행동들을 나쁜 짓으로 다루는 것이 아니라 오히려 영웅적인 적응적 기능으로 이해하는 이야기를 발전시킬 수 있습니다.

애착 이론과 적응 기능

●

| 부친스키박사 |　애착은 다미주 이론과 어떻게 연결되나요?

| 포지스박사 |　자주 받는 질문인데요. 대답은 부분적으로 수 카터Sue Carter의 연구와 관련 있습니다. 수는 나의 동료이자 아내입니다. 수는 옥시토신과 사회적 유대 사이의 관계성을 밝혀냈습니다. 수년 동안 사회적 유대와 애착을 포함해 사회적 행동에 대한 연구는 내 영역이 아니라 그녀의 영역이었어요. 그녀는 초원의 들쥐를 관찰하고 연구하여 자기 아이디어를 발전시켰습니다. 이 작은 설치류는 죽을 때까지 이어지는 암수 한 쌍의 유대, 어미 쥐와 아비 쥐가 공동으로 새끼를 돌보는 육아 방식 등 매우 흥미로운 사회적 행동을 합니다. 들쥐는 정말 놀라운 동물이에요.

초원의 들쥐는 높은 수준의 옥시토신을 가지고 있습니다. 수년간 우리는 들쥐 심장의 미주신경 조절을 측정하는 공동 연구를 진행했습니다. 무게가 50그램 정도인 이 작은 포유류가 지닌 심장의 미주신경 조절 수준이 거의 인간과 비슷합니다. 이는 설치류나 작은 포유류에게서는 매우 이례적인 것입니다.

수와 협업하기 시작한 이후, 애착 영역을 비롯해 사회적 행동에 대해 논하는 것이 좀 더 편안하게 느껴졌어요. 하지만 그녀와의 협업을 시작했을 때 나는 애착을 다루는 문헌에서 애착으로 이어지는 중요한 전제 조건이 빠져 있음을 깨달았습니다. 그 빠진 부분을 나는 '애착의 서막'이라고 불렀습니다. 애착의 서막은 안전하다는 신호에 달려 있어요. 나는 안전감과 사회 참여의 특징을 논하지 않고는 애착 문제를 논할 수 없다고 느꼈습니다. 내 견해로는 유수미주신경경로를 가진 사회 참여 체계는 애착 과정이 일어날 수 있는 신경 플랫폼을 제공합니다. 여기에는 위계가 있습니다. 첫째가 안전감, 그다음으로 자연스럽게 뒤따라오는 것이 건강한 애착입니다.

수와 나는 '신경의 사랑 코드'라고 이름한 개념에 대해 작업했습니다. 사랑 코드에는 두 부분이 있습니다. 1단계는 사회 참여로, 근접성을 협상하는 참여 행동을 통해 안전 신호들을 사용합니다. 2단계는 신체적 접촉과 친밀감을 다루는 것입니다. 이를 코드라고 표현한 것은 이 두 과정이 올바른 순서로 일어나지 않으면 애착과 유대에 문제가 생길 수 있기 때문입니다.

임상적 관점으로 바라보자면 서로 안전하다는 느낌이 없는 상태로 커플이 된다면 바로 이 점 때문에 그 커플이 치료를 받으러 오게 되는 것 같습니다. 내가 강조하고 싶은 점은 이론적이든 실용적이든 어떤 차원에서든 그 배경, 즉 안전감과 사회 참여라는 조건을 철저히 이해하지 않고 애착에 대해 논해서는 안 된다는 것입니다.

병원을 심리적으로 좀 더 안전하게 만드는 법

◑

|부친스키박사| 병원에 대해서 묻고 싶습니다. 병원을 심리적으로 좀 더 안전하게 만드는 것에 대해서 말입니다. 병원에 입원해 있는 동안 치유 과정을 증진하고 면역 체계의 기능성을 강화하는 것이 우리 소망인데요.

사실 우리가 그렇게 최선을 다하는지는 모르겠습니다. 병원은 다른 것에 훨씬 더 집중하니까요.

| 포지스박사 |　　중요한 질문이라고 생각합니다. 물론 대답은 그런 노력은 거의 하지 않는다는 것입니다만. 병원에 입원한 적이 있는 사람이라면 한 시간마다 깨어야 하는 상황, 노출이 심한 가운을 입어야 하는 상황, 고질적인 소음이 병원은 안전하지 않으므로 탈출하라고 우리 몸에 계속 신호를 보내는 상황에 대해 말할 수 있을 것입니다.

　문제는 병원을 조직하고 경영하며 병원의 목표를 세우는 사람들에게 있습니다. 병원과 병원 스태프의 목적은 무엇일까요? 그들은 건강 서비스를 환자에게 제공하고, 스태프가 잘못된 처치로 고소당하지 않도록 보호하는 것이 목적입니다. 이런 목적 아래에서는 건강 상태의 감시와 청결이 무엇보다 우선시됩니다. 사회적 지지 같은 문제는 하찮은 것으로 취급됩니다. 비극이죠.

　병원에 입원하면 신경계는 '나는 이제 나를 지킬 수 없는 물리적 상황으로 들어가. 내가 안전한 사랑의 손길 속에 있다는 확신을 받고 싶어'라는 생각을 불러일으키는 단서를 우리에게 알립니다. 불행하게도 환자는 대부분 병원에서 안전하다고 느끼지 않습니다.

　참 비극적이라고 생각합니다. 병원에는 의료적으로 잘 훈련되고 사랑이 가득한 임상가가 그토록 많은데도 막상 병원에 오는 사람들을 위한 임상 환경은 완전히 달라집니다. 오히려 환자들은 병원이 처치 과정에서 법적 책임에서 벗어나도록 엄청난 양의 서류에 서명해야 합니다. 당신이 서명하지 않는 한 서비스를 받을 수 없으니까요. 어째서 당신의 몸을 부축

해주며 병원을 탐색하도록 도와주는 호텔 컨시어지 같은 사람이 없을까요? 그 사람이 당신을 병원에 데려가고 극도로 예민한 당신의 경계심을 덜어줄 수 있을 텐데요. 이런 경계심과 불확실성이 사라지면 당신의 몸은 방어 태세로 얼어붙어 닫히는 대신 병원의 처치에 기꺼이 협력하는 협력자가 될 것입니다.

인터뷰를 시작하면서 얘기했던 것처럼 당신이 놀라고 무서워한다면 효과적으로 치료받을 수 없습니다. 이를 알면서 사람들이 좀 더 안전감을 느끼게 하는 무엇이라도 하지 못할 이유가 우리에게 있을까요?

인간은 호혜성과 안전한 느낌을 필요로 하는 존재임을 우리는 깨달아야 합니다.

|부친스키박사| 인터뷰를 끝내기 전에 앞으로 당신의 계획에 대해 묻고 싶습니다.

|포지스박사| 나는 나 자신을 성숙한 과학도로서 흥미진진한 연구를 해온 사람이라고 생각합니다. 앞으로도 새로운 연구를 많이 할 작정이고요. 나의 기본적 연구들을 임상 실무에 적용하는 작업도 계속할 생각입니다. 예를 들면 의료적 치료는 외과 수술이나 약물로만 가능하다고 생각하기보다는 오히려 건강과 성장과 회복을 지탱하는 신경 회로를 사용하는 개입 방식을 개발하는 것입니다.

4. 트라우마가 뇌, 신체, 행동에 미치는 영향

—스티븐 W. 포지스와 루스 부친스키

How Polyvagal Theory Explains
the Consequences of Trauma
on Brain, Body, and Behavior

다미주 이론의 기원

◐

|부친스키박사| 　오늘 우리는 다미주 이론이 자폐증, 경계선 인격장애, 이외에 많은 다른 행동과 진단에 어떻게 연결되는지를 다루겠습니다. 그것은 모두 미주신경을 이해하는 데서 출발합니다.

|포지스박사| 　우선 다미주 이론의 주요 특징부터 대략 파악해보겠습니다.

　다미주 이론은 자율신경계의 진화에 기반합니다. 진화로 인해 우리의 파충류 조상들과 포유류 사촌들의 행동 양식에 큰 차이가 생겼습니다. 포유류는 사회적 관계를 찾아야 하고, 부모에게 양육되고 보호받아야 하며, 서로를 보호해야 합니다. 파충류는 개별적으로 생활하는 경향이 있습니다. 그래서 사회적 행동이라는 개념은 포유류와 파충류를 구별하는 행동적 적응에 근거합니다. 진화를 통한 이런 변천과 더불어 자율신경계의 구조와 기능도 변화했습니다.

　우리 자율신경계는 척추동물 조상들의 가동화와 셧다운을 가능하게 하고 두 가지 형태의 방어를 지원할 수 있었던 시스템에서 변화했습니다. 그중에서 하나는 도전/도피이고, 다른 하나는 파충류가 많이 그러는 것처럼 꼼짝하지 않고 굳어버리는 부동화였습니다. 그러나 포유류의 진화와 함께 자율신경계의 새로운 요소 혹은 가지가 출현했습니다. 이는 기본적으로 회로들을 활성화하는 '치어리더'로 작용하는 동시에 더 원시적인 두 요소의 기능을 조절하는 '지휘자' 역할을 했습니다. 그 덕분에 교감신경의 도전/도피와 미주신경의 셧다운이라는 원시적인 생물행동적 반응 체계가 상승효과를 일으켜 건강과 성장과 회복을 지원할 수 있었습니다. 그러나 이것은 안전한 상황에서만 일어날 수 있는 일입니다.

| 부친스키 박사 | '치어리더'와 '지휘자'가 무엇을 의미하는지 조금 더 말씀해주세요.

| 포지스 박사 | '지휘자'에 대한 설명으로 시작하는 것이 더 쉽겠습니다. 자율신경계의 새로운 구성 요소는 사회적 맥락을 만들고 뇌간 구조에 정보를 제공하기 위해 상위 뇌 구조를 포함하는 신경 구조와 연결되어 있기 때문입니다. 그것은 자율신경계의 더 오래된 부분이 방어적이지 않고 건강과 성장과 회복을 지원하도록 조절합니다. 우리는 위험을 감지하는 데 상위 뇌 구조를 사용하는 것 같습니다. 위험하지 않으면 우리는 기능적으로 더 오래된 방어 체계를 억제합니다. 지휘자는 기본적으로 새로운 회로가 오래된 회로를 조절하고 통제하도록 진화적으로 결정된 위계를 적용합니다. 이것이 뇌가 계통발생적으로 조직되는 방식입니다.

자율신경계는 우리 내장에만 있는 것이 아닌 구조를 포함합니다. 이렇

게 자율신경계에 대해 이해하면 자율신경계의 구조를 조절하는 신경이 발원하는 뇌간 영역들, 그리고 대뇌피질을 포함하는 상위 뇌 구조가 이들 뇌간 영역에 영향을 미치는 방식이 얼마나 중요한지 인정하게 됩니다.

우리는 "좋아, 그 체계들은 방어를 위해 소집할 필요가 없어. 그것들은 건강과 성장과 즐거움을 지원하기 위해 서로 협력하는 데 쓰일 수 있어"라고 말하는 지휘자를 가집니다.

다음으로, '치어리더'는 축구 경기에서 치어리더가 하는 역할과 비슷한 개념입니다. 치어리더는 가동화되지만 얼굴 표정, 운율이 있는 발성, 사회 참여 체계의 특징을 사용하여 가동화된 행동이 방어적이지 않도록 해줍니다. 치어리더는 기능적으로 가동화를 사용하지만 방어를 위한 것은 아닙니다. 가동화를 사회 참여 체계와 통합하여 도전/도피에 관여하는 동일한 체계가 친사회적 행동에도 관여하도록 해주는데, 우리는 이를 '놀이'라고 부릅니다.

놀이가 도전/도피와 다른 점은 우리가 가동화되어 있는 동안에 서로 눈을 마주치고 교감한다는 것입니다. 위협의 단서를 사회적 단서로 희석하기 때문에 우리는 방어적인 도전/도피 행동 없이 동작을 지원하도록 교감신경계를 활용할 수 있습니다. 사회 참여 체계 아래에서 우리는 부동화라는 가장 오래된 체계도 사용할 수 있고, 안전하다고 느껴지는 사람에게도 안길 수 있습니다.

그것이 다미주 이론입니다. 그 이름을 풀어서 살펴봅시다. 다미주 이론은 명칭에 '미주신경'을 사용합니다. 그리고 다미주는 '많은 미주신경', 더 정확하게는 '많은 미주신경경로'를 의미합니다. 자율신경계의 신경 조절에 계통발생적·진화적 변화가 있었음을 상기시키는 이름을 지은 것이죠.

'식물성 미주신경'과 '스마트 미주신경'

◑

| 부친스키 박사 | 당신의 책에는 '두 가지 미주운동신경 체계'가 언급됩니다. 내장의 기능을 더 수동적으로 조절하는 '식물성 미주신경', 그리고 '스마트 미주신경' 말입니다.

| 포지스 박사 | 부교감신경계를 연구하면 어떤 역설을 맞닥뜨리게 됩니다. 미주신경은 부교감신경계의 주요한 신경 경로입니다. 우리는 대화하는 내내 미주신경과 부교감신경계를 서로 호환해서 사용할 것입니다. 하지만 더 정확하게 말하자면 미주신경경로는 단지 부교감신경계에 속한 경로들의 일부분일 뿐입니다. 관련 문헌을 읽을 때 부교감신경계는 항상 건강, 성장, 회복과 관련해 나옵니다. '좋은 친구'인 셈이죠.

교감신경은 마치 우리가 항상 통제해야 하는 '치명적인 적'인 것처럼 보입니다. 부분적으로는 사실이지만, 이런 구별은 우리가 임상적 상태를 이해하는 데 아무 도움이 되지 않습니다.

두려움으로 꼼짝할 수 없어지고 미주신경경로를 통해 심장이 멈춘다면, 두려움으로 꼼짝할 수도 없는데 미주신경경로를 통해 배설을 한다면, 미주신경경로를 통해 기관지가 수축하여 숨을 쉴 수 없어진다면 당신에게 무슨 일이 일어날까요? 우리는 이를 '좋다'고 말할 수 없습니다.

그래서 부교감신경계가 어떻게 작동하는지를 이해하는 데 진정한 역설이 생겨납니다. 그리고 그 역설은 사실상 방어 체계의 부분으로서 미주신경경로의 개입에 관한 모든 정보가 자율신경계의 일반 모델에서 선택적으로 삭제됐다는 것입니다. 다시 파충류의 일차적 방어 체계를 살펴보면 부동화, 호흡 억제, 심장박동 감소로 죽은 척하는 등 기본적으로 기절하여 죽은 듯 보이는 것입니다.

사실 고양이에게 물려 있는 쥐에게는 어떤 특징이 있을까요? 쥐의 모습은 숨이 거의 멈춘 것 같고, 심장박동이 매우 느리며, 죽었거나 죽어가는 것처럼 보입니다. 이것은 모두 불수의적이어서 미주신경을 통한 부교감신경계의 영향이 단지 긍정적이라고 가정한다면, 우리가 틀렸습니다!

이런 역설이 내 흥미를 자극했습니다. 20년 넘도록 나는 이 문제를 풀기 위해 연구했습니다. 진화를 거치는 동안 자율신경계의 신경 조절에 어떤 변화가 일어났음을 이해하면서 이 문제가 풀렸습니다. 자율신경계의 신경 조절에 일어난 계통발생적 변화들을 지도화하자 포유류가 진화하면서 출현하게 된 두 번째 미주신경경로가 보였습니다. 우리는 포유류의 태아 발달을 연구할 때 똑같은 변화가 발달적으로 일어나는 것을 알 수 있습니다.

조산아의 경우 이런 포유류의 새롭고 스마트한 미주신경 없이 태어나기 때문에 미주신경 반응이 치명적일 수 있습니다. 신생아 중환자실에서 이 같은 미주신경 반응이 무호흡과 서맥을 일으켜 신생아의 호흡이 멈추고 심장이 매우 느리게 뛰게 됩니다.

하지만 우리는 대부분 미주신경 반응이 '좋은' 것이고 건강에 유익하다고 배웠습니다. 이는 임신 말기에 기능하게 되는 새로운 유수미주신경에 접근할 수 없는 조산아에게는 사실이 아닙니다. 기능적으로 32주 이전에 태어나는 조산아는 파충류의 특성을 지닌 자율신경계를 가지고 태어납니다. 무호흡과 서맥에 취약한 것은 파충류 방어 반응의 소견입니다. 임신 주수를 다 채운 신생아에게만 다른 미주신경회로와 교감신경계를 조절하여 항상성과 건강을 지원하는 데 사용할 수 있는 새로운 유수미주신경이 생깁니다.

| 부친스키박사 |　　그것이 '스마트 미주신경'이군요.

| 포지스박사 |　　그렇습니다. 우리는 포유류의 독특한 미주신경경로에 대해 얘기하기 위해 '포유류, 스마트, 수초화' 같은 단어들을 바꿔가며 사용할 것입니다.

이 미주신경경로는 더 식물성인 무수미주신경경로와 대조됩니다. 우리는 두 미주신경경로를 또 달리 구별할 수 있습니다. 주로 하나는 횡격막 하부에 있고, 또 하나는 횡격막 상부에 있습니다.

횡격막 상부의 미주신경은 기본적으로 수초화된 신경으로 심장과 기관지 같은 횡격막 상부의 장기로 갑니다. 횡격막 하부의 미주신경은 수초화되지 않은 신경으로 내장 같은 횡격막 하부의 장기로 갑니다. 횡격막 하부의 미주신경은 파충류, 어류, 양서류도 지니고 있는데 횡격막 하부로 가서 주로 내장을 조절합니다. 임상 장애를 얘기할 때 우리는 '직감적 getting to our gut'이라는 말을 씁니다.

횡격막 상부로 가는 미주신경경로를 거론할 때 실질적으로 우리는 심장과 기관지의 신경 조절에 관해 얘기하는 것입니다. 횡격막 상부의 장기에 대한 미주신경의 통제는 주로 유수미주신경을 통해 이루어집니다. 유수미주신경경로가 심장을 통제하지 못하면 우리는 교감신경계의 영향으로 심계항진을 느끼거나, 무수미주신경의 영향으로 심장박동이 심각하게 느려지는 것을 느낄 수 있습니다. 무수미주신경이 '주로' 횡격막 하부의 장기를 조절하지만, 심장으로 가서 서맥을 유발하는 무수신경섬유도 있다는 것에 주목하세요.

우리 몸의 신호는 이 체계에 대해 우리에게 많은 것을 말합니다. 그러나 뇌를 포함하여 얘기해볼까요. 이들 미주신경경로 각각이 실제로 뇌간의 다른 영역에서 기원하고, 이것이 뇌 구조와 기능까지 다루는 다미주 이론이 말초신경 이론을 능가하는 이유이기도 합니다. 미주신경은 말초신경이지만 뇌에서 기원하여 말초 장기에서 끝납니다. 하지만 두 미주신경경로는 뇌간의 다른 핵에서 기원합니다(의문핵과 미주신경의 등쪽핵). 미주신경의 감각 경로는 뇌간에 있는 세 번째 핵 안에서 끝납니다(고립로핵).

흥미롭고 중요한 점은 포유류의 스마트한 유수미주신경이 얼굴과 머리의 근육을 통제하는 뇌간 영역에서 나온다는 것입니다. 사회화가 잘된 사람과 주의 깊은 임상가 및 교육자는 자신과 교류하는 사람들을 끊임없이 살핍니다. 그들은 사람을 보면서 종종 그 사람이 어떻게 느끼는지 말할 수 있습니다.

다른 사람의 느낌을 감지하는 이런 능력은 신경생리학에 근거합니다. 우리는 다른 사람이 어떻게 느끼는지 알아차리고 해석할 수 있습니다. 왜냐하면 얼굴과 머리의 가로무늬근을 통제하는 신경이 뇌간에서 수초화되어 있는 스마트 미주신경과 연결되어 있기 때문입니다. 우리는 기능적으로 얼굴에 심장을 입고 있는 것입니다. 우리 뇌는 자동으로 이런 정보를 해석하고, 우리 몸이 반응을 합니다. 통찰력 있는 임상가는 직관적으로 이것을 알지만, 다미주 이론은 그 과정을 설명합니다.

이런 과정이 진화하면서 다른 개체에게 접근하는 것이 안전한지를 탐지하는 것이 동종끼리는 가능해졌습니다. 안전과 위협의 단서가 얼굴 근육뿐만 아니라 발성을 통제하는 근육으로도 전달됩니다. 접근하는 포유류가 생리적으로 활성화되고 공격할 준비가 됐다면 이런 생리적 상태의 특징들이 그들의 얼굴과 목소리에 반영됩니다.

우리가 누군가와 통화할 때 전화기에서 들려오는 목소리의 특징을 근거로 뭔가 잘못됐느냐고 물어볼지 모릅니다. 그 목소리에 운율과 변조가 적고 더 단조롭다면 우리는 어떤 나쁜 일이 생겼을까 염려하게 됩니다. 운율은 후두와 인두 근육의 신경 조절에 의존합니다. 그것은 유수미주신경을 조절하는 뇌간 영역에서 조절됩니다. 사실 유수미주신경경로는 운율을 만드는 데 관여하고, 이들 미주신경경로는 심장의 미주신경 조절과 병행합니다.

미주신경, 하나의 신경 경로 집합체

◑

| 부친스키 박사 |　다음으로 넘어가기 전에 두 가지 기초적인 질문을 더 하겠습니다. 생물학적으로 미주신경이 단지 하나의 신경이 아니라 뇌간의 여러 영역에서 나와서 미주신경의 여러 가지로 가는 신경 경로 집합체라고 알고 있습니다만.

| 포지스 박사 |　미주신경은 뇌간에서 나오는 뇌신경 중 하나입니다. 우리는 열두 개의 뇌신경을 가지고 있습니다. 이들의 일부가 얼굴의 가로무

늬근을 통제합니다. 일반적으로 근육의 신경 통제를 논할 때 골격근에 초점을 맞추는데, 이 골격근은 척수에서 발원한 신경에 의해 통제되는 팔다리의 움직임에 관여합니다. 그러나 얼굴과 머리의 가로무늬근을 조절하는 뇌신경은 척수신경과 동등한 것이 아닙니다. 예를 들면 얼굴의 표현성은 뇌에서 나오는 뇌신경에 의해 조절되고, 몸통과 팔다리 근육에 관여하는 척수신경 조절과는 구별됩니다. 덧붙여 미주신경은 얼굴과 머리의 가로무늬근을 조절하는 데 관여하고, 민무늬근과 심근도 조절합니다.

다미주 이론은 뇌간에서 나오는 다섯 개의 뇌신경에 중점을 둡니다. 우리는 맨 위의 넓은 대뇌피질과 맨 아래의 좁은 뇌간으로 이루어진 역삼각형으로 뇌를 묘사할 수 있습니다. 뇌 연구, 특히 영상 기술을 이용하는 연구는 대부분 대뇌피질에 주력하면서 뇌간을 무시하거나 최소화하려는 경향이 있습니다. 하지만 엄격하게 보자면 뇌간은 뇌를 출입하는 대부분의 정보가 통과하는 공통의 최종적 경로입니다. 뇌간을 다른 과정의 발판이 되는 구성 블록으로 생각하는 것이 유용합니다. 우리가 자신의 생리적 상태를 조절할 수 없다면 그것은 뇌간의 책임으로, 그렇게 되면 우리는 더 높은 수준의 인지적 기능에 접근하여 수행하는 데 어려움을 겪게 됩니다.

해부학적 구조로서의 뇌간은 척추동물 전체를 비교하여 진화 과정에서 일어난 적응적 변이를 추론하는 기회를 제공합니다. 기능적으로 뇌간은 생리적 상태를 관할하는 주요 조절자입니다. 생리적 상태의 조절이 우리로 하여금 행동 범위를 준비하도록 하기 때문에 뇌간은 우리의 생존과 건강을 지키는 항상성 과정의 유지뿐만 아니라 우리 행동의 모든 측면에서 대단히 중요합니다.

진단적 범주 전반에 드러난 주요 임상적 쟁점은 행동 상태 조절의 어려움입니다. 다미주 이론에서 행동 상태를 조절하기 어려운 것은 자율신경 조절 장애의 발현이라고 추정합니다. 행동 상태를 조절하는 능력은 경계선 인격장애, 조현병, 불안장애, 자폐증, 그리고 다른 임상 장애를 논의할 때 임상적으로 적절한 과정입니다. 맥락적 상황과 욕구가 역동적으로 변할 때 상태를 조절하는 능력은 회복 탄력성을 작동하는데 자주 사용됩니다.

다미주 이론이 임상적 상황에 적절한지 이해하기 위해서는 미주신경이 우리 몸과 뇌를 연결하는 쌍방향 도관이라고 생각하는 것이 필수적입니다. 미주신경 도관은 뇌에서 장기로 가는 운동신경경로와 장기에서 뇌로 가는 감각신경경로로 이루어져 있습니다. 다미주 이론은 미주신경을 포함하는 뇌와 몸 사이의 정보 교환에 관한 것입니다. 이 이론은 뇌의 작용에 영향을 주는 말초 기관의 기능과 내장 기관에 영향을 주는 뇌의 작용을 이해하도록 해줍니다. 다미주 이론을 통해 우리는 내장 기관의 조절을 재개념화할 수 있고, 장기에 대해 뇌와 연결되어 있지 않아 뇌에서 오는 정보도 없이 내장의 바다에 떠 있는 독립적 구조라고 생각하지 않을 수 있습니다.

미주신경섬유는 뇌간의 여러 다른 영역에서 기원하고 종결되며 각기 다른 책임을 집니다. 일부는 뇌에서 나와 특정한 내장 기관으로 가지만, 대부분의 섬유는 내장 기관에서 나와 뇌로 갑니다. 이런 감각 체계는 내장 기관을 최적으로 조절해 유지하도록 돕는 감독 기능을 제공합니다. 미주신경섬유의 80퍼센트는 감각 섬유이고, 그것들은 특정한 뇌 구조의 접근성에 막대한 영향을 미칩니다.

다미주 이론에서는 미주신경이 진화를 통해 변화했다는 것을 강조합니다. 이런 변이들 중 하나는 포유류의 출현과 함께 생겨났습니다. 포유류에게서 일부 미주신경경로의 뇌간 조절이 얼굴의 조절과 통합됐습니다. 이것이 우리의 얼굴과 목소리에 생리적 상태의 특징을 표현하는 결과로 이어졌습니다. 이 변이의 적응적 기능은 분명합니다. 포유류로서 우리는 다른 포유류가 생리적 분노 상태에 있다면 그와 연루되기 싫어하니까요.

우리가 생리적 분노 상태를 나타내는 다른 동종에게 접근하여 그들의 개인 공간에 침입하게 되면 그들은 방어적이 될 것입니다. 포유류에게 이런 행동 전략은 으르렁거리기, 씩씩거리기, 할퀴기, 물기 등을 동원하여 침입자를 격퇴하려는 시도로 표현됩니다. 우리는 다치기를 원하지 않습니다. 우리는 다가와도 좋다는 신호를 받고 싶어 합니다. 포유류는 이런 정보를 얼굴 표정과 발성의 운율적 특징을 통해 전달합니다. 그런 기능을 조절하는 근육은 심장을 조절하는 유수미주신경과 연결되어 있습니다. 이러한 안전 신호는 신경계에 연결되어 있고요.

심장의 미주신경 조절과 얼굴 및 머리 근육의 조절 사이의 이런 연결은 우리가 얼굴에 나타나는 생리적 상태의 지표를 보고 목소리의 생리적 상태를 들을 수 있게 해줍니다. 게다가 얼굴과 머리의 근육톤이 하향조절되면 중이 근육의 신경톤이 낮아져 포식자와 관련 있는 저주파 소리에 과민해집니다. 이런 중이 기능의 변화는 사람의 목소리에서 의미를 추려내기 어렵게 만듭니다. 말을 이해하는 데는 상대적으로 부드러운 고주파 배음을 듣는 것이 필요하기 때문입니다.

연구에 따르면 여러 임상 장애가 심장의 미주신경 조절 감소와 얼굴 및 머리 근육의 신경 조절 약화와 관련이 있습니다. 얼굴과 머리 근육의 약화는 정동둔마情動鈍痲, 목소리 운율의 결여, 청각 과민성, 말로 지시하는 내용을 이해하지 못하는 것으로 드러납니다. 종합적으로 말하자면, 우리가 초반에 언급한 것처럼 얼굴—심장 체계가 하나의 통합적 사회 참여 체계를 만듭니다. 미주신경 조절의 근본적인 침체로 정동둔마를 보이고, 도전/도피 행동에 요구되는 교감신경의 활성화를 촉진하는 역치가 낮아져 있는 몇몇 장애에서는 이러한 사회 참여 체계가 기능적으로 약화되어 있습니다. 이 체계가 생애 초기에 약화된다면 언어 발달 장애에 일조할 수 있습니다.

비정형 미주신경의 기능과 관련된 이들 과정과 임상 장애에 대한 상태 조절을 연결해봅시다. 표준화된 정신장애 진단 체계를 사용하는 대신에 우리는 어떤 공통적 특징들이 여러 임상 장애에서 공유되는지 물어볼 수 있습니다.

이렇게 접근한다면 우리는 행동 상태를 조절하는 능력인 상태 조절이 몇몇 진단 범주에서 공유되는 기본적 문제임을 알게 됩니다. 또한 행동 상태 조절의 붕괴가 관찰되면 그와 짝을 이루어 얼굴의 신경근 통제와 관련된 다른 특징들이 드러나리라는 것도 알게 됩니다. 얼굴의 윗부분은 보톡스 효과와 비슷하게 반응이 없어 보입니다. 눈둘레근이라 불리는 눈 주위의 안와근은 안면신경의 가지에 의해 통제됩니다. 안면신경도 뇌신경 중 하나입니다. 안면신경의 이 가지는 중이의 작은 근육인 등골근의 신경 톤을 조절하는 데도 관여합니다. 이 근육이 긴장되어 있지 않으면 청각 과민성을 가지게 되고 배경음에서 목소리를 가려내는 데 어려움을 겪습니다(Borg & Counter, 1989).

중이 근육은 우리 몸의 가장 작은 골격을 통제합니다. 그 골격은 고막을 치고 내이로 전달되어 뇌로 가는 소리 에너지에 일어나는 일에 영향을 줍니다. 중이 근육이 적절히 수축하지 않으면 우리는 배경음으로 들려오는 저주파의 웅웅거림에 폭격을 당할 것입니다. 이것은 사람의 목소리를 이해하는 우리의 능력을 위태롭게 합니다. 이런 일이 일어나면 적응 행동으로 소리의 원천에서 스스로를 멀어지게 합니다. 이것은 소리에 과민한 그들을 사회적 상황에서 철수하게 만듭니다.

나는 우리의 목소리와 얼굴이 전달하는 단서가 사실은 우리 몸에서 일어나고 있는 생리적 상태의 표현이라는 것을 강조하고 싶습니다. 이런 단서들은 우리가 접근하기에 안전한 사람인지를 다른 개체에게 전달합니다. 신호를 주고 이들 단서를 감지하는 능력은 우리 생리에 내포되어 있고 포유류가 진화해온 역사의 한 부분입니다.

내 연구실에서 우리는 유아가 우는 소리의 청각적 특징과 심장박동 수를 검토했고, 둘 사이에서 의미 있는 상관관계를 발견했습니다(Stewart 외, 2013). 더 높은 음조의 울음은 더 빠른 심장박동 수와 관련 있었습니다. 내 아내의 연구실에서 작은 설치류인 들쥐로도 연구를 진행했습니다. 수 카터는 사회적 유대에 작용하는 옥시토신의 역할을 발견한 과학자입니다. 우리는 들쥐가 소리를 내는 동안 그것의 심장박동 수를 측정했습니다. 들쥐의 심장박동 수가 들쥐가 내는 발성의 청각적 특징과 관련되어 있다는 유사성을 발견했습니다(Stewart 외, 2015).

두 연구에서 발성에는 심장의 미주신경 조절이 반영되어 있었습니다. 유아와 들쥐 모두 그들이 '느끼는' 방식으로 다른 동종과 소통하고 있었습니다. 이런 것들이 우리가 상호작용을 하면서 무엇을 하는가에 대한 예시입니다. 우리는 자신에게 다가오는 것에 괴로워하고 반응적인지, 차분하고 안전하게 느끼는지 등 개인의 생명 작용과 소통하기 위해 인지가 아니라 목소리의 운율을 사용합니다.

사회적 관계라는 면에서, 혹은 사람들을 만날 때 이를 살펴봅시다. "그에게는 좋은 자격증이 있어. 그는 똑똑해 보이고 나는 그의 의견에 동의해. 그런데 나는 그를 신뢰할 수는 없어"라고 말할 수 있습니다. 사람을 받아들이는 데 이런 경고는 어떤 사람과 같이 있을 때 물리적으로 안전하지 않다고 신경계에 신호하게 만드는 특징들에 기반합니다.

우리 신경계에 내포되어 있는 중요한 진화적 산물 중 하나는 신경계가 방어를 하향조절하기 위한 신호로 운율을 들을 준비가 되어 있다는 것입니다. 방어를 하향조절하는 과정은 새로운 유수미주신경을 통해 이루어집니다.

미주신경과 심폐 기능

❶

| 부친스키 박사 | 당신은 심폐 기능과 미주신경에 대해 많은 연구를 했습니다. 그 둘을 어떻게 연결할 수 있죠?

| 포지스 박사 | 요점은 이렇습니다. 심폐 기능은 혈액에 산소를 공급하는 일을 맡습니다. 산소는 인간을 포함한 모든 포유류의 생존에 중요합니다. 산소가 부족하면 우리는 죽습니다. 미주신경은 산소를 혈액에 전달하는 중요한 일을 합니다. 미주신경은 혈액의 흐름과 기관지의 저항을 리드

미컬하게 조절하여 혈액에 산소를 보급하기 용이하도록 합니다.

고혈압, 수면 무호흡, 당뇨병과 같은 질병이 무더기로 한 사람에게서 관찰된다면 이는 일반적으로 유수미주신경의 기능에 장애가 생겼다는 것을 뜻합니다.

이런 질병들은 항상 정신적 혹은 심리적인 것과 관련 있습니다. 유수미주신경이 관여해 생리적 상태를 조절하는 시스템은 사회적 신호의 영향도 지대하게 받기 때문입니다. 중요한 점은 사회적 상호작용과 사회 참여 행동을 조절하는 신경 회로가 건강, 성장, 회복을 돕는 신경 회로와 동일한 신경 회로라는 것입니다.

이는 두 개의 장애, 두 개의 질병, 두 개의 지식 체계가 아닙니다. 한 측면에서는 내과학이고 또 다른 측면에서는 심리학 혹은 정신의학임을 뜻하지도 않습니다. 이는 건강과 성장과 회복을 조절할 뿐만 아니라 개인의 안전을 조성하기 위한 사회적 상호작용을 지지하고 발전시키는 통합적 생리학입니다.

이 인터뷰를 하는 동안 우리는 '안전'이라는 단어를 아직 사용하지 않았습니다만, 안전은 중요한 요소입니다. 안전을 감지하게 되면 우리 신경계는 더 이상 방어적이지 않습니다. 더 이상 방어적이지 않으면 자율신경계의 회로들이 건강과 성장과 회복을 돕습니다. 이는 하나의 위계로, 신경계에 가장 중요한 것은 우리 안전입니다. 안전이 확보되면 신비한 일들이 여러 층위에서 일어납니다. 사회적 관계와 연관된 영역뿐만 아니라 뇌의 다른 일부 영역에도 접근 가능해지고, 즐거움을 느끼는 영역에서도 말입니다.

| 부친스키박사 | 당신은 스트레스를 어떻게 정의하십니까?

| 포지스박사 | 스트레스는 우리 어휘의 일부분이 된 이상한 단어 중 하나입니다. '좋은 스트레스'와 '나쁜 스트레스'로 나눠 불러야 할 만큼 혼란스러운 단어가 됐죠. 나는 이 단어를 사용하고 싶지 않습니다. 우리가 '스트레스'라고 말할 때 실제로는 가동화를 뜻하는데 가동화가 항상 나쁜 것은 아닙니다.

가동화는 포유류와 인간의 한 부분이므로 쟁점은 다음과 같습니다. 가동화가 기능적으로 성과가 없을 때 '비적응적 가동화'라고 말할 수 있으며, 아마도 이것이 우리가 '스트레스'라고 부르는 것일 겁니다. 예를 들어 당신이 면접을 싫어한다면 당신의 생리적 상태가 바뀌어 심장이 빨리 뛰기 시작하고 그 상황에서 벗어나고 싶을 것입니다. 그러나 그렇게 할 수 없습니다. 당신의 생리적 상태는 가동화를 지원하겠지만 당신은 움직일 수 없으므로 이런 상태가 '비적응적'인 것입니다.

육감과 내부수용감각

◑

신체의 느낌에 관심을 기울이는 것은 현대사회에서 무시되어왔으며 존중받지 못했습니다. 행동을 관리하려면 몸이 우리에게 알려주는 것을 거부하라고 배웠습니다.

매우 구조화된 사회 환경에서 발달하는 과정을 생각해보면, 우리는 항상 자신에게 신체의 욕구에 반응하지 말라고 합니다. 일어나거나 움직이고 싶어도 우리는 자신에게 더 오래 앉아 있으라고 합니다. 화장실에 몹시 가고 싶어져도 이를 늦추며 허기를 느껴도 먹지 않습니다. 이 같은 욕구와 느낌을 거부하는 것은 생리적 과정을 조절하려는 피드백 루프의 감각 요소를 끄거나 최소한 이를 약화하려는 것입니다.

내부수용감각은 우리 내장이 뇌에 보내는 피드백을 나타냅니다. 이를 이해한다면 각기 다른 생리적 상태에서 받은 피드백은 뇌의 각기 다른 영역에 접근하도록 해주고 의사 결정, 기억 인출, 이외의 다른 인지 과정들에 영향을 준다는 것을 알게 됩니다.

| 부친스키 박사 | 이것이 상위 수준의 과정들과 관련 있습니까?

| 포지스 박사 | 어떤 점에서는 그렇습니다. 당신이 심한 위통을 앓는다면 상위 수준의 인지 작업이 잘 이루어질까요? 위통이 있을 때 내장에서 받은 피드백은 복잡한 문제를 생각해 해결하는 우리의 능력을 제한합니다. 여유가 부족한 서구 문화는 "통증을 느끼면 약을 드세요. 그러면 당신은 통증을 느끼지 않을 것입니다"라고 제안합니다. 하지만 통증이 당신을 돕느라 무언가를 알리려는 몸의 시도라면요?

내 관점에서 내부수용감각은 내가 신경지라고 부르는 개념과 섞입니다. 신경지는 의식적인 자각 없이 신경계가 환경에서 위험을 평가하는 것입니다. 신경지가 작동하면 우리는 왜 이런 느낌이 촉발됐는지를 설명하는 이야기를 만들려고 합니다. 흥미롭게도 신경지를 촉발하는 신호를 자각하지 못했다 하더라도 우리는 내부수용감각을 통해 신경지에서 비롯된 생리적 반응을 자주 인식합니다.

신경지는 다음의 예로 설명할 수 있습니다. 당신은 똑똑하고 외모가 매력적인 누군가를 만났지만 그에게 끌리지 않습니다. 그의 목소리에 운율이 없고 얼굴 표정이 무미건조하기 때문입니다. 당신은 왜 끌리지 않는지 모르지만 신경지 과정을 통해 당신의 몸은 이렇게 반응합니다. "이 사람은 공격적이야. 안전하지 않아!" 그래서 당신은 여기에 맞도록 어떤 이야기를 만들어냅니다.

미주신경톤이 어떻게 정서와 관련되는가

◑

미주신경톤, 좀 더 정확하게는 심장미주신경톤이 보통 어떤 개념으로 사용되는지 알아봅시다. 문헌에서 미주신경톤은 심장에서 유수미주신경 경로의 기능을 반영하는 개념으로 사용됩니다. 미주신경톤은 숨쉬기와 같이 주기적으로 일어나는 심장박동의 진폭을 수량화함으로써 빈번하게 측정되는데, 심장박동의 이런 주기성은 호흡성 동성 부정맥으로 알려져 있습니다. 심장에 미치는 미주신경의 영향은 숨을 들이쉴 때 약화되고 숨을 내쉴 때 강화되는데, 이렇게 호흡이 미치는 강력한 영향은 이런 측정 기준에 생리적 근거를 제공합니다. 미주신경톤을 추정하는 다른 방법들도 심장박동변이도에 대한 보다 광범위한 기술통계에 근거하여 사용됩니다.

이제 미주신경톤과 정서 조절을 연결해봅시다. '정서emotion'는 복잡하고 종종 모호하기도 한 용어인데, 이는 정서가 각기 다른 시스템으로 조절되는 다양한 느낌과 표현을 다루기 때문입니다. 정서는 심리적 구성개념의 무리로, 모든 정서는 동일한 생리적 경로를 통해 발현되지 않습니다.

정서적 표현에서 중요한 부분인 발성은 포유류의 새로운 유수미주신경과 연결되어 있습니다. 발성과 얼굴의 표현성이 미주신경을 조절하는 뇌간 영역에 의해 조절되기 때문입니다. 실제로 유수미주신경경로는 발성의 운율적 특징을 조절하는 데 직접 관여합니다.

유수미주신경을 통제하지 못하게 되면 당신이 표현할 수 있는 정서의 종류가 바뀌어 얼굴 위쪽의 근육톤이 감소하는 반면, 얼굴 아래쪽의 근육톤이 증가하는 일이 벌어집니다. 얼굴 위쪽은 안전에 대한 신호를 제공하는 반면, 얼굴 아래쪽은 물어뜯기와 도전/도피 행동으로 이어지는 방어체계와 관련되기 때문입니다.

미주신경의 활동과 정서는 서로 관련이 있지만, 정서에는 두 번째 차원이 존재합니다. 첫 번째 차원은 내가 이미 언급한 것으로, 얼굴과 머리의 가로무늬근 조절, 목소리 억양, 심장에 대한 미주신경의 통제 사이의 일반적인 연계입니다. 그러나 두 번째 차원은 교감신경계에 더욱 의존하면서 움직임과 생리적 상태 사이의 상호작용을 반영합니다. 가동화 상태에서는 사람이 표현할 수 있는 정서의 범위가 상당히 축소됩니다. 유수미주신경경로의 영향은 하향조절되고, 이는 심장으로 가는 미주신경톤의 감소로 나타납니다.

예를 들어 커플 한 쌍이 러닝머신에서 빠르게 뛰면서 소통하는 경우를 떠올려볼까요. 이 커플이 달리는 동안 그들의 생리적 상태는 교감신경계가 더욱 관여하는 쪽으로 전환될 것입니다. 이렇게 가동화된 상태에서 정서적 표현 범위는 제한될 것이고 반응의 역치는 낮아질 것입니다. 물론 직관적으로 당신은 이런 일이 일어난다는 것을 압니다. 뛰는 동안에는 신체가 얼굴 표정도 제어하지 못하고 운율적으로 발성하기도 어렵기 때문이죠.

| 부친스키박사 |　미주신경 조절이 정서 조절에서 핵심 부분이라면 이 과정을 방해하는 것은 정서장애를 야기할 수 있겠군요.

| 포지스박사 |　혹은 의도를 오해하게 만들 수 있죠. 우리는 표현하지 못하도록 막을 수 있습니다. 얼굴 위쪽에 보톡스를 맞는다면 생동감 있는 표정을 짓기 어려워집니다. 생동감과 행복은 눈 주위에 있는 근육인 눈둘레근에서 표현됩니다. 우리는 정서적 신호를 감지하기 위해 얼굴의 윗부분을 살펴보죠. 이 부분을 가린다면 우리는 상대의 정서적 반응을 잘못 해석할 수 있습니다. 심장에 대한 미주신경의 통제를 막는다면 미주신경을 조절하는 뇌간 영역이 얼굴도 조절하므로 사회적 상호작용에서 문제를 겪을 것입니다.

　약을 복용한다면 또 다른 문제가 생기게 됩니다. 다수의 약에는 콜린성 경로를 차단하고 부교감신경을 억제하는 항콜린 효과가 있습니다. 미주신경은 핵심적인 콜린성 말초 경로입니다. 그러므로 약이 생리적 상태와 정서적 표현 범위를 바꿀 수 있습니다.

미주신경 브레이크

‘미주신경 브레이크’는 우리가 화들짝 놀라지 않은 채 당신이 거기에, 내가 여기에 앉아 있을 수 있는 이유입니다. 미주신경 브레이크는 심장박동 수를 낮추고 유수미주신경에 의해 조절됩니다. 미주신경 브레이크는 심장박동조율기인 동방결절에 영향을 줌으로써 유수미주신경의 기능 중 하나를 설명합니다.

미주신경이 없으면 심장이 1분에 20~30회 더 빨리 뛸 것이라는 사실을 우리는 자주 잊습니다. 미주신경 브레이크가 심장박동조율기를 억제하지 않는다면 우리의 심장박동 수는 1분에 90회가 넘을 것입니다. 이렇게 심장박동 수에 ‘브레이크’를 거는 것은 동방결절의 고유한 속도 때문입니다. 동방결절은 우리가 타고나는 심장의 맥박 조절기로 보통의 심장박동 수보다 훨씬 빠릅니다.

미주신경은 ‘브레이크’를 걸어서 심장박동조율기를 억제함으로써 우리의 심장박동 수를 낮춥니다. 이런 현상은 몇 가지 중요한 적응적 선택을 제공합니다. 심장박동 수를 1분에 10~20회 정도 더 높이고 싶으면 교감신경계를 자극할 필요 없이 브레이크를 단순히 멈추면 됩니다. 교감신경계를 자극하는 것은 깔끔하지 못한 시스템으로, 우리를 분노 또는 공황 상태에 빠트릴 수 있습니다. 포유류는 교감신경계를 자극하지 않은 채 심박출량을 늘려서 가동화를 촉진하는 멋진 능력을 가지고 있습니다. 단순히 브레이크를 멈추는 것으로 우리는 이렇게 작은 적응을 만들 수 있습니다.

신경지의 작동법, 위협 혹은 안전을 느낀다는 것

우리 신경계는 환경에서 어떤 특징들을 감지하도록 발달했습니다. 그 것이 소리의 특징이든, 근접 가능 여부를 알려주는 몸짓의 특징이든 신경 계는 이런 특징들을 즉각 해석합니다. 이런 해석은 대부분 인지적인 자각 수준에서 일어나지 않으므로 '지각'이라는 단어는 적절하지 않습니다. 그 래서 나는 '신경지'라는 용어를 만들었습니다. 이는 기본적으로 위험에 대한 의식적 자각 없이 신경계가 위험을 평가함을 뜻합니다. 그리고 위험 을 평가할 때 그 맥락에 맞아떨어지는 신경 요소를 작동하거나 탐험하거 나 협상하려고 합니다.

어떤 사람이 미소를 지으며 말을 잘하고 목소리에 운율이 있다면 그 사 람 곁에 있을 때 우리는 편안함을 느끼고 더 가까워지고 싶어집니다. 배 경음이 사라지는 것을 깨달으면서 관심을 가지게 되고 신체적 상태는 안 정될 것입니다. 바로 상대의 사회 참여 체계에 의해 자극받은 신경지의 안전 상태입니다.

반대로 어떤 사람이 매우 짧게 말하고 목소리에 운율이 없다면 신경계 가 이에 반응하여 우리 몸은 그 사람과 거리를 두고 싶어 할 것입니다. 우 리가 안전하지 않다는 신호를 전달받았기 때문입니다. 이런 것들이 신경 지의 예입니다.

어떤 이들은 저주파 목소리로 크게 말하는 문제가 있는데 사람들은 대 부분, 특히 여성과 어린이는 그런 사람 가까이에 있으려 하지 않습니다. 신경계는 신경지 과정을 통해 자각하지 않은 채 이런 해석을 합니다.

| 부친스키박사 |　　신경지는 우리 직관의 생리적인 부분인가요?

| 포지스박사 |　　당신의 생각에 동의합니다. 신경지는 위험을 나타내는 특징에 생리적 반응을 일으킵니다. 하지만 여기에 두 번째 단계가 있습니다. 많은 경우 우리는 생리적 반응을 자각합니다. 그 환경에서 신경지를 자극하는 특징을 알아차리지 못한다 해도 말이죠. 이런 생리적 느낌은 그 경험에 대한 개인적 이야기에 영향을 주곤 합니다. 이야기는 맞아떨어져야 하죠. 때때로 이 이야기는 온전히 비합리적입니다. "나는 이 사람이 좋아요", "나는 이 사람이 싫어요", "이 사람은 나를 막 대해요", "나는 쇼핑몰에 가기 싫어요"……. 그 사람은 자기 이야기가 합리적으로 보이도록 노력합니다. 이렇게 이해되지 않도록 혼란스러운 대응을 하면서 이를 자신에게 논리적인 것처럼 만듭니다.

| 부친스키박사 |　　우리는 트라우마를 다룰 때 그런 상태를 자주 경험하죠. 사실 모든 종류의 상황을 다룰 때, 그리고 심지어 대인 관계에서도 그렇습니다.

| 포지스박사 |　　그렇습니다. 우리가 이해해야 할 것은 다음과 같습니다. 사람들은 가동화 방어 혹은 셧다운 상태로 빠지게 되면 자기 몸의 반응이 말이 되도록 만들기 위해 정교한 이야기를 발전시킵니다. 몸의 반응을 인식하는 것, 그리고 이런 반응이 생리적 상태를 바꿀 뿐만 아니라 세상에 대한 지각도 왜곡한다는 점을 인정하는 것은 중요합니다. 생리적 상태가 타인에 대한 우리의 지각에 영향을 준다는 사실을 아는 것은 내담자가 자

신의 개인적 이야기를 수정하도록 돕는 데 유익할 수 있습니다.

당신에게 위통이 생겨 위장이 아프고 복통이 심하다고 가정해보세요. 이 상태에서 당신이 어떻게 타인과 함께하겠습니까? 타인을 지지하고 좋은 관계를 유지할 수 있을까요? 아니면 반응적이고 날카로워질까요?

위통이 있다면 아마도 사회적으로 그리 잘 기능하지 못할 것입니다. 하지만 신경계가 맥락에 따라 자극받았다는 것을 당신이 인식하지 못한다면 어떨까요? 즉 위팽창이 아니라 다른 무엇이라고 생각한다면 말입니다. 극도로 예민해지겠죠. 다른 사람들을 비난하고 싶어질까요? 아니면 이런 복잡한 세상에서 안전한 장소를 찾으려고 시도할까요?

나는 신경계가 제대로 작동하지 않을 때 행동하게 된다고 말하곤 합니다. 신경계가 신경지를 통해 위험, 위기, 두려움을 감지한다면 자신을 못살게 굴지 않고 "너는 (그 장소가 아닌) 여기에 머물러야 해"라고 혼잣말하며 그 장소에서 빠져나올 것입니다.

우리가 현명하고 견문이 넓다면 우리 몸에 귀 기울일 것입니다. 만약 그러지 않는다면 신경계는 자신을 돌보지 않음으로써 제대로 작동하지 않을 것이고, 우리는 아이가 심한 투정을 부리는 것처럼 '행동화'할 것입니다. 이렇게 사회적 맥락에서 방어를 하향조절하지 못하는 것은 신경계가 제대로 작동하지 않아 우리가 '행동화'하고 있음을 기능적으로 보여줍니다. 하지만 최소한 우리가 희망하는 바, 더욱 성숙한 사람은 이런 시스템에 대한 지식을 갖추고 있기에 생각할 수 있고, 길을 찾아서 보다 압박이 덜한 상황으로 움직일 수 있을 것입니다.

사람들은 대부분 더 안전하다고 느끼기 위해 자기 곁에 친구를 둡니다. 하지만 동일한 맥락에 친구가 아니라 낯선 사람이 들어오면 신경계는 다른 상태가 될 것이며 이렇게 말할 것입니다. "여기에서 빠져나가야겠어. 나는 이 사람을 신뢰하지 않아. 안전하지가 않아."

신경지, 위협과 안전에 반응한다는 것

◐

|부친스키박사| 또한 당신은 다른 문제, 즉 경계선 인격장애가 있는 환자들이 '미주신경 브레이크'를 유지하는 데 어려움을 겪을 것이라고 가정하셨는데요.

|포지스박사| 네. 그리고 이는 신경지, 즉 환경에서 위험을 평가할 때 우리 몸이 무엇을 감지하는가로 돌아갑니다. 경계선 장애를 가진 개인은 매우 보수적인 신경지 전략을 가지고 있을 것입니다. 이런 가능성에 대해 비유를 들겠습니다.

비행기를 타려면 안전 검색대를 지나 안전 요원에게 조사를 받아야 합니다. 경계선 장애가 있는 사람들의 신경계는 마치 자기 자신이 안전 요원인 것처럼 작동합니다. 즉 위험 여부를 밝히기 위해 타인을 심사합니다. 안전 요원과 유사하게 그들의 신경계는 말합니다. "탑승하세요. 혹은 탑승하지 마세요." 안전 요원이 비행기에 단 한 명의 테러리스트도 없다는 것을 100퍼센트 확신하고 싶어 한다면 아무도 비행기에 탈 수 없을 것입니다. 이 비유에서 비행기는 경계선 장애를 가진 사람의 몸이고, 안전 요원은 신경지입니다. 따라서 안전 요원이 비행기에 테러리스트가 없도

록 확실히 하는 것과 유사하게, 경계선 장애가 있는 사람의 신경계는 타인에 대한 신뢰를 허용하지 않습니다. 어떤 사람들은 위험부담이 너무 크기 때문에 타인이 다가오는 것을 허락하지 않습니다.

경계선 인격의 신경지는 그 역치가 지극히 낮으므로 다음과 같이 알려준다고 추측해봅시다. "이러저러한 특징을 보이는 사람은 나에게 가까이 다가오지 못해. 나는 가만있지 않고 반응하여 도망칠 거야." 실제 쟁점은 바로, 대부분의 사람에게는 방어를 불러일으키지 않을 상대의 신호가 경계선 장애를 가진 사람에게는 방어를 불러일으킨다는 것입니다.

| 부친스키 박사 | 이런 생각을 따라간다면 우리는 어디에 도달할까요?

| 포지스 박사 | 첫째, 우리가 이해하는 것 이상으로 나아가지 않는다면 이해하는 것 이외에 어떤 치료적 개입도 발전시키지 못할 것입니다. 우리가 이런 점을 이해하고 환자와 치료자들에게 알린다면 그 자체가 그들의 반응을 바꿀 것입니다. 일단 그들 자신이 무엇을 하는지 이해하게 되면 이를 통한 하향조절로 인해 변화가 생길 것입니다.

잠시 주제를 바꿔서 트라우마에 대해 좀 더 얘기하고 다시 경계선 장애 이야기로 돌아오겠습니다. 나는 트라우마를 다루는 치료자들을 대상으로 자주 강연합니다. 강연에서는 우리 몸이 트라우마를 겪는 특정 상태에 들어가면 영웅처럼 행동한다는 것을 인식하고 이해할 수 있도록 내 주제를 전달합니다. 몸은 우리를 돕고 살리지, 저버리지 않습니다. 우리 생존을 도우려 하죠.

문제는 몸이 반사적으로 굳어버리는 셧다운으로 생존하려는 상태가 되면 여기서 빠져나와 사회 참여를 가능하게 하는 안전 상태로 들어가기가 어려워진다는 것입니다. 기능적으로 생리적 상태를 바꾸는 신체 반응들이 비자발적이었음을 이해하는 것은 중요합니다. 그리고 우리가 반사적으로 차단하는 셧다운 상태일 때 자발적인 행동 범위는 매우 축소됩니다. 달라진 몸은 자기 보호를 도울 뿐 사회 참여 행동은 돕지 않게 됩니다.

나는 내담자의 신체가 생존을 위해 훌륭하게 수행한 일들을 내담자에게 말해달라고 치료자들을 격려합니다. 생존이 가장 중요한 것이었음을 내담자들이 이해해야 합니다. 그들은 참혹한 경험에서 생존했으며 자신을 영웅으로 대접할 필요가 있습니다.

치료자들은 이 정보를 임상 현장에서 내담자에게 전달합니다. 내가 이메일로 받은 피드백은 이 전략의 긍정적인 영향을 확증해줍니다. 내담자들은 다음과 같이 말합니다. "이를 이해한 후 내 몸이 나를 사회적일 수 없도록 만든다고 비난하는 대신에 내 몸이 나를 위해 얼마나 좋은 일을 해줬는지 고맙게 느껴졌습니다. 그러자 갑자기 모든 게 나아졌어요."

일부 치료자들은 내담자가 트라우마 자극에 둔감해지도록 돕기 위해 노출 치료를 도입합니다. 이런 행동주의 관점은 생리적 상태의 역할과 내담자의 방어 상태를 오해하고 있습니다. 내담자의 생리적 상태 때문에 이런 노출 과정은 반응성을 줄이기보다 트라우마 사건과 연관된 자극에 더 민감하게 반응하도록 만들 수 있습니다. 방어 체계와 정면으로 부딪치기보다 이해에 기반한 조절을 통해 방어 체계를 하향조절할 필요가 있습니다. 우리는 몸이 방어를 하향조절할 수 있다는 것을 이해하고 이를 존중해야 할 필요가 있습니다. 방어를 동원하기보다 우리 몸이 우리를 위해 훌륭한 일을 했다는 사실을 이해하고 이를 자랑스럽게 여겨야지, 부끄러

위할 필요가 없습니다. 이렇게 새로운 개인적 이야기에 내포된 하향식 조절을 통해 변화가 일어날 수 있습니다. 이런 전략은 '자기 연민'을 격려하는 치료 전략과 일맥상통합니다.

나는 경계선 장애를 가진 사람에게도 비슷한 일이 발생한다고 생각합니다. 낮은 역치에서 다른 사람들에게 방어적으로 반응하는 것을 경계선 장애의 특징으로 본다면 말이죠. 물론 경계선 장애에 대한 임상 경험을 살펴보면 매우 유쾌하지 않은 경우를 자주 목격합니다. 임상의 역사 속에서 초기 트라우마 경험과 경계선 장애 진단 사이에 연속성이 있음을 발견합니다. 트라우마와 학대 경험은 그들의 신경계가 "아무도 이 비행기에 탈 수 없어!"라고 말하는 안전 요원처럼 행동하는 것이 기능적으로 더욱 적응적인 것으로 보이도록 자극했을 것입니다. 그리고 그들은 살아남습니다. 이제 그들은 이런 반응들의 적응적 방어 기능을 이해합니다. 그들은 생존했음을 자랑스러워할 수 있으며, 화내거나 자신에게 실망하지 않으면서 방어의 한계를 인정할 수 있습니다.

| 부친스키박사 |　당신의 말씀은 기존에 진행된 연민compassion과 자기 연민 self-compassion에 관한 연구를 떠올리게 합니다. 그 연구 결과, 연민은 행동 변화, 우울증, 불안감에 강력한 영향을 미쳤습니다. 당신의 설명은 자기 연민을 돕는 훌륭한 방법일 것이라고 생각합니다. 이는 뇌를 총체적으로 다른 상태로 이끌 수도 있겠군요.

| 포지스박사 |　네. 우리가 지금 하는 이야기는 뇌를 포함한 신경계를 안전한 상태에 두는 것입니다. 실제로 우리는 조금 뒤집어 얘기할 수 있는

데요, 왜냐하면 사람들이 연민을 얘기할 때 '마음 챙김'을 자주 거론하기 때문입니다. 마음 챙김에 깊이 들어가 있다는 것은 안전한 상태에 있다는 것입니다. 마음 챙김에는 평가적이거나 판단적이지 않은 상태가 필요합니다. 우리가 이렇게 안전한 상태에 머무는 한 방어 체계를 불러오기는 어렵죠.

사람들은 방어적일 때, 즉 스스로를 나쁘게 느끼고 타인에게 화가 날 때 오래된 신경 구조를 불러들입니다. 방어적인 반응과 평가에 대한 반응 사이에는 겹치는 지점이 있습니다. 우리는 평가를 받을 때마다 이미 방어의 생리적 상태를 동원합니다. 아마도 경계선 인격장애의 핵심에는 만성적으로 평가를 받는 듯한 느낌이 있을 것이며, 이는 위험의 신경지를 촉진합니다. 위험하다는 느낌은 만성적인 방어 상태를 낳을 것이고, 이는 타인에 대한 지각에 부정적인 왜곡을 가져다줄 것입니다.

포유류와 파충류가 새로운 사건에 반응하는 방법

◗

| 부친스키 박사 |　이제 새로운 사건들에 대해 얘기할까요. 새로운 사건에 반응할 때 포유류와 파충류는 중요한 차이를 보인다고 말씀하셨습니다. 포유류는 새로운 사건에 주의를 기울이고 그에 대해 소통하려 하지만, 파충류는 별로 그러지 않는다고요.

| 포지스 박사 |　포유류는 새로운 것을 아주 좋아하지만 안전한 환경 안

에 있을 때만 그렇습니다. 강아지나 새끼 고양이, 아니면 새끼 쥐들이 노는 광경을 떠올려보세요. 거기에는 새로운 것이 있고 어미에게서 떨어져서 놉니다. 하지만 뭔가 위험하거나 무서운 것이 있으면 자기 어미에게 돌아갑니다.

대담하게 새로움을 추구하는 것들이 가장 효율적으로 안전한 곳에 돌아갈 방법을 지녔다는 사실은 역설적으로 보일 수 있습니다. 이는 단지 '새로움을 추구하기' 위해 새로움을 좇는 것이 아니라는 의미입니다. 실생활에서 대담한 생각을 하는 사람들은 모험을 무릅쓸 준비가 되어 있습니다. 그들은 새로운 상황에서 불안해하지 않습니다. 그들은 강력한 사회적 지지 네트워크를 가지고 있으며 그 모험이 생존에 위협이 된다고 느끼지 않습니다.

우리는 이상적인 포유류 모델과 파충류 모델을 지원하는 환경 구조 혹은 사회구조를 만들 수 있습니다. 포유류 모델은 다른 개체에게 힘을 실어주며, 환경을 공유하고, 공감하며 다른 개체를 돌볼 것입니다. 파충류 모델은 더 고립되어 배짱을 키우지 못할 것입니다.

|부친스키박사| 그 말씀은 이해가 갑니다만, 새로움을 과도하게 추구하고 지속적으로 위험을 갈망하거나 필요로 하는 사람의 경우는 어떻습니까?

|포지스박사| 네, 나도 말하면서 그 생각을 하고 있었습니다. 다수의 개체에게 최적의 행동을 이끌어내는 모델을 창조하는 과정에서 우리는 다른 극단에 있는 소시오패스나 이외에 다른 형태의 비정형적 행동을 관찰하게 됩니다. 이것과 건강한 행동의 차이점은 건강한 행동은 타인과의

건강한 상호작용을 수반한다는 것입니다.

번지점프에서 새로움을 추구하는 사람이 있다고 합시다. 친구와 함께 번지점프를 하면서 동시에 아래로 떨어지는 동안 서로의 얼굴을 바라본다거나 다른 사람의 팔에 안겨서 스카이다이빙을 하는 경우, 그리고 고립된 상태로 끊임없이 번지점프를 지속하여 신경계를 가동하고 부동화 상태에서 벗어나도록 자극하는 경우 사이에는 큰 차이가 있습니다.

| 부친스키박사 |　그런 경우를 제외하면 대담하게 새로움을 추구하는 사람들은 안전지대로 돌아갈 수 있는 가장 효율적 방법을 가진 사람들이겠군요.

| 포지스박사 |　트라우마의 영향에 대해 생각해보면, 트라우마를 겪은 사람들은 새로움을 추구하지 않으며 안전지대로 갈 방법도 가지고 있지 않다는 것을 알 수 있죠.

신경훈련으로서의 놀이

●

우리의 토론 주제를 놀이로 옮겨보겠습니다. 왜냐하면 나는 놀이를 더 잘 이해함으로써 트라우마의 영향을 이해하게 해주는 중요한 단서를 찾을 수 있다고 생각하기 때문입니다. 놀이는 방어 체계라고 볼 수도 있는 측면과 사회 참여 체계를 모두 활용합니다. 우리는 움직이면서도 상대를 다치게 하지는 않습니다. 포유류의 놀이가 지닌 특징을 정의할 때 면대면 상호작용의 독특한 역할을 볼 수 있습니다. 포유류는 놀 때 얼굴 표정으로 안전과 신뢰의 신호를 지속적으로 전달하고, 서로 얼굴을 볼 수 없으면 발성 신호를 사용합니다. 그들은 상대에게 자신과 함께 있어도 안전하다고 전달합니다. 이런 현상을 여러 포유류 종에게서 관찰할 수 있습니다.

아이들이 놀 때 면대면으로 참여하지 않는다면 다칠 위험이 높습니다. 놀이터에서 아무도 같이 놀고 싶어 하지 않는 아이들은 상태 조절 능력에 문제가 있는 경우가 잦습니다. 이런 아이들은 다른 아이들이 사회적으로 참여하고 있을 때 가동화되어 뛰어다니고, 사회적 상호작용에서 중요한 단서를 놓칩니다. 이런 아이들의 가동화 전략 때문에 그 앞에서 재빨리 피하지 못한 친구가 다치기도 합니다. 이런 아이들에게는 타인을 해치려는 의도가 없습니다. 다만 타인을 인식하지 못하고 다른 아이들의 사회 참여 단서를 읽지 못할 뿐입니다.

최적의 정신 건강을 되찾는 길은 놀이의 여러 측면과 통해 있을지 모릅니다. 놀이는 가동화와 가동화 억제를 모두 포함합니다. 사회 참여 체계는 가동화를 효과적으로 억제할 수 있으며, 이는 다미주 이론에 기술된 위계와 일관됩니다.

내가 학생이던 시절에는 놀이의 적응적 기능이 싸우고 피하는 기술을 연습하는 것이라고들 생각했습니다. 새끼 고양이 같은 포유류 새끼들의 놀이 행동을 이렇게 설명했죠. 다미주 이론에서 설명하는 자율신경상태의 위계를 이해하면 이 해석을 바꿀 수 있습니다. 이 관점에서 보면, 놀이 행동의 주된 적응적 기능은 사냥하거나 싸우는 기술이 아니라 상태 조절 기술을 발달시키는 것과 관련되어 있습니다. 놀이는 세 가지 다미주 상태, 즉 사회 참여, 가동화, 부동화를 통해 놀이하는 포유류가 두려움 없이 움직일 수 있게 해주는 신경훈련입니다. 이 신경훈련은 생리적 상태의 전환을 원활하게 하여 회복 탄력성을 촉진하고 포유류가 다른 개체와 가까이 접촉할 때 두려움 없이 부동화할 수 있게 해줍니다.

강아지나 새끼 고양이들을 보면 이들은 놀 때 항상 면대면 접촉을 유지합니다. 함께 노는 형제들과는 경계심 없이 잠들 정도로 안전하게 느낍니다. 놀이 환경은 위험하지 않습니다. 그들은 기능적으로 사회 참여 체계의 면대면 상호작용을 이용하여 가동화를 제어하는 것입니다. 이런 현상을 다미주 용어로 설명하면, 그들은 유수미주신경을 사용하여 교감신경계의 활성화를 하향조절해 제어하고 있는 것입니다.

서구 문화에서는 가동화가 필요하지 않은 전자 게임과 놀이, 그리고 사회적 놀이와 혼자서 하는 운동을 혼동하는 경향이 있습니다. 운동은 원래 면대면 접촉이나 사회 참여 체계의 지원 없이 도전/도피 행동을 뒷받침할 수 있는 생리적 상태를 흉내 내는 것입니다.

| 부친스키 박사 |　미주신경톤이 극심한 스트레스 상황에서 신체를 조절하는 역할을 한다면, 트라우마나 파괴적인 사건을 겪을 때 미주신경이 실제로 신체에 해를 끼칠 가능성도 있을까요?

| 포지스 박사 |　'해'는 아주 복잡한 개념입니다. 다시 말하지만 내가 다미주 이론에서 강조하고자 했던 요소는 생리적 반응은 좋거나 나쁜 것이 아니라 적응적인 결과를 불러온다는 것입니다.

이 적응적 반응이 그 맥락에 적합한지 아닌지는 그다음에 밝혀야 합니

다. 그래야 반응에 좋다거나 나쁘다는 낙인을 찍는 '도덕적 허식'을 제거할 수 있습니다. 특히 그 반응이 자율신경계의 상태 변화로 일어난 것이라면 더욱 그렇습니다.

트라우마를 입은 사람의 신경계가 예전처럼 사회적이지 못하다면 그 사람에게 무슨 문제가 생겼다고 보는 경우가 많습니다. 이런 관점 대신에 그런 신경계의 변화를 적응적 전략으로, 때로는 그 사람의 신체가 부상과 죽음과 고통으로부터 자신을 보호하기 위해 실행한 기적 같은 전략이라고 생각할 수 있습니다.

미주신경 때문에 다쳤다는 관점은 흥미롭습니다. 횡격막하 미주신경이 방어에 활용될 때 횡격막 아래에 있는 장기들의 생리적 기능에 혼란이 생길 수 있기 때문입니다. 특히 소화 기능 장애에서 이런 현상이 자주 나타납니다. 이 밖에도 내과의에게 찾아가 진단과 치료를 받도록 하는 여러 증상이 나타날 수 있습니다.

트라우마를 경험한 사람은 오래된 미주신경에 의해 촉발되는 방어 체계의 영향을 많이 받습니다. 트라우마 이력이 있는 사람들의 임상적 증상을 살펴보면 비만이나 소화 문제, 혹은 다른 신경생리학적 장애 등 횡격막 하부의 문제를 다수 발견하게 됩니다.

| 부친스키 박사 |　 그 부분을 다시 얘기해보죠. 미주신경이 정확히 어떻게 관련되어 있다고 말씀하신 것입니까?

| 포지스 박사 |　 우리가 미주신경에 대해 가지고 있는 기존 개념에서 빠진 것은 진화적으로 오래된 무수미주신경이 주로 횡격막 아래의 장기들

에 작용하여 방어 체계로도 반응할 수 있다는 부분입니다.

기절하거나 해리되는 부동화 행동이 생존에 미치는 영향은 쉽게 알 수 있습니다. 그러나 이 체계를 작동할 때 건강에 미치는 영향은 생각하지 못했을 것입니다. 방어할 때 부동화가 일어나 행동을 멈추면 횡격막하 미주신경이 신체의 항상성을 깨뜨려서 그 기능이 격해지거나 아예 멈춰버리게 됩니다. 이는 횡격막 아래에 위치한 여러 장기에서 발생하는 다양한 의학적 문제로 이어집니다. 이렇게 정리해볼까요. 오래된 횡격막하 미주신경의 신경 조절은 트라우마에 흔하게 동반되는 여러 신체 증상, 즉 과민성 대장 증후군, 섬유근육통, 비만, 이외의 소화계 문제와 관련될 수 있습니다.

1950년대에는 특정한 소화 장애가 있는 사람들에게 외과에서 미주신경절단술을 했습니다. 미주신경절단술은 미주신경의 횡격막하 가지를 잘라내는 외과 수술입니다. 미주신경의 횡격막하 가지가 위장관의 산 분비 및 조절과 관련 있기 때문에 미주신경절단술이 소화성 위궤양의 의학적 해결책이었던 것입니다. 이제 미주신경절단술은 별로 행해지지 않습니다.

| 부친스키 박사 |　미주신경을 자른 사람은 어떻게 됐습니까?

| 포지스 박사 |　임상적 증상을 조절하는 데 그 수술은 사실 그다지 효과가 없었습니다. 그리고 내가 알기로는 위장관의 신경 피드백이 뇌의 심리적·생리적 영역으로 전달되는 것을 막았을 경우 그 영향에 대해 연구한 사람은 없습니다.

외과에서는 해당 가지의 운동신경경로뿐만 아니라 감각 요소도 절단

했습니다. 그 결과, 횡격막하 미주신경의 신경 자극을 전달받는 다른 장기에도 영향을 미치게 됐습니다.

하지만 의학적 모델이 다음과 같은 식이라는 점을 기억하세요. "여기에 표적 장기가 있다. 표적 장기가 제대로 기능하지 않는다면 고쳐야 한다. 표적 장기가 과잉 반응을 하고 있다면 이 장기에 영향을 주는 신경을 차단해야 한다. 이를 약물로 시행한다." 그 시절에는 수술로 이를 시행하려 했던 것이죠. 좀 더 발전한 전략은 이들 체계의 신경 피드백을 이해하고 그것이 적응적 기능에 미치는 영향과 그 반응을 모니터링하는 것이겠죠.

|부친스키박사| 그렇습니다. 약물 치료가 미주신경을 자르는 것보다는 좀 더 계몽된 것이겠지만, 정말 중요한 것은 미주신경이 어떤 기능을 하는지에 대해 좀 더 깊이 생각해보는 것이겠죠.

|포지스박사| 맞습니다. MRI를 찍을 때 나의 공황 반응을 얘기했던 대로(2장 참고), 신경계의 일부가 기능하지 않거나 하향조절되어 있는 상황에서 단기적인 약물 치료가 사람들이 기능할 수 있도록 도와주는 데 매우 중요한 역할을 한다는 것을 이해하게 됐습니다.

|부친스키박사| 하지만 MRI를 찍어야 하는 상황이 그리 자주 있는 것은 아니니까요. 25층에서 일하는 사람이 엘리베이터를 타야 하는 상황에서 출근하기 위해 날마다 약을 먹어야 하는 경우를 생각해보면…….

|포지스박사| 단기적 약물 치료와 장기적 약물 치료의 중요한 차이에

대해 말씀하셨습니다. 우리는 장기적이기보다는 단기적인 약물 사용에 대해 좀 더 많이 알고 있으며, 우리 사회에서도 대부분 약물을 장기간 사용하는 것보다 단기간 사용하는 것을 긍정적으로 여깁니다. 예를 들어 불안, 공공장소에서 해야 하는 연설, 엘리베이터 탑승 같은 문제를 해결하기 위해 베타 차단제를 복용하는 사람들이 있습니다. 베타 차단제는 교감신경계의 일부분을 차단하고, 가동화와 과각성을 지원하는 적응적 방어 반응을 제거합니다. 하지만 불안도 가동화와 과각성을 일으키는 동일한 신경 상태의 산물이기 때문에, 베타 차단제가 사람들로 하여금 교감신경계의 활성화와 관련된 방어 상태를 유발할 수 있는 경험을 하도록 하는 것입니다.

사람들은 대부분 이런 약을 처방받으면서도 이것이 자기 신경계의 중요한 적응적 기능 중 일부를 차단할 수도 있다는 것을 생각하지 못합니다. 베타 차단제를 복용하는 것은 교감신경계의 일부분을 차단하는 것입니다. 흔하게 쓰이는 이 약물이 건강과 행동에는 장기적으로 어떤 영향을 미칠까요?

미주신경과 해리

◗

| 부친스키 박사 | 미주신경과 해리에 대해서도 알려주고 싶다고 하셨죠?

| 포지스 박사 | 그것은 내게도 새로운 연구 분야입니다. 우리는 모두 새

로운 분야를 탐구하고 중요한 쟁점을 이해하려고 애쓰는 학생이죠. 나는 그동안 사람들이 해리 상태를 얼마나 흔하게 경험하는지 깨닫지 못하고 지냈습니다. 그 과정도 이해하지 못했고요. 특히 트라우마를 입은 사람들에게서 말입니다.

나는 해리 과정을 몇 가지 차원에서 개념화하기 시작하는 중입니다. 한 차원에서는 초기 해리를 유발하는 트라우마, 그리고 이와 연결된 계통발생적으로 오래된 적응적 반응이 있습니다. 기본적으로 오래된 미주신경 회로는 생물행동적 셧다운을 일으킬 수 있습니다.

셧다운은 심장박동이 느려지게 합니다. 이런 반응은 파충류에게서는 잘 작동하지만, 산소를 함유한 혈액을 뇌에 지속적으로 공급해야 하는 포유류에게는 어려운 일입니다. 포유류에게 셧다운이 일어나면 뇌로 가는 혈액과 산소가 엄청나게 감소합니다. 결국 기능이 떨어지고 의식 소실로 이어질 수 있습니다.

이런 상태에서 우리의 인지 기능에는 어떤 일이 생길까요? 셧다운으로 인해 의식 소실까지 이어지지는 않더라도 의식 상태의 변화가 일어나고 인지적 자원이 대량으로 감소하게 됩니다. 결정을 내리는 능력이나 상황을 평가하는 능력마저 위태로워질 수 있습니다. 이런 특징은 해리 상태와 동일합니다.

이제 문제는 이 트라우마 유발 사건이 끝난 뒤 우리 신경계에 어떤 효과가 잔존하느냐는 것입니다. 트라우마를 겪은 후에는 신경계가 해리 상태로 좀 더 쉽게 옮겨 가게 될까요? 해리 상태가 되는 역치에 변화가 생기는 걸까요? 그리고 트라우마 생존자와 임상가의 진짜 질문은 당연히 이것입니다. 어떻게 하면 해리되는 경향에서 벗어날 수 있을까요?

우리가 기존에 사용해왔던 모델은 극도로 제한되어 있었습니다. 역사적으로 트라우마를 치료하기 위해 사용된 모델은 행동주의 모델이었습니다. 탈감작desensitization, 시각화visualization, 인지행동치료 모델이 그것이죠. 하지만 우리가 생각지 못한 모델은 미각 혐오 학습과 유사합니다. 이는 단일 시행 조건화 모델로, 단 한 번의 노출에도 연관이 일어나서 특정한 생리적 상태에 도달하도록 촉발하는 것입니다.

미각 혐오는 포유류의 수초화된 횡격막상 미주신경경로가 아니라, 오래된 무수미주신경경로인 횡격막하 미주신경에 달려 있다는 것을 생각해야 합니다. 미각 혐오는 오염된 음식을 섭취했을 때 적응적 기능을 띠는 역류 반응을 일으킵니다. 부동화나 해리와 마찬가지로 미각 혐오도 생명의 위협과 내상을 최소화하기 위한 노력입니다.

나는 1940~1950년대 과학계에서 연구된 단일 시행 학습의 개념이 한 번의 트라우마 사건으로 인해 행동이 변하고, 그렇게 변한 행동이 잘 수정되지 않는 과정에 대해서도 어떤 통찰을 제공할 수 있을지 밝히려고 노력하는 중입니다. 미각 혐오는 횡격막하 미주신경 반응과 그 사건을 연결하는 단일 시행 학습의 한 예시입니다.

나는 동물 연구를 통해 단일 시행 학습에 관해 밝혀진 것들, 특히 미각 혐오 패러다임에 대해 조사할 예정입니다. 그 효과를 역전하기 위해 사용했던 방법과 그 방법이 얼마나 성공적이었는지를 배우고 싶습니다. 그 문헌에서 트라우마 생존자들이 좀 더 적응적인 사회적 행동을 하도록 도와줄 단서를 찾을 수 있을지 모릅니다. 트라우마의 몇 가지 특징은 횡격막하 미주신경이 적응적으로 방어 반응을 일으킨 산물임을 이해하는 데 그 단서들이 중요한 역할을 할 것입니다.

신경계 어디에 트라우마 사건과 횡격막하 반응을 연결하는 단일 시행 기억이 저장되는 것일까요? 이렇게 저장된 기억으로 신경계는 무엇을 할까요? 이런 질문에 대한 답은 아직 밝혀지지 않았습니다.

| 부친스키박사 | 당신은 어떻게 이런 생각을 하게 됐습니까?

| 포지스박사 | 이런 특징들은 모두 부동화에 관한 것이고, 나는 이것이 미주신경의 역설과 똑같다고 생각합니다. 이는 어떤 단어를 사용하느냐에 따른 것입니다. 우리가 '미주신경'을 쓰든 '행동'을 쓰든 그 단어들을 해체해보지 않으면 우리가 이해할 수 있는 범위는 매우 제한됩니다. 그 단어들을 역동적인 조절 과정으로 해체하기 시작하면 각 요소를 이해할 수 있게 됩니다.

특정한 종류의 학습에 대해 생각해봅시다. 1960년대 후반에 대학원에 다녔던 사람들은, 심리학의 이론적 모델들은 행동주의 모델이며 이 모델들을 신체 반응에도 적용하여 내장 기관을 통제할 수 있으리라는 기대감에 부풀었을 것입니다. 이 모델들은 손가락이나 손, 팔다리의 행동을 통제하려고 사용한 모델과 동일합니다.

1960년대 말에서 1970대 초까지 과학자들은 커다란 실수를 저질렀습니다. 내장 기관의 신경 조절이 다른 의식적인 조작 행동의 학습된 조절을 설명하는 규칙을 똑같이 따른다고 생각했기 때문입니다. 그것들은 서로 다르며, 다른 '규칙'을 따른다는 것을 깨닫기 시작한 과학자들은 어떻게 내장 기관이 직접 통제되는지를 이해하는 데 흥미를 잃었습니다.

바이오피드백은 학습과 조건화 원칙을 활용하여 심장이나 다른 장기의 신경 조절을 수정함으로써 건강을 호전시키려는 분야입니다. 그러나 바이오피드백 연구자들은 이제 더 이상 자신들이 자율신경계를 조절하는 신경 경로에 직접적인 영향을 준다고 생각하지 않습니다. 그런 식으로 말하지도 않고요. 바이오피드백의 치료 효과에 대해서도 직접적인 인과 관계를 언급하지 않고 건강과 기능을 호전시킨다고만 얘기합니다.

바이오피드백과 생리적 활동의 조작적 조건화에 대한 초기 연구에서, 연구자들은 골격근이 아닌 민무늬근과 심근으로 이루어진 내장 기관을 어떻게 통제할 것인지를 설명하고자 노력했습니다. 수의적 운동은 골격근을 사용하며 이는 자율신경상태에 간접적인 영향을 미칩니다. 1970년대 초반의 주된 과학적 의문은 조작적 학습 원칙이 골격근의 관여 없이 심장에 영향을 미칠 수 있느냐였습니다.

학습 패러다임을 통해 뇌가 심장을 직접 통제할 수 있을까요? 처음에는 과학자들이 유망한 결과물들을 출간했지만 그것들을 재현하지는 못했습니다. 이러한 부정적 결과를 토대로, 자율신경계의 장기들은 골격근에 의존하는 행동 조건화에 효과적인 조작적 학습 전략으로 통제될 수 없다는 과거의 관점이 공고해졌습니다. 불행히도 내장 기관 조절에 영향을 미칠 수 있는 학습의 법칙을 이해하고자 하는 탐구는 여기에서 끝나고 말았습니다.

트라우마 효과를 이해하고 어떻게 단 한 번의 트라우마 사건이 자율신경계를 기능적으로 '재조율'할 수 있는지 설명하는 데는 내장 반응의 불수의적 성질에 대한 과학적 배경지식이 매우 중요합니다. 트라우마는 적응적 반응의 극적인 예시이지만, 우리가 PTSD나 다른 체크리스트로 정의하는 임상적 진단명을 논의하기 시작하면 혼란스러워집니다. PTSD로 진단받은 사람 중에는 셧다운 반응을 경험한 적이 없는 사람도 있는 반면, 진단받지 않은 사람 중에서 셧다운을 경험한 사람도 있습니다. 이를 토대로 트라우마 사건에 대해 어떤 이들은 높은 가동화, 방어, 매우 불안한 반응 행동을 보이며, 또 다른 이들은 완전히 부동화된 반응을 보인다는 것을 알 수 있습니다.

명확한 진단을 위해 우리는 이런 구분된 반응을 일으키는 기전을 이해해야 합니다. 발생한 사건에 따라서 진단을 내리는 것이 아니라 그 사건에 대한 반응에 따라 진단해야 한다는 것을 강조할 필요가 있습니다.

| 부친스키 박사 | 그렇게 하면 어떤 식으로 진단을 내릴 수 있을까요?

| 포지스 박사 | 내 생각에는 '트라우마에 대한 반응으로 부동화와 해리나 기절의 경우'와 '그 외의 경우'로 나누는 편이 좋을 것 같습니다.

| 부친스키 박사 | 단일 시행 접근single-trial approach에 대해서도 말씀하셨는데요.

| 포지스 박사 | 네, 트라우마를 일으킨 단일 사건과 여러 축적된 사건을 비교하는 것입니다. 나는 단일한 사건에 대한 트라우마 반응, 그리고 복합 트라우마complex trauma를 뜻하는 반복적 학대로 축적된 효과를 일으키는 기전이 다르다고 생각합니다. 과학적인 관점에서는 단일 사건 트라우마의 기전을 연구하고, 동물 모델을 만들어 인간의 트라우마를 이해하고 치료하기 위한 통찰을 제시하는 편이 더 쉽지요.

단일 사건 모델은 우리가 내담자에게 색다른 질문을 하도록 인도할 것입니다. 나는 사건에 대한 묘사보다는 내담자의 반응과 느낌에 대해 아주 자세하게 들어봐야 한다고 생각합니다. 내담자가 기절했든, 해리됐든, 환상에 빠졌든 학대를 받는 동안 무슨 일이 일어났으며 이후에는 무슨 일이 생겼는지 개인적인 경험, 행동, 느낌에 대해 좀 더 자세한 정보를 얻게 된다면 여기가 결정적인 지점입니다. 그때 우리는 신경계가 방어 상태에서 벗어나도록 하는 개입 모델을 만들기 시작할 수 있습니다.

내가 사용하는 전략이 틀릴지도 모르지만, 조절된 운율적 목소리나 안전한 환경 등 사회 참여 체계를 작동할 수 있는 특징을 내담자가 가지고 있다면 내담자를 방어적 부동화 상태에서 끌어낼 수 있다는 것입니다. 유수미주신경이 관여하는 사회 참여 체계, 즉 우리의 얼굴 표정, 목소리, 운율을 이용하고 운율적 목소리를 들을 수 있는 능력은 우리 자신의 생리적 상태는 물론 타인의 생리적 상태도 바꿉니다. 사회 참여 체계는 기능적으로 개입과 치료를 향한 통로를 제공합니다.

내담자의 생리적 상태를 셧다운과 양립할 수 없도록 바꾼다면 그를 셧다운 상태에서 벗어나게 해줄 수 있을 것입니다. 가장 성공적인 트라우마 치료자들은 내담자가 안전하다고 느끼는 상태에서 탐험하고 협상하도록 돕는 사람들입니다. 내담자는 안전감을 가지고 탐험하고 협상함으로써 더 이상 셧다운이나 가동화를 위해 방어 체계에 의존하지 않아도 됩니다.

단일 시행 학습

◗

| 부친스키박사 | 단일 시행 학습에 대해 얘기했는데 어떤 것인지 당신의
생각을 좀 더 들려주세요.

| 포지스박사 | 단일 시행 학습의 예시로 가장 흔하게 사용하는 사례는
항암 치료나 방사선치료와 미각 혐오 사이의 연결성입니다. 환자들이 항
암 치료나 방사선치료를 받고 나면 치료 전에 먹었던 음식이 치료가 끝난
지 한참 후에도 오심을 유발할 만큼 혐오 자극이 된다는 것입니다. 그들
을 이런 반응에서 구하기 위해 과학자들이 사용한 전략은 무엇일까요?

  단일 시행 트라우마 반응으로 셧다운을 일으킨 사람은 이 사건 전에는
정상이거나 평범했지만 이 사건 이후로는 공공장소에 가지 못하고, 하부
위장관 장애가 생기며, 타인과의 접촉을 견디지 못하고, 저주파 소리에
과민해지며, 섬유근육통 증상이나 불안정한 혈압을 보일 수 있습니다.

  이런 증상을 호소하는 사람들은 우리에게 근본적인 기전을 이해할 수
있는 창을 제공해줍니다. 이들 증상의 다수는 오래된 횡격막하 무수미주
신경을 통해 일어나기 때문에 우리가 작용 기전에 대한 실마리를 얻게 된
것입니다. 이런 특징들은 방어 상태에서 활용되는 무수미주신경의 막대
한 미주신경 반응을 반영합니다.

  나는 오래된 미주신경이 트라우마 사건에 대한 방어 반응에 활용된다
면 단일 시행 학습의 예시에서처럼 기능적으로도 증상을 나타낸다고 제
안하는 바입니다. 일단 무수미주신경이 방어에 활용되기 시작하면 개인

의 신성 조절은 달라지고 재구조화되어 잘 교정되지 않고 이전의 항상성 상태로 자연스레 돌아오기도 어려워집니다. 따라서 트라우마 반응도 미각 혐오 모델과 매우 유사해 보입니다. 이런 추측이 트라우마에 대한 부동화 반응의 기전을 해체해 분석하는 통찰로 이어지기를 희망합니다.

| 부친스키 박사 | 당신이 다른 쪽으로 방향을 트는 방식이 매우 좋네요. 저도 계속 관심을 가지고 그 여정을 지켜보겠습니다.

| 포지스 박사 | 아주 신나는 여정이랍니다. 삶이 그런 거죠. 대담성과 좋은 사회적 관계에 대해 얘기했는데, 몸이 가기에 좋은 곳이 아니면 마음도 가지 않는다는 말입니다.

　나는 이런 쟁점들에 집중하고 있고, 거기에 관심을 보여줘서 기쁩니다. 우리가 사는 세계는 인지 기능에 너무나 큰 관심을 가지는 반면에 신체 경험과 인지의 통합에 대해서는 무심하다는 사실, 그리고 이 현상이 모든 이의 삶에서 상당 부분을 차지하고 있는 일종의 해리로 이어진다는 사실이 정말로 흥미롭습니다.

5. 안전과 건강의 단서, 그리고 다미주 이론

—스티븐 W. 포지스와 루스 부친스키

Cues of Safety, Health, and
Polyvagal Theory

미주신경과 다미주 이론

○

| 부친스키 박사 |　먼저 뇌와 몸에서 미주신경이 일차적으로 하는 기능에 대해 정리해볼까요.

| 포지스 박사 |　미주신경은 부교감신경계의 주요 신경으로, 기능적으로 우리 뇌를 몸과 연결합니다.

찰스 다윈Charles R. Darwin은 인간과 동물의 감정을 다룬 자기 책에서 미주신경을 '폐위신경pneumogastric nerve'이라고 명명하고, 우리 몸에서 가장 중요한 두 기관인 뇌와 심장을 연결하는 아주 중요한 신경이라고 기술했습니다(Darwin, 1872). 미주신경은 뇌에서 뻗어 나와 심장과 이외의 다른 내장 기관으로 직접 가는 뇌신경입니다.

미주신경은 심장과 내장을 포함한 내장 기관들의 생리적 조절에 관여합니다. 미주신경의 양방향성 기능은 흔히 간과되지만, 이는 매우 중요한 특징입니다. 미주신경은 뇌의 신호를 내장 기관들에 전달할 뿐만 아니라 내장 기관들의 신호도 뇌로 전달합니다. 즉 미주신경은 하향식 기능과 상향식 기능 모두에 관여합니다.

　미주신경섬유의 80퍼센트는 감각신경입니다. 이제 뇌와 몸, 그리고 마음과 몸의 관계에 많은 관심을 가지게 됐으므로 미주신경은 주요 신경 포털이라 할 수 있겠습니다.

|부친스키박사| 　자, 당신의 이론이 '미주신경' 이론이 아니라 '다미주' 이론인 점에 대해 설명해주세요.

|포지스박사| 　아주 잘 정립된 신경생물학에 대해 먼저 얘기하고 나서 내 이론을 설명하겠습니다. 신경생물학에서는 척추동물의 진화 과정에서 서로 다른 시기에 진화한, 각기 다른 기능을 가진 두 가지 운동신경경로가 포유류의 미주신경에 있다는 사실을 밝혔습니다. 이 두 운동신경경로가 매우 다른 역할을 하기 때문에 이 같은 사실은 아주 중요합니다. 각각의 미주신경경로는 뇌간의 서로 다른 영역에서 나옵니다. 한 영역(의문핵)은 섭취와 관련된 근육, 경청과 관련된 근육, 친교와 관련된 근육 등 모든 얼굴 근육의 조절과 연계되어 있습니다. 우리의 사회적 신경계는 이렇게 진화적으로 새로운 미주신경과 밀접하게 관련되어 있고 호흡도 마찬가지입니다.

|부친스키박사| 　그것이 새로운 미주신경인가요?

|포지스박사| 　그렇습니다, 그것이 포유류와 함께 진화된 새로운 미주신경입니다. 우리가 기억해야 할 점은 포유류가 매우 특별한 척추동물이

라는 것입니다. 포유류는 신체적 상태를 조절하고 생존하기 위해 다른 포유류를 필요로 하기 때문이죠. 이 점이 지금부터 다룰 주제의 일부입니다. 트라우마는 우리가 타인과 관계를 맺고 사회적 행동을 하는 능력, 말 그대로 미주신경을 조절하여 우리를 진정시키는 능력을 제한합니다.

두 번째 미주신경은 횡격막 아래로 향하는데 이는 파충류, 심지어 어류와 같은 다른 척추동물에게서도 공통됩니다. 두 가지 미주신경회로가 교감신경계와 조화를 이루어 우리로 하여금 생리적 작용과 건강을 적절하게 조절하도록 해줄 뿐만 아니라 외부 세계에 반응하게도 해줍니다. 우리는 사회적인 도전 상황에서 방어하거나 반응할 때 이를 이용합니다.

여기서 조금 넘어가보겠습니다. 우리는 자율신경계에 대해 배웠고, 교감신경계가 도전/도피 행동과 같은 공격성을 끌어올리고 스트레스 관련 반응과도 연관되어 있다고 알고 있습니다. 부교감신경계 중 미주신경이 건강과 성장과 회복을 촉진한다고 배웠고, 그에 따라 교감신경계와 부교감신경계는 서로 상반하는 작용을 한다고 알고 있습니다. 그러나 이런 일반화는 부분적으로는 맞지만 완전한 사실은 아닙니다.

우리는 자율신경계의 각 부분이 도전적 상황에 반응하기 위해 어떻게 동원되는지에 관해 다르게 생각해볼 필요가 있습니다. 우리가 안전한 환경에서 서로 대화한다면 도전/도피 행동을 이끌어내기 위해 교감신경계를 자극할 이유가 전혀 없습니다.

안전한 환경에 있다는 것이 우리가 교감신경계를 완전히 정지해야 한다는 것을 의미하지는 않습니다. 우리에게는 도전/도피 방어의 필요성과는 무관하게 교감신경 활성화가 필요합니다. 교감신경계는 우리에게 매우 중요합니다. 교감신경계는 혈액순환을 촉진하고, 우리가 기민하고 자신만만한 상태가 될 수 있도록 도와줍니다. 그러나 긍정적인 사회적 행동을 시작할 때 교감신경계를 이용하지는 않습니다. 교감신경계를 이용한다면 우리는 아마도 방어 상태로 전환될 수 있습니다. 우리가 방어적 교감신경상태로 전환되면 다른 사람들의 의도에 대한 신경지가 왜곡되어 그 의도를 좀 더 부정적으로 해석하게 될 것입니다. 정상적인 사회적 행동의 측면에서 우리는 새로운 미주신경을 사용하여 사회 참여 행동을 최적화하고, 방어 상태로 전환되지 않도록 자율신경계를 제어할 수 있기를 원합니다.

이제 다미주 이론의 이론적인 부분을 논의합시다. 다미주 이론은 이런 신경 회로들이 외부 세계에 어떻게 순차적으로 반응하는지에 대한 위계를 제시합니다. 이 이론에서는 더 진화된 회로들이 덜 진화된 회로들을 억제하는 뇌의 기능과 유사하게, 내장 기관을 조절하는 덜 진화된 신경 회로들은 더 진화된 신경 회로들에 의해 억제된다는 것을 보여줍니다('소멸' 참고).

자율신경계의 진화적 변화에 대해 우리가 알고 있는 지식에 근거하면, 포유류에게 있는 가장 오래된 신경계는 수초화되지 않은 횡격막하 미주신경인데 방어 상황에서 우리를 셧다운시키는 기능을 합니다. 이는 많은 파충류의 방어 전략과도 유사하죠. 파충류는 대사 활동을 감소하기 위해 얼어붙어 부동화 상태가 됩니다. 몇 시간 동안 호흡하지 않고 물속으로 들어가버리죠.

자율신경계에 일어난 진화적 변화의 다음 단계는 도전/도피 행동을 지원하는 척추 교감신경계의 출현입니다.

포유류가 진화하면서 새로운 신경 회로도 진화하여 사회적 행동과 생리적 상태의 조절을 통합했습니다. 새로운 미주신경계는 포유류가 사회적인 상호작용을 할 수 있도록 해줍니다. 이 미주신경계는 기본적으로 사회적 행동을 연출하고, 항상성 유지를 지원하는 자율신경계의 또 다른 구성 요소들을 기능적으로 보호할 수 있게 합니다.

포유류의 새로운 미주신경계가 잘 작동하고 있을 때 횡격막하의 교감신경계와 부교감신경계는 자율신경균형의 긍정적인 특징을 반영하는 항상성을 유지합니다.

트라우마 이력이 있는 내담자를 치료하는 중인 임상가들과 대화한 적이 있는데, 그들은 다수의 내담자가 위장 질환이나 변비 등 소화기 계통의 문제를 가지고 있더라고 얘기했습니다. 다미주 이론에서 이렇게 횡격막하 미주신경회로의 이상이 나타나는 것은 이 회로가 방어 상태로 전환되어 그것이 항상성을 지원하는 역할을 방해하기 때문입니다.

사람들이 도전/도피 상태에 있게 되거나 두렵고 위험한 상황에 처할 때 횡격막하 영역의 신경 조절이 부진해집니다. 횡격막하 신경 조절이 도전/도피 혹은 스트레스 행동에 고도로 가동화되면 교감신경이 매우 활성화되는 반면에 미주신경의 양쪽 가지는 모두 그 기능이 하향조절됩니다. 그러나 다미주 이론에 따르면 생명의 위협에 대한 반응으로 횡격막상 미주신경과 교감신경계가 모두 하향조절되어 횡격막하 미주신경이 방어에 동원되도록 해줍니다. 이런 오래된 방어 체계의 결과가 죽은 것 같은 상태가 되기 위한 부동화인데, 이때 반사적인 혈압 저하로 인해 의식을 잃을 수 있고 잠재적인 등쪽미주신경의 흥분으로 배변을 초래하기도 합니다. 이 이론에 근거해서 우리는 이렇게 다른 신경 회로들이 인간은 물론 포유류의 다양한 행동 영역을 지원한다는 점을 알 수 있습니다.

마음과 몸의 연결이 의학적 상태에 미치는 영향

◑

우리는 신체의 각 기관을 마치 독립적으로 치료할 수 있는 것처럼 여기고, 통합적·상호적 자율신경계의 한 부분으로는 보지 않는 의학 중심적인 세계에 살고 있습니다. 우리는 철학적으로 얘기할 수 있지만, 실용적으로 얘기하는 것도 필요할지 모릅니다. 나는 현재 15년째 의과대학 교수로서 의학 교육에 몸담고 있습니다. 이 역할을 통해 의사들이 자기가 치료하는 신체 기관들을 조절하는 신경계에 대해 별로 배우지 않는다는 것을 알게 됐습니다.

우리가 '신경계'라는 용어를 사용할 때 이미 암묵적으로 뇌와 몸을 연결하는 어떤 시스템을 그리게 됩니다. 신체 중 목 윗부분은 자율신경계가 아닌 중추신경계의 조절을 받습니다. 우리는 몸의 신호를 읽고 몸에서 전달된 피드백에 따라 뇌를 변화시키는 신경계를 가지고 있습니다. 물론 우리 뇌는 관찰 가능한 움직임과 내장 기관의 활동과 같은 몸의 반응들을 하향조절할 수 있습니다.

말초 증상에 대해 얘기해볼까요. 기억할 점은 이 증상들에 대해 횡격막 위에서 나타나는 횡격막상 증상과 횡격막 아래에서 나타나는 횡격막하 증상으로 분류하는 데서 시작할 수 있다는 것입니다. 매우 불안하여 아주 방어적인 사람들은 방어기제로 교감신경계와 관련된 증상을 보일 수 있습니다. 오직 횡격막상 미주신경이 억제되거나 기능적으로 제한될 때만 교감신경계를 방어기제로써 효율적으로 사용할 수 있습니다. 흥미롭게도 우리는 횡격막 상부의 기관들에서 발생하는 고혈압, 심혈관계 질환,

그 밖에 자율신경계 질환의 증상이 횡격막상 미주신경톤의 저하 및 교감신경계와 연결되어 있다는 점을 알게 됐습니다.

트라우마와 만성 학대에서 생존한 사람들의 경우, 횡격막하 미주신경계가 방어에 동원되어왔을 것입니다. 이는 해리 상태에서 일어날 수 있습니다. 횡격막하 미주신경이 방어 상태에 사용될 때 임상적인 질환의 여러 다른 양상이 출현할 수 있습니다. 내담자들은 섬유근육통, 위장 질환을 앓거나, 원하는 경우조차 성관계를 갖거나 즐기기 어려울 수 있습니다. 성관계 도중에 배변을 하게 되는 여성들이 있는데, 이는 횡격막하 미주신경이 방어 상태로 반응하여 그럴 수도 있습니다.

의학적인 측면에서 말단기관에 문제가 있다고 여겨지는 몇몇 임상적 증상은 이 기관들의 신경 조절 실패와 관련이 있을지 모릅니다. 그러나 신경계가 내장 기관의 기능에 영향을 끼친다는 점을 적절하게 알고 있는 의사들은 별로 없습니다. 이를 잘 알면 질환에 대해 더 잘 설명하고 치료할 수 있을 것입니다.

신경 조절 체계에 대한 인식이 없어서 임상 질환을 초래하는 메커니즘에 대해 이해하지 못할 경우, 진단은 혼란을 야기하고 절망감을 느끼게 될 것입니다. 다미주 이론에서 중요한 부분은, 트라우마와 만성 학대에서 살아남은 사람들에게 그들이 피해자가 아니며 그들이 겪고 있는 증상은 적응하여 생존할 수 있도록 해주는 신경 조절 체계의 기능적인 결과라는 점을 알려주는 것입니다.

트라우마와 신뢰의 훼손

◐

| 부친스키 박사 | 당신은 트라우마가 신뢰와 안전감을 훼손하는 데 중대한 파급효과를 미친다고 언급했습니다.

| 포지스 박사 | 과거에 어떤 사람이 대인 관계에서 심리적으로 상처를 입었다면 미래에 더 이상 상처 입지 않을 수 있는 가장 좋은 방법은 무엇일까요? 그 방법은 누구도 믿지 않는 것입니다. 이것이 바로 사회 참여 체계에 관한 것입니다. 즉 안전하므로 근접해도 좋다는 단서를 다른 사람에게 주는 것에 관한 것입니다. 사회 참여 체계는 다른 사람이 편안하게 느껴지도록 해주는 신경지를 촉발합니다.

다른 사람이 어느 시점에서 편안했는데 그 이후에 상처를 받았다면 그 사람의 사회 참여 체계는 하향조절될 것입니다. 정서적으로도, 그리고 아마 육체적으로도 어떤 사람도 가까이 오는 것을 허락하지 않게 될 것입니다. 대인 관계에서 정서적으로 심각한 상처를 입은 사람들은 심지어 인지적으로는 새로운 관계를 맺어야 한다는 것을 최우선순위에 두면서도 새로운 관계를 맺기를 어려워합니다. 그들은 처절하게 관계를 원할 수도 있지만 그들의 몸이 거부합니다.

나는 트라우마 생존자들에게 그들의 몸이 무엇을 했는지를 설명해주려고 노력합니다. 트라우마를 겪은 사람들은 자기 몸이 뭔가 잘못했거나 나쁜 일을 했다고 암시적으로 느끼는 경우가 흔합니다. 그들은 자기 몸의 반응 전략이 자기 보호를 위해 방어적이었으므로 생명을 구할 수 있었다는 점을 알아야 합니다. 그들의 신체는 싸움으로 인해 발생할 수 있는 육체적인 상처와 뼈아픈 고통을 최소화하기 위해 반격하지 않고 부동화와 해리로 반응한 것일지 모릅니다. 부동화는 추가적인 공격을 유발하지 않기 때문에 매우 적응적일 수 있습니다.

부동화나 해리를 통한 생존에는 몇 가지 적응적인 기능이 있습니다. 여기에서 질문하겠습니다. 당신의 개인적 경험으로 이런 부동화 반응을 어떻게 설명하겠습니까? 당신이 누구인지 알기 위해 그 정보를 어떻게 사용하나요? 당신은 당신 자신을 희생자라고 여기나요, 아니면 현재의 당신을 영웅으로 여기나요?

60대 후반의 한 여성에게서 자기 경험을 얘기한 이메일을 받은 적이 있습니다. 그녀가 10대일 때 어떤 괴한이 그녀를 목 졸라 죽이려 한 후 강간했다고 했습니다. 오랜 세월이 지난 후 그녀는 이 사건을 딸에게 말했는데, 그때 딸이 "왜 싸우지 않았어요? 그때 왜 아무것도 하지 않았나요?"라고 물었다더군요. 엄마인 그녀는 당황스러웠으며 수치심을 느꼈다고 했습니다. 그러고 나서 그녀는 "당신의 다미주 이론을 읽고 나서야 비로소 제가 결백하다는 것을 느끼고 지금 울고 있습니다"라고 얘기했습니다.

그 이메일을 읽고 나도 울었습니다. 중요한 점은 그녀가 자기 몸의 부동화 반응이 자기 보호적이었음을 이해했다는 것입니다. 그녀는 본능적인 몸의 반응에 대해 자부심을 느꼈습니다. 그녀의 신체 반응은 영웅적인 것이었고, 그녀는 희생자가 아니었습니다.

우리는 어떤 신체 반응은 반사적이며 자발적이지 않다는 것을 잊고 있습니다. 생명의 위협에 대한 반응으로서 부동화는 몇몇 다른 포유류와도 공유하는 흔한 '반사적' 반응입니다. 우리 사회는 싸우지 않거나 효과적으로 가동화하지 않는 사람들에 대해 그들이 마치 문제가 있는 것처럼 여깁니다. 다미주 이론을 알면 그러는 대신 이렇게 말할 것입니다. "당신이 아무 반응도 하지 않은 것은 신경생물학적으로 최고의 적응적 반응이고, 당신의 몸이 당신을 위해 그런 결정을 한 것은 행운입니다. 당신이 싸웠다면 죽었을 수도 있습니다."

이것은 우리 자신의 행동에 대해 우리가 어떻게 해석하는지, 우리가 개인적 경험을 어떻게 만들어내는지에 관한 이야기입니다.

| 부친스키박사 |　　네, 그리고 웨비나에 참석한 정신 건강 전문가들에게도 우리가 수년간 환자들과 얘기해왔던 아이디어에 대해 생물학적 설명을 제공합니다. 바로 "당신은 당신이 알고 있는 최선의 방법으로 살아남았습니다" 말입니다. 그렇게 말해주는 것은 그들이 정말로 이해받았다고 느끼고 스스로를 옹호할 수 있도록 도와주는 것입니다. 아마도 그들은 그것을 축하하거나 자신들이 가진 용기를 존중할 수 있을 것입니다.

| 포지스박사 |　　네, 즉 정보가 얼마나 중요한가에 관한 것이기도 합니다. 우리가 사회 통념상 "이것은 나쁩니다"라고 하는 것에 도덕적인 허식을 덧붙인다면 "내 생각에 내가 나쁜 것 같아요"라고 말하게 됩니다. 우리가 도덕적인 허식을 버리고 신경생물학적으로 적응적인 반응을 이해한다면 우리 자신의 반응에서 장점을 보기 시작하게 됩니다.

신경지는 어떻게 작용하는가

◖

위협적인 사건에 대한 신경생물학적·적응적 반응이라는 아이디어는 트라우마를 개념화하는 데 지대한 영향을 줍니다. 신경계는 기능적으로 의식적인 자각의 영역 밖에서 외부의 위험을 끊임없이 평가하고 반사적으로 적절한 행동, 즉 사회 참여, 도전/도피, 셧다운을 하도록 생리적 상태를 전환합니다. 어떤 의미에서는 적어도 신경계가 가장 적응적이라고 해석한 것을 바탕으로 가장 적응적인 행동을 촉진하는 생리적 상태로의 전환을 시도한 것이라 할 수 있습니다. 나는 이 과정을 '신경지'라고 명명했습니다. 때때로 우리는 이런 적응적 반응에 대비하지 못하여 놀라기도 합니다. 예를 들면 MRI를 찍을 때나 기타 꽉 막힌 공간에서 공황을 경험하는 경우, 질책당할 때 현기증을 느끼는 경우, 강연자로 얘기하는 중에 실신하는 경우 등이 있습니다.

또한 우리는 신경계가 위험이 없는데 위험을 감지할 때, 위험이 있는데 안전하다고 감지할 때와 같이 신경지의 오류에 취약합니다.

대중 연설을 하면서 기절하는 사람들이 있는데 그들이 불안해서 기절하는 것이 아닙니다. 그들은 그냥 휙! 정신을 잃어버립니다. 임상적으로 미주신경성 실신이라고 부르는 기절은 혈압이 큰 폭으로 빠르게 떨어져 뇌에 산소를 공급하는 혈액이 부족해져 일어납니다. 이 반응은 생명을 위협하는 신호를 감지한 신경계가 일으키기도 합니다. 이런 신경생리적 반응이 일어나면 의식을 담당하는 뇌는 그 상황을 합리화하기 위해 그럴듯한 개인적 이야기를 만들어냅니다. 그 개인적인 이야기는 종종 자존감에 초점을 맞추지만 그 반응의 원인은 자존감과 아무 연관이 없습니다. 그 반응은 막힌 공간이나 고립과 같은 환경적 특징에 의해 유발될 수 있습니다.

내 경우, MRI를 찍으려고 제한된 공간으로 들어갔을 때 공황 반응을 경험한 적이 있습니다(2장 참고). 내 몸이 이렇게 방어 상태가 됐다는 데 당황스러웠고 충격받았습니다. 나는 막힌 공간을 좋아하지는 않지만, MRI를 찍으러 들어가는 것이 공황 상태를 유발하리라고는 생각하지 못했습니다. 나는 종종 비교적 막힌 공간에 있습니다. 비행기를 자주 타는데 가운데 좌석에 앉는 것을 참을 수는 있지만 선호하지는 않습니다. 사람들은 대부분 가운데 좌석을 좋아하지 않습니다. 내 관점에서 볼 때, 수십 년 동안 내 몸의 반응에 대한 나의 지식에 근거하여 내 반응은 전적으로 예상 밖이었습니다.

포유류는 강제로 감금당하는 것을 싫어합니다. 포유류 종 전체에 걸쳐 가장 강력한 스트레스 요인은 고립과 감금으로 보입니다. 우리가 사는 세상에서 이 두 가지 스트레스 요인에 대해 생각해보세요. 또한 의료 행위 시에 우리가 돌보는 사람들에게 우리가 하는 일에 대해서도 이 관점에서 생각해보세요.

| 부친스키박사 |　네, 당신이 최근에 개인적으로 경험한 일을 통해 고립과 감금이 얼마나 강력한 스트레스 요인인지 잘 알 수 있는 기회를 가졌다고 생각합니다.

| 포지스박사 |　네, 당신에게 그 이야기를 해주겠습니다. 나는 지난 4월에 전립선암을 진단받았는데 치료를 하지 않겠다고 의사에게 제안했지

만 받아들여지지 않았습니다. 더 이상 아무것도 하지 않을 선택권이 내게는 없었습니다. 조직 검사 결과에서 공격형 암 조직이 일부 발견됐고, 내게는 광범위한 방사선치료 혹은 근치전립선절제술이 선택권으로 주어졌습니다.

여기에 관련된 몇 가지 사항이 있습니다. 첫째, 나는 지금 잘 지냅니다. 내가 말하려는 것은 당신이 어떤 진단을 받았을 때 충분한 의학 정보를 가지고 있다 해도 당신의 몸은 셧다운될 수 있다는 것입니다. 나는 진단받은 후 나에게 어떤 일이 일어나는지 관찰했습니다. 내 다리에서 그것을 느꼈습니다. 이 이야기를 듣는 사람 중 다수가 내 말이 의미하는 바를 알 것입니다. 나는 셧다운되는 과정에 있었고 그것은 별로 좋지 않다는 것을 알았습니다.

심지어 내가 그 병에 대해 충분히 알았을 때조차 의학적인 진단의 불확실성은 여전히 남아 있었고, 치료의 불확실성도 매우 혼란을 초래할 수 있습니다. 우리는 우리 몸이 어떻게 반응할지 모릅니다. 질병과 그에 대한 치료, 그리고 회복 가능성에 대해 우리가 아는 것과 상관없이 여전히 불확실성이 있습니다.

나는 생명을 위협하는 이 진단에 대해 전략을 세웠습니다. 첫 번째로 8월까지 수술을 미뤘습니다. 진단을 받은 사람들은 대부분 빨리 치료받기를 원하며, 심지어 진행이 느린 암을 진단받은 경우에도 치료를 미루는 것을 매우 힘들어합니다.

나는 두 가지 이유에서 8월까지 수술을 미뤘습니다. 첫째, 이미 예정된 몇몇 출장을 취소해야 했고 그 자체가 내게는 매우 어려운 일이었습니다. 진단 자체가 나에게 심각한 영향을 준 것만큼 출장을 취소하는 일은 나를 더 힘들게 하는 것이었습니다. 나는 난생처음으로 수술과 회복을 위해 3개월 동안의 모든 일정을 비워야 했지만 그렇게 했습니다. 둘째, 수술 후 회복을 향상하기 위해 수술에 적합한 몸 상태를 만들고자 했습니다. 나는 운동을 시작했고 약 4.5킬로그램을 감량하여 신체적인 건강을 개선했습니다.

수술하기 전까지 강연과 워크숍은 계속했습니다. 이렇게 상호작용할 수 있는 기회들은 사람들과 연결될 수 있는 기회를 제공했습니다. 내 강연을 나 자신을 치료하는 데 이용한 것이죠. 두 번의 유럽 출장을 비롯해 여덟 번에서 열 번 정도의 강연 끝에 나는 사람들과 완전히 연결되어 있다는 느낌이 들었고 너무나 좋았습니다. 나는 수술을 받을 준비가 됐습니다. 삶이 끝난다 하더라도 괜찮을 것 같았습니다. 왜냐하면 내가 연결감을 경험했기 때문입니다. 가족에 대해서도 기분이 좋았습니다. 내 인생에 대해서도 만족했습니다. 스트레스가 최소화되고 공황도 전혀 없는, 정말 너무나 흥미로운 경험이었습니다. 나는 또한 수술 전 2주 동안 가상의 안내 테이프를 들었습니다.

내가 사는 곳에서 3킬로미터쯤 떨어진 병원에서 나는 수술을 받았습니다. 우리 집에 있는 사무실 창문으로 병원을 볼 수 있었습니다. 어떤 면에서는 친구들 사이에 있었습니다. 수술을 받으러 병원에 갔을 때 내게는 멋진 심상과 긍정적인 생각이 떠올랐습니다. 수술대에 올랐을 때 나는 마취과 의사와 이야기를 나누면서 그에게 "당신도 아시겠지만, 수술 중에 나를 살아 있게 하는 것이 당신이 할 일입니다"라고 말했습니다.

| 부친스키 박사 | 　부담 없이요!

| 포지스 박사 |　　　네, 그렇지만 수술실 간호사가 "아뇨, 당신을 살아 있게 하는 것은 우리 모두의 임무입니다"라고 말했습니다. 나는 마취과 의사에게 나의 심장박동 수가 얼마인지 물었고, 분당 65회 정도라고 들었습니다. 그때는 아침 7시 30분에서 8시 정도였으며, 절개가 시작됐습니다. 나는 수술 전 투약을 전혀 하지 않았습니다. 나는 완전히 이완되어 있었습니다. 5시간가량의 수술 이후, 수술 중 자세 때문에 다소의 통증이 있었던 첫날을 제외하고는 거의 통증이나 불편감을 느끼지 않았습니다. 나는 정말 괜찮았습니다.

두 가지 과정이 진행되고 있었습니다. 첫째, 나는 수술을 해롭지 않고 도움이 되는 것으로 개념화했습니다. 둘째, 공황이나 죽음에 대한 공포가 없었습니다. 이런 과정은 인간으로서의 내 역할을 재개념화하도록 했습니다. 강연을 하고 사람들과 상호작용했던 개인적 여정을 통해, 나는 삶의 진정한 가치는 다른 사람들과 연결되는 것이라는 점을 배웠습니다. 나는 정말 기분이 좋았습니다. 그리고⋯⋯ 이것이 바로 나의 개인적 이야기입니다.

| 부친스키 박사 |　　　당신이 괜찮아서 정말 다행입니다. 당신의 이야기를 공유해주셔서 고맙습니다. 때때로 우리는 트라우마를 제한된 방식으로 정의합니다. 전쟁이나 교통사고, 혹은 강간이나 성추행이나 구타를 당했을 때 발생하는 것으로 트라우마를 정의합니다. 그러나 그보다 훨씬 많은 트라우마가 있습니다. 사실 웨비나에 참석한 간호사와 의사 같은 전문가들이 말하자면 심근경색을 앓는 환자, 이제 막 진단받은 환자, 수술을 앞둔 환자를 대할 때 그들 스스로 생각하기에 이와 같은 상황을 트라우마에 포

함할 수 있을지 고려해보는 것은 중요합니다. 그들이 이런 경우를 당하면 어떨까 하는 것 말입니다.

불확실성과 생물학적 과제로서의 연결성

◑

| 포지스박사 |　　우리 삶의 경험 중 많은 부분은 불확실성이라는 주제와 관련이 있는데 이는 부분적으로 다른 사람들로부터 단절되는 것입니다. 나는 생물학에서 다른 사람들이 사용했지만 내게는 새로운 이 용어를 쓰기 시작했습니다. 바로 '생물학적 과제' 말입니다. 인간에게 원초적인 생물학적 지상 과제는 무엇일까요? 그것은 다른 사람과 연결되는 것입니다.

수술이나 다른 의학적 시술을 받기로 선택할 때 우리는 자신이 자동차 같은 기계가 아니고, 그 수술이나 시술을 시행하는 사람들이 자동차를 고치는 수리공이 아니라는 점을 잊어버립니다. 우리는 부품을 갈거나 수리해야 하는 자동차가 아닙니다. 인간의 장기는 자동차 부속품에 대응될 수 없습니다. 우리는 기계가 아닙니다. 역동적으로 상호작용하며 살아가는 생물학적 체계입니다. 우리가 어떤 것에 접촉할 때 우리 안의 모든 부분에 접촉하는 것이며 우리가 상호작용하는 사람들에게 접촉하는 것입니다. 의료계 의사들은 자신이 치료하는 사람들과 좀 더 연결될 필요가 있습니다.

우리가 보듯이 의학은 점점 매뉴얼화되어갑니다. 치료는 별로 유연하지 않고 환자에게 개별화되어 있지 않습니다. 이런 현상은 심지어 정신의학에서도 일어나고 있습니다. 이는 의무 기록에서부터 시작합니다. 당신이 의사를 만날 때 의사는 옆으로 돌아앉아 환자가 아닌 컴퓨터 모니터를 바라봅니다. 의사는 컴퓨터 모니터에만 주의를 기울이고 자판을 두드리기 시작합니다. 안전하고자 하는 환자의 욕구를 존중하여 서로를 마주 보며 환자를 안심시키는 것과는 대조적이죠.

내 경우에는 노스캐롤라이나 대학의 의료 시스템 아래에서 치료를 받을 수 있어 매우 고마웠습니다. 그곳 사람들은 훌륭하고 친절했습니다. 나는 그 집단과 연결되어 있다는 느낌을 받았습니다. 의료 서비스가 잘되어 있는 시카고에 살 때는 의학적 처치를 받으면서도 그 집단에 초대됐다는 느낌을 받지 못했습니다. 치료는 더 동떨어진 느낌이었고, 의료 시설에 '입원했다가 퇴원하는' 효율성만 추구하는 비인격적 특징이 있었습니다.

시카고에도 여전히 내 친구들이 살고 그들은 교수, 의사, 사업가입니다. 그들은 의료적인 시술을 받을 때 혼자입니다. 그들은 시술을 받기 전에 자신의 내과 의사나 외과 의사를 만나서 대화를 나누지 못할 것입니다. 상대적으로 작은 지역사회가 좋습니다. 치료받기 전에 나를 치료해줄 사람들을 미리 만나서 좋았습니다.

다미주 이론, 그리고 트라우마와 애착

| 부친스키 박사 | '참여'와 '연결'이라는 개념에 대해 계속 얘기해볼까요. 그것이 매우 중요하다는 데 저도 동의합니다. 다미주 이론에서는 트라우마와 애착의 관계에 대해 설명합니까?

| 포지스박사 |　　　네, 그렇습니다. 트라우마가 타인을 안전하게 느끼는 능력을 붕괴시키면 그때는 애착이 기초하는 기본적 뿌리가 파열됩니다. 이를 다음과 같이 표현해도 좋으리라 생각합니다. 어떤 사람에게 애착이 발달할 수 있는 건전한 기초적 토대가 있다면 그 사람은 트라우마에 대한 완충장치를 가진 것입니다.

그 연구가 이루어졌는지는 모르겠으나, 사람은 일생에 걸친 패턴들을 보기 시작합니다. 우리는 어린 시절부터 알아온 사람들이 어떻게 발달하며 성장하는지 봅니다. 그들 중 일부가 더 이상 우리와 함께하지 않아도 우리는 그들의 생애에서 어떤 패턴들을 보죠. 오륙십 년 후까지 긴 기간에 걸쳐 그들을 관찰하는데, 여기에서 주목할 점은 자기 행동에 대해 알고 있는지 여부와 상관없이 그들이 어릴 때 사용했던 일부 전략이 여전히 그대로 남아 있거나, 아니면 그들은 그 전략들을 개조하거나 재조직할 수 있었다는 것입니다.

나는 우리에게 진정 필요한 것은 자신에게 일어났을지 모르는 파괴적 일들을 스스로에게 숙지시키는 일이라고 생각하기 시작했습니다. 이는 그 일들에 화내거나 비난하기 위해서가 아니라 우리 신체가 적응하고 생존하기 위해 취하는 전략들로 이해하기 위해서입니다. 그렇게 하면 그 전략들이 정말로 좋은 것인지 평가할 수 있습니다.

이 모든 것은 우리 자신의 개인적 이야기라 부를 수 있는 것, 그리고 우리 행동을 변화시키는 데 그 이야기를 어떻게 사용할 것인가에도 적용됩니다. 연민이 더 어리고 애정이 더 깃들어 더 성공적인 사람이 되는 데 사용할지, 아니면 자신을 더 몰아붙이고 더 방어적이고 더 공격적이고 더 자기중심적인 사람이 되는 데 사용할지 말입니다. 어떤 점에서는 그것이 우리 선택이 되기도 하는데, 우리가 이를 알고 있을 때 스스로 더 안전하다고 느끼게 해줄 전략을 발달시킬 수 있습니다.

|부친스키박사| 그러나 반드시 단지 더 안전하다고 느끼기 위해 결정하는 것만은 아니겠죠.

|포지스박사| 당신의 관점은 몹시 중요합니다. 비록 그것이 회복 탄력성을 키우고 안전해지는 데 필요한 도구나 신경 회로를 개발하기 위해 노력하려는 자발적 선택일지라도 그 자발적 결정이 달라질 수 있는 것은 아니기 때문입니다.

우리가 스스로를 혹사하고 있다고 가정해봅시다. 우리는 연구비를 타내고 논문을 쓰느라 누구와 얘기할 시간도 없는 교수입니다. 다음 연구비를 타야 하는데 우리가 심장마비를 일으킵니다. 별로 놀라울 것도 없습니다.

그러고 나면 어떤 일이 일어납니다. 우리는 뇌와 신체를 연결하는 신경이 있음을 이해하기 시작합니다. 자율신경계가 어떻게 내장을 조절하는지에 관해 더 많이 알게 될수록 신체가 전하는 피드백에 귀 기울이지 않아서 우리가 비적응적 전략을 흔하게 실행시킨다는 것을 깨닫습니다.

이에 대해 생각한다면 이것이 우리 삶의 경험을 제한한다는 것도 실감하게 됩니다. 우리는 회복할 수 있을까요? 우리를 더 풍요롭고 사회적으로 살게 해주는 신경 회로를 구축할 수 있을까요? 이런 질문은 트라우마 치료나 트라우마 요법의 개념으로 이어지는데, 그 답부터 말하자면 그런 전략이 있다는 것입니다.

맥락을 배제한 신경생물학적 관점에서 바라보면 우리는 이렇게 말하기 시작합니다. "수초화된 미주신경과 연관된 이 새로운 사회 참여 체계가 호전적이고 방어적이며 분노하게 되는 나의 타고난 기질을 하향조절해주면 좋을 텐데요. 이런 방어 행동이 내가 셧다운을 일으키지 않도록 적응적으로 기능하고 있음은 이해합니다. 나는 과거에 셧다운한 이력이 있습니다."

어떤 의미에서 우리는 완전한 위계를 만들어냅니다. 나에게 셧다운 경험이 있다고 해봅시다. 어릴 때 감금되어 학대당했으며 그런 나의 적응 행동은 계속 움직이는 것입니다. 내가 계속 움직이는 한 셧다운하지 않을 수 있기 때문입니다. 그러나 그렇게 계속 움직인다면 나는 관계를 맺을 수 없습니다. 그 관계를 누릴 수도, 형성할 수도 없습니다. 그리고 나는 진심으로 관계를 원합니다.

우리는 이런 가동화 방어 체계를 멈추거나 하향조절하는 생물학적 작용이 있음을 이해할 수 있습니다. 그것이 사회 참여 체계의 본질이고 수초화된 미주신경의 본질입니다. 우리는 호흡과 같이 무척 간단하지만 대단히 심오한 훈련을 할 수 있습니다. 느리고 깊은 날숨은 미주신경이 교감신경계를 억제하도록 자극함으로써 우리를 진정시키므로 상이한 호흡 패턴을 배우는 것이 도움이 됩니다. 천천히 숨을 내쉬는 동안 발성을 한다는 것은 노래를 부르고 있다는 것입니다. 관악기를 연주하는 것은 어떨까요? 그것도 천천히 숨을 내쉬는 것에 달려 있습니다. 중단 없이 길게 얘기하는 것은 어떨까요? 우리가 천천히 숨을 내쉬는 동안 발성을 하고 있는 것입니다.

우리는 사회적 행동을 통해서, 그리고 음악 연주와 음악 청취를 통해서도 자신의 생리적 상태를 효율적으로 변화시킬 수 있습니다. 이런 행동들은 신경 피드백 회로들을 통해 심상에 대한 미주신경의 조절을 변화시키고, (중이 근육을 통한) 경청 능력과 (얼굴 표정과 목소리 운율을 통해) 긍정적인 느낌을 표현하는 능력을 향상함으로써 전체적인 사회 참여 체계에 영향을 미칩니다.

노래하기와 경청이 어떻게 우리를 진정시키는가

◑

| 부친스키 박사 | 노래를 부르는 동안 날숨을 느리게 내쉰다는 것은 이해했습니다만, 어떻게 경청이 느린 날숨을 통해 이루어진다는 것입니까?

| 포지스 박사 | 경청은 매우 특별합니다. 경청은 전체적인 사회 참여 체계를 촉진하는 관문이 되어줍니다.

당신의 개나 당신의 아이 혹은 친구에게 당신이 어떻게 얘기하는지를 기억해보세요. 당신이 운율이 담긴 억양의 목소리를 낸다면 이렇게 어조를 조절하는 음성적 특징들은 신경계 내에서 안전의 신경지를 촉발합니다.

생리적 상태를 변화시키는 관문은 호흡을 통할 수도 있지만 경청을 통할 수도 있습니다.

우리는 이전에 특정한 유형의 음악에 대해 논했는데, 이런 음악들은 안전감을 불러일으킵니다. 이전 웨비나에서 우리는 조니 매시스에 관해 얘기했죠(2장 참고). 최근에 나는 해리 닐슨Harry Nilsson에 관한 다큐멘터리 비디오를 시청했습니다. 그는 아름다운 테너 목소리를 가졌죠. 그가 가장 안전한 사람은 아니었지만, 그의 목소리는 진실로 아름답고 선율적이었으며 그가 작곡한 노래도 긴장을 이완시켜 휴식할 수 있게 해줬습니다. 그것은 우리 신경계가 그런 음조를 안전 신호로 감지하도록 진화했기 때문입니다.

우리가 안전 신호로서 발성의 중요성을 인식하면 사람들이 더 안전하다고 느끼게 해주는 맥락들을 만들어낼 수 있습니다. 이 안전감이 곧 치료입니다. 그것이 신경훈련이죠.

|부친스키박사| 방금 당신이 한 이야기는 매우 중요합니다. 안전하게 느끼는 것이 곧 치료라는. 정신 건강 분야에서 일하든, 중환자를 치료하는 의사이든, 당신의 직업이 무엇이든 간에 이 말이 당신의 사고를 조직화하는 한 가지 수단일 수 있겠습니다.

|포지스박사| 그것은 강력한 개념입니다. 어떤 강연에서 나는 신경계는 법적 혹은 문화적 기준과는 아주 다르게 안전을 해석하고 정의한다는 내용의 슬라이드를 포함했습니다. 예를 들어 어느 교사가 총을 휴대하는 것, 교장이 총을 차고서 돌아다니는 것은 법적 관점에서 학교를 안전하게 만드는 방법일 수 있겠지만, 그런 방법은 확실히 신경계가 경험하기 싫어하는 맥락을 만들어냅니다. 우리 몸은 안전의 특징과 위험의 특징을 감지하는데, 우리는 이를 이해할 필요가 있습니다.

또한 우리는 "중요한 것은 내가 무엇을 얘기하느냐이지 어떻게 얘기하느냐가 아니다"라고 말하는 문화에 살고 있음을 기억할 필요가 있습니다.

그러나 신경계는 우리한테 다르게 말합니다. "진짜로 중요한 것은 당신이 무엇을 얘기하느냐가 아니라 당신이 어떻게 얘기하느냐다"라고요.

| 부친스키 박사 | 음악에 대한 전체적인 아이디어를 다시 얘기해볼까요. 어떻게 의사가, 이 경우에는 정신 건강 전문의를 뜻할 텐데 트라우마를 경험한 사람을 치료하는 데 음악을 통합할 수 있을까요?

| 포지스 박사 | 청각 환경에 무엇을 포함할지에 관해 얘기하기 전에 청각 환경에서 무엇을 제거할지에 대해 먼저 생각할 필요가 있습니다.

저주파 소리는 위험과 생명의 위협을 감지하는 신경지에 중요한 신호입니다. 우리는 신경계가 위험과 생명의 위협에 대해 과도하게 경계하기를 원하지는 않습니다.

우선 우리의 치료실과 상담실이 조용하기를 바랍니다. 그곳에 엘리베이터나 환기장치나 차량들이 내는 저주파 소음이 없었으면 좋겠습니다. 이런 방들이 엘리베이터나 시끄러운 복도나 휴게실과 가까이에 있으면 안 되겠죠. 신경계는 이런 저주파 소리를 나쁜 일이 곧 생길 것처럼 눈앞에 임박한 악운으로 감지하므로 그 방들은 조용해야 합니다.

클래식 교향곡 작곡가들도 이를 잘 알고 있었습니다. 그들은 자장가(바이올린 소리, 어머니의 목소리)를 사용하여 교향곡의 첫 악장에서 청중을 이완시킵니다. 일단 선율의 도입으로 청중이 안전하게 느끼면 작곡가는 저주파음을 내는 악기들로 그 선율을 옮겨 가서 청중이 겨우 견딜 수 있을 정도까지 몰아붙입니다. 많은 작품의 첫 악장에서는 선율 속에서 긴장이 이완되고 마음이 편안해지는 안전한 경험을 하게 되는데, 그 선율은 관현악

단의 전체 음색 영역 사이에 공유됩니다. 그러나 2악장에서는 보통 사뭇 다른 경험을 합니다. 2악장은 악운이 눈앞에 들이닥쳤음을 알려주는 청각 신호들, 즉 단조로운 저주파 소리들이 그 특징입니다. 클래식 작곡가들은 신체 상태와 느낌을 자극하는 청각적 요소의 심오한 영향력을 이해했는데, 이를 우리의 생리적 상태에서 측정할 수 있습니다. 그들은 음악으로 그들 자신의 시나리오, 즉 그들 자신의 이야기를 만들었습니다.

임상가도 직관적으로 내담자에게 곧 불쾌한 일이 닥친다는 것을 암시하는 저주파 소리를 제거하는 데서 시작할 수 있습니다. 그러고 나서 성악곡을 특히 여성의 목소리로 듣게 하여 내담자가 긴장을 이완하고 편안해진 상태에서 사회 참여 체계를 자극하도록 도울 수 있습니다.

어떤 주파수범위의 청각 자극은 많은 위로가 되고 침착해지도록 해줍니다. 당신은 1960년대 음악이 생각납니까? 포크송으로, 역시 매우 운율적이었습니다. 최근에 사망한 피트 시거Pete Seeger는 사회 변화를 노래한 선구자였습니다. 그러나 의미 있고 심각한 노래들인데도 가볍고 유쾌한 음악에 담아서 사람들도 같이 부를 수 있었습니다. 사람들은 듣기 좋다고 느꼈는데, 중요한 내용을 사람들이 두려워하지 않도록 전달하는 것이 포크송 전통의 일부입니다.

음악은 임상 환경에서도 사용될 수 있습니다. 임상가에게 가장 중요한 것은 저주파 소리를 제거하고 운율이 담긴 목소리를 사용하는 것입니다. 내담자가 시선을 피하거나 외면하는 태도를 취하면 이미 몹시 겁먹은 상태이므로 서로 눈을 맞추도록 강요하지 마세요. 그들이 시선을 피한다는 것은 아마도 두려워하고 있다는 뜻입니다. 더 편안하게 느껴지면 자발적으로 당신 쪽으로 몸을 돌리겠지만, 사람들이 공포 상태에 있을 때는 직접적인 시선 주시를 편안하게 여기지 않습니다.

|부친스키박사| 당신이 임상가인데 빌딩의 환기장치나 교통 소음 같은 요소들을 조절할 수 없다면 무슨 방법을 추천하시겠습니까?

|포지스박사| 다른 사무실을 찾아보라고 권유하겠어요. 그게 나의 첫 번째 선택입니다.

|부친스키박사| 하지만 당신이 병원에서 일할 수도 있고…….

|포지스박사| 우리가 의료 서비스를 제공하는 장소의 물리적 특징에 관해 고찰하는 데 충분한 시간을 들인다고는 나는 생각하지 않습니다. 방 자체가 치료 결과에 중요한 영향을 미칩니다. 우리가 환자를 보는 공간인데 우리 신경계에도 청각 자극이 너무 심하고 명백하다면 의료 서비스를 제공하는 우리의 능력을 방해할 것입니다.

임상가들은 그런 소리를 없애려고 백색소음 발생기를 사용하기도 하는데 이런 방법은 그다지 성공적이지 못합니다. 단지 신경계가 처리해야 하는 배경 정보만 증가시킬 뿐입니다. 사람들은 조용한 환경에서는 침착해지기 시작하는 반면, 그런 환경에서는 과각성된 듯 보일 수 있습니다.

건축가들과 몇 번 토론한 적이 있고, 어떤 건축 모임에서는 부상병들을 위해 단지 미적인 면에만 초점을 맞추지 않고 치료적인 공간을 설계하는 것에 관해 발표한 적도 있습니다. 건축가들은 대개 외관에 관심이 있고, 의학적 환경일 경우에는 청결과 환자를 감시할 수 있는 기능에 관심을 둡니다. 당신이 병원을 설계한다면 환자들의 건강을 감시할 수 있기를, 그리고 그 공간의 청결을 보장받기를 원할 것입니다. 그러나 나는 그 공간의 감시 기능과 아름다움보다 그 공간이 얼마나 소리를 잘 흡수하여 몸으로 느낄 수 있도록 만들어주는지에 더 많은 관심이 있습니다.

그러므로 무엇을 할 수 있는가에 대한 당신의 지적에 관해 말하자면 이렇습니다. 사무실의 벽과 바닥은 대체로 단단한 표면으로 만들어져 있습니다. 이런 표면에 소리가 반사되어 작업환경이 소음으로 가득 차게 됩니다. 이런 표면에 벽걸이 태피스트리를 걸거나 바닥에 양탄자를 깔아서 소리를 흡수하면 그 방을 더 안전하고 편안하게 느끼도록 만들 수 있습니다. 이런 선택들은 임상가들에게 좋은 투자가 될 것입니다.

사회 참여 체계를 활성화하는 훈련

◗

| 부친스키 박사 |　전통적 치료로 분투하는 사람들을 위해 여쭙겠습니다. 직접 대면할 필요 없이 사회 참여 체계를 활성화하는 방법은 없을까요?

| 포지스 박사 |　네, 좋은 질문입니다. 나는 이에 관하여 수년간 숙고해왔고, 청각 자극을 사용해보자는 아이디어를 발전시킨 이유이기도 합니다. 나는 침입적 치료를 싫어합니다. 내 편견 때문일 것입니다. 나는 각개인을 매우 깊이 존중하고, 그가 자발적으로 참여하기를 바랍니다. 그들이 자발적으로 참여해준다면 그때가 내가 반응할 적기라고 여깁니다.

나는 호혜성과 호혜적 상호작용을 이론화하는 데 전념하고 있습니다. 나는 호혜적 상호작용을 신경훈련으로 개념화합니다. 어떤 사람이 사회적으로 참여하지 않는다면 당신은 운율적인 목소리를 사용하여 자발적인 참여 행동을 유도할 수 있습니다. 성악곡도 운율적인 목소리를 사용하는 것이 그 특징이며, 성악곡을 듣는 것이 많은 도움이 될 수 있습니다.

예를 들어보겠습니다. 임상가인 내 친구가 어느 콘퍼런스에서 내 소개를 맡았습니다. 수백 명이 그 콘퍼런스에 참석하겠다고 등록했습니다. 나는 항상 그녀가 활동적이라고 생각했으므로 대중 연설을 하는 데 심각한 불안증을 가지고 있다는 것은 눈치채지 못했습니다. 콘퍼런스 전날 밤에 열린 파티에서 그녀는 많은 청중 앞에서 나를 소개하려니 몹시 불안해진다고 나에게 말했습니다. 파티에서 마신 한두 잔의 술이 그녀로 하여금 그런 이야기를 할 수 있게 한다는 사실이 나로서는 흥미로웠습니다. 나는 그녀에게 걱정하지 말라고 했습니다. "내가 고쳐줄게요."

다음 날 아침, 9시가 되기 10분 전에 그녀가 나에게 말했죠. 강연은 9시에 시작될 예정이었습니다. "좋아요, 스티브, 이제 나를 고쳐줘요." 나는 그녀를 바라보며 그녀가 어떻게 얘기하고 있는지 관찰했습니다. 그녀는 매우 짧은 구절로 말하면서도 그 짧은 구절들 사이에서 가쁜 숨을 쉬었습니다. 이렇게 얘기하는 사람들은 그 구절의 정점에서 숨을 쉬는데, 이런 방식으로 말하면 불안해집니다. 긴 날숨이 진정시켜주는 반면, 짧은 날숨으로 호흡하면 불안해집니다.

나는 "당신이 준비한 내용의 구절들이 지속적으로 발음되는 시간을 연장해봐요. 숨을 쉬기 전에 그 구절들에 새로운 단어를 첨가하는 것이죠"라고 그녀에게 말했습니다. 처음에 그녀는 그러지 못했습니다. 다른 단어를 끼워 넣을 수 없었죠. 마침내 그녀는 다른 단어를 끼워 넣었고, 그러고 나서 또 다른 단어를 끼워 넣어 긴 구절을 발음한 후에 한 번의 숨을 쉴 수 있게 됐습니다. 그녀는 좀 더 붙임성 있게 얘기하기 시작했습니다. 그제서야 그녀는 청중과의 연결감이 느껴지는 목소리로 멋지고도 매혹적인 소개를 했습니다. 그녀에게는 대중 연설에 대한 공포가 있었던 것입니다. 이제 그녀는 사회불안을 가진 사람들을 치료하는 데 이 방법을 사용합니다.

일단 우리가 특수한 생리적 원리를 알기만 하면 내담자를 침착하게 만드는 방법들이 있습니다. 그렇게 침착하게 만들어주는 생리적 원리란 내담자가 말하는 동안 날숨의 지속 시간을 늘리도록 하는 것입니다. 신경생리학적으로 미주신경은 날숨을 쉬는 동안에 심장을 진정시키는 데 더 많은 영향을 미칩니다. 느린 날숨은 사회적 의사소통에 또 다른 영향도 미칩니다. 미주신경이 심장을 조절하는 데 더 많이 관여할수록 미주신경이 후두와 인두에 미치는 영향도 증가합니다. 목소리에 선율이 담기면서 다른 사람들에게 안전 신호를 전달합니다. 그녀는 900명 앞에서 운율적인 목소리로 차분하게 얘기할 수 있었습니다.

이 사례는 간단한 치료 전략을 제시합니다. 내담자가 사회적 의사소통을 하기 어려워할지라도 당신이 사회적 의사소통과 침착함을 지원하는 생리적 상태를 유발할 수 있다면, 그때 이 신경 플랫폼에서 다양한 사회적 행동이 자발적으로 나타나게 됩니다. 이는 사회적 행동을 훈련하거나 조절하려고 노력하지 않아도 일어납니다. 전통적인 임상 전략과 다른 점입니다.

| 부친스키 박사 | 그녀가 사회불안이 있는 환자들과 무엇을 하는지 얼마나

정확하게 아시나요? 그녀는 그 방법을 어떻게 변형해 적용했습니까?

|포지스박사|　　그녀는 기본적으로 얘기하는 동안의 호흡 지속 시간을 늘리라고 내담자들에게 가르쳐줍니다. 그들은 더 이상 불안하지 않은 생리적 상태에서도 자신을 불안하게 했던 행동을 하고 있으니까요. 다시 말하자면, 당신이 각 구절의 단어 수를 늘려서 호흡 사이의 시간을 늘린다면 당신의 생리적 상태는 진정되고, 불안을 야기했던 사건인 대중 연설에도 더 이상 불안하지 않습니다. 대중 앞에서의 연설이 이제 침착한 생리적 상태에서 일어나고 있는 것입니다. 이 과정 동안 사회 참여의 또 다른 요소에도 변화가 생깁니다. 목소리가 바뀝니다. 목소리는 더 이상 새되게 날카롭지 않고 선율이 풍부해집니다. 목소리가 사람에게 즐겁게 다가갑니다.

|부친스키박사|　　이런 방법은 크게 소리 내어 행하는 것입니다. 소리 내지 않는 방법은 없을까요?

|포지스박사|　　나는 젊은 시절에 한때 클라리넷을 연주했는데, 그랬기 때문에 당신이 실제로 어떤 행동을 하지 않고도 시각화를 통해 많은 일을 할 수 있다고 말할 수 있습니다. 실제로 나는 악기를 연주하지 않고도 악기를 연습하거나 리허설을 할 수 있었습니다. 연주회에서 독주해야 하면 나는 시각화하여 머릿속으로 음악을 연주하곤 했습니다. 시각화하고 나서 실제 행동과 병합할 수 있는 것이 많습니다.

| 부친스키박사 | 사회불안 상태를 감안하면 사람들이 겁에 질릴 때 그들의 뇌는 얼어붙고, 무슨 말을 해야 할지 생각할 수 없고, 무슨 말을 하고 싶었는지가 떠오르지 않으므로 자신이 할 이야기의 구절들도 확장할 수 없는 것이 아닌가 의아해집니다.

그들이 숫자를 셀 수 있을까요? "다음 숨을 쉬기 전에 가능한 한 숫자를 많이 세십시오"라고 말할 수 있을까요?

| 포지스박사 | 그 예를 들면서 당신은 헐떡였습니다. 당신은 자신이 묘사하려고 시도했던 것과 유사한 생리적 상태로 실제로 전환된 것입니다.

당신이 그런 종류의 정신화를 좇으면 사람들은 자신이 원하는 바와 양립하지 못하거나 역효과를 내는 생리적 상태를 계속 지지할지 모릅니다. 당신이 내담자들로 하여금 천천히 숨을 내쉬면서 말 그대로 날숨을 쉬는 동안의 시간을 세도록 한다면 그때 그들은 더 사회적으로 참여하게 될 것입니다. 숨을 가쁘게 쉬는 것은 뇌를 얼어붙게 만드는 것입니다. 생리적 상태도 바뀔 것이고요.

그 모델은 간단합니다. 당신이 미주신경 조절 체계를 멈추고 교감신경계의 가동화를 허락할 때 어려워지는데, 그것이 사회 참여가 아니라 도전/도피를 당신에게 준비시키기 때문입니다.

다른 예를 들어보죠. 나는 어느 콘퍼런스에서 연민compassion에 관해 강연해야 했습니다. 수백 명 앞에 서 있었는데 그들이 불을 꺼버렸습니다. 나는 얘기하기 시작했지만, 사람들의 얼굴을 보지 않고 얘기하는 것은 심연에 빠져드는 것과 같습니다. 나는 아무런 피드백도 받지 못했습니다. 나는 단절됐다고 느꼈는데, 연민에 관한 콘퍼런스였으므로 그것은 일종의 모순이었습니다. 나는 불을 다시 켜달라고 요구했습니다. "사람들의 얼굴을 보지 못하면 나는 내 강연에서 아무것도 얻을 수 없습니다."

우리가 정말로 얘기하려는 것은 바로 이것입니다. 사람들이 두려울 때는 상호작용을 해도 그 상호작용에서 아무것도 돌려받지 못합니다. 돌려받을 것이 무척 많은데도 말이죠.

트라우마를 입은 사람, 그리고 다른 사람과의 상호작용으로 자신의 생리적 상태를 조절하는 데 어려움을 겪는 사람에게 일어나는 일과 이 모든 것을 연결해볼 수 있지 않을까 추측합니다. 불안한 사람들은 다른사람과의 상호작용을 통해 자신이 더 나은 사람이라고 느끼지 못합니다. 이것은 인지적인 것이 아닙니다. 그들이 사용하는 전략, 그들이 얘기하는 방식, 그들이 숨 쉬는 방법이 도전/도피 행동을 지원하고, 사회 참여 체계를 동원하는 호혜적 상호작용에서 이익을 얻지 못하고 있으므로 불안한 사람들은 자신에 대하여 더 긍정적으로 느끼지 못하는 것입니다.

트라우마 치료의 미래

|부친스키 박사| 당신이 보기에 트라우마 치료 영역은 어디로 향하고 있습니까? 당신에게는 어떤 계획이 있나요? 혹은 어떤 부분이 가장 흥미로워질 것이라고 예상하나요? 지금부터 5년 후 우리는 어디에 있을까요?

|포지스 박사| 분명히 더 신체 지향적으로 나아갈 것입니다. 그 점은 당

신과 상호작용하는 모든 임상가에게서 당신도 보게 될 것입니다. 나는 임상가가 아니므로 매우 흥미로운 교차로에 앉아 있는 셈입니다. 임상가가 아니라, 임상가가 무슨 일을 하는지 설명하려고 시도하는 과학자라는 것이 나에게 트라우마 치료의 다양한 모델에 참가할 수 있는 기회를 줬습니다. 여기에는 피터 러빈Peter Levine이 개발한 신체 경험Somatic Experiencing, 팻 오그던Pat Ogden이 개발한 감각운동 심리치료Sensorimoter Psychotherapy, 베셀 반 데어 콜크Bessel van der Kolk의 작업도 포함됩니다. 이처럼 통찰력 있는 임상가들은 다미주 이론이 자기 작업을 설명해주고 신경생물학적 의미를 제공하는 데 유용하다는 것을 발견했습니다.

다미주 이론은 신체와 뇌 사이, 그리고 신체와 심리적 과정 사이에 신경생물학적 연결 고리를 제공합니다. 우리는 트라우마를 적응적 반응 중 하나라고 이해하는 쪽으로 움직이고 있습니다. 그 반응의 양상이 글자 그대로 고착되어 부적절한 상황에서 나타날지라도 최초의 반응에서만큼은 적응적이었을 것입니다. 모든 치료 모델은 셧다운의 역치를 변화시켜 내담자가 좀 더 사회적으로 참여하도록 도와주는 것 같습니다. 성공적인 치료는 생리적 상태를 바꾸는 데 중점을 두는 듯합니다.

이 모든 것의 뿌리에는 타인과의 관계가 어떻게 생리적 상태를 상호 조절할 수 있게 해주는지에 대한 이해가 있습니다. 그리고 이것은 다미주 이론이 향하는 곳이기도 합니다. 내 의제는 인간의 생물학적 과제로서 상호 조절을 통한 안전이라는 개념에 집중되어 있습니다. 우리는 다른 적절한 포유류와 상호작용을 하지 않고는 잘 생존할 수 없습니다. 트라우마 치료는 개나 말이나 다른 포유류와 같이 치료하는 쪽으로 옮겨 갈지도 모릅니다. 그러나 쟁점은 어떻게 신경계가 자발적으로 타인에게 참여하도록 하는

가 하는 것입니다. 우리는 건강하려면 타인과의 관계가 필요합니다.

미래에는 트라우마에 약물을 사용하는 것은 많이 제한될 것입니다. 아마도 약물은 트라우마에 대한 급성 반응 위주로 사용될 것입니다. 의학 계통의 직업은 심하게 약리학적으로 치우쳐 있으므로 약물에 의존하는 경향이 바뀌기는 어려울 것입니다. 정신과 의사는 기본적으로 응용정신 약리학자로 훈련되는데, 약물이 신경 피드백 루프에 영향을 주고 그에 따라 여러 신체 기관에도 영향을 미친다는 개념도 없이 그 약물이 자기가 치료하는 특정 장애를 표적으로 삼을 수 있다고 믿습니다.

미래에는 장기적으로 치료할 때 약물에서 멀어져야 할 것입니다. 약물이 급성 혹은 응급 치료에는 유용하겠지만 말입니다. 신경 피드백 루프에 대해 더 많은 관심과 이해가 있어야 합니다. 이 피드백 루프에는 신체와 뇌를 조절하는 데 신체와 뇌뿐만이 아니라 사람과 사람도 포함됩니다.

| 부친스키박사 | 트라우마 치료에 관해 생각할 때 신뢰도 떠올립니다. 다미주 이론의 많은 부분은 사람들이 더 안전하다고 느끼도록 돕는 것과 연결되어 있습니다. 결혼과 가족 치료사 혹은 커플 치료사도 당신의 이론을 많이 이용하는지 궁금합니다.

| 포지스박사 | 흥미로운 질문이군요. 최근에 나는 에릭슨재단커플협의회Erickson Foundation Couples Conference에서 연설했습니다. 나는 이 요청을 받고 놀랐습니다. 다음 주에는 미국그룹정신치료협회American Group Psychotherapy Association의 총회에서 기조연설을 할 것입니다. 이 모든 것이 내게는 새로운 현장입니다.

| 부친스키박사 | 어떻게 커플 중 한쪽은 어떤 식으로든 심하게 상처를 입어서 스트레스가 극심한 상황에서 철수하는 것으로 반응하고, 다른 쪽은 불안을 느끼고 그 불안이 증폭되는지에 대해 생각하고 있습니다. 우리가 흔히 보는 고전적 경우이죠.

어떻게 첫 번째 사람을 하향조절할 수 있는 방식으로 두 번째 사람이 행동하도록 가르칠 수 있을까요?

| 포지스박사 | 이것은 매우 어려운 문제입니다. 내가 남편이고, 아빠이며, 조언자이기 때문에 그렇게 말하는 것입니다. 어떤 계기로 촉발되거나 어떤 단서로 암시된 상태에서 자기 행동을 조절하는 것은 엄청나게 어렵습니다. 당신이 참여자일 때 관찰자가 되기란 힘들죠. 이 점이 커플의 상호작용을 매우 어렵게 만듭니다. 스탠리 탯킨Stanley Tatkin 같은 동료는 커플을 치료하는 동안 비디오를 찍고 그들의 생리적 상태를 관찰하는 데 관심이 아주 많습니다. 커플이 자기 행동을 관찰하면서 자신의 자율신경반응을 이해하는 것이 자기 반응성, 그리고 자기 신경지의 편향성이 어떻게 바뀌는지도 이해하도록 도와줄 것이라고 그는 믿습니다.

생리적 상태를 모니터링하면 개인 안에서 역동적으로 변화하는 생리적 상태를 볼 수 있게 될지도 모릅니다. 현재 우리는 생리적 상태가 예측에서 벗어났을 때 일어나는 일을 전혀 존중하지 않는 인지행동적 세계관에 갇혀 있습니다.

커플을 치료하는 동안 생리적 상태를 관찰한다면 커플 중 한쪽이 어떤 지적에 촉발되어 심장박동 수와 혈압이 급속히 상승하고 그녀의 몸부터 격렬하게 반응하려는 상황을 보게 될지 모릅니다. 파트너는 "진정해.

앉으라고. 걱정하지 마"라고 말하고 싶은 유혹을 느끼겠죠. 그러나 그녀의 생리적 상태를 고려한다면 아마도 그녀는 침착해지라는 제안을 이성적으로 처리하지 못할 것입니다. 그녀의 신경지가 모든 제안에 대해 자기 마음을 상하게 하고 공격적인 것이라고 여기도록 왜곡되어 있을지 모르기 때문입니다.

가동화되어 흥분한 사람에게 진정하라고 제안하는 것은 생리적 상태가 행동에 부과한 한계를 존중하지 않는 것입니다. 우리는 우리의 생리적 상태가 우리 자신의 행동과 파트너의 행동에 어떤 영향을 주는지를 이해하지 못한 채 이런 일이 전개되는 것을 보게 됩니다.

| 부친스키박사 |　대단히 흥미롭군요. 당신이 방금 말한 내용도, 사회불안과 그 치료에 관한 내용도 너무나 중요합니다.

6. 다미주 이론을 통한 미래의 트라우마 치료

—스티븐 W. 포지스와 로렌 컬프

The Future of Trauma Therapy:
A Polyvagal Perspective

| 로렌 컬프 |　　　앞으로 5년 동안 트라우마 치료 영역에 어떤 변화가 있을까요?

| 포지스 박사 |　　　트라우마는 전통적인 치료 모델에 문제를 제기했습니다. 전통적인 치료 모델에서는 대부분의 정신과 질환이 스트레스 증가를 중재하는 기전, 도전/도피 행동, 교감신경 활성화와 연결되어 있는 공통의 신경생물학적 기저를 가지고 있다고 추정했습니다. 이 모든 구조는 비정형적 행동 조절을 낳는 과각성 상태와 연관되어 있습니다. 그러나 임상가들은 트라우마 생존자를 평가한 후에 트라우마의 신경생물학적 발현이 항상 도전/도피 반응으로 분류하는 높은 가동화 방어의 연장선에 있는 것이 아니라, 종종 부동화의 연장선에서 발현되기도 한다는 것을 깨달았습니다. 이런 내담자들은 가동화 행동을 증가시키는 과각성이 아니라 전반적인 행동 셧다운과 같은 것도 경험하는데, 이 셧다운에는 주관적인 절망의 경험, 그리고 사라지고 싶은 욕구를 반영할지 모르는 해리 양상까

지 연결되어 있습니다.

　이런 행동적·심리적 증상들은 방어와 스트레스의 전통적 모델 안에서 잘 설명되지 않고, 불안과 우울의 임상적 진단에도 잘 맞지 않습니다. 트라우마 생존자들이 현재의 진단적·이론적 관점에 잘 맞지 않는다는 점은 다미주 이론을 발전시킨 개념들이 생겨날 기회를 만들어줬습니다. 우리가 트라우마에 대한 행동생물학적 반응을 이해하는 데 기여한 새로운 이론, 즉 다미주 이론을 발전시키면서 나는 생명을 위협받는 극단적 상황에서 포유류가 사용하는 또 다른 기본적 방어 체계인 셧다운과 부동화에 대해 설명하려고 노력해왔습니다. 움직이지 않음으로써 포유류는 포식자에게 포착되지 않을 수 있으며, 이 전략의 부산물로서 기절 반응이 일어날 정도로 심장박동 수가 떨어지고 의식을 잃게 되는데, 인간에게서는 해리가 일어날 수 있습니다. 이 방어 체계는 여러 다른 포유류에게 안전한 결과를 가져다줬을 가능성이 있습니다.

　나는 이런 방어 전략이 트라우마 반응이라고 생각하지 않았습니다. 포유류가 파충류와 공유하는 더욱 원초적인 적응 반응으로의 회귀, 그리고 파충류가 사용하는 일차적 방어 체계라고 생각했습니다. 그러나 내가 이 모델과 이론에 대해 얘기하기 시작하자 트라우마 집단은 다미주 이론 중에서 부동화 방어 요소에 많은 관심을 보였습니다. 이 이론을 직관적으로 이해하고 임상적 적용 가능성을 알아챈 전문가 그룹을 하나만 꼽으라면 그것은 바로 트라우마를 치료하는 임상가들입니다. 트라우마 집단을 위해 다미주 이론에서는 트라우마 생존자들이 보이는 증상을 어떻게 이해하면 되는지 그 토대를 만들었습니다.

　나는 임상가 및 가혹한 외상에서 살아남은 트라우마 생존자들과 흥미로운 토론을 했습니다. 이 토론이 내 연구에 영향을 미쳤습니다. 나는 심각한 트라우마 생존자들이 전통적인 임상 이론으로는 설명할 수 없는 상태를 경험한다는 것을 알게 됐습니다. 많은 트라우마 생존자는 스스로를 자기 치료에 이용된 희생자라고 느꼈습니다! 그들이 경험하는 증상이 그들 자신에게도 잘 이해되지 않는다는 것을 나는 배웠습니다. 또한 임상적 설명들은 그들이 치료되는 과정에 있다고 안심시키는 데 거의 효과가 없다는 것을 배웠습니다. 많은 사람이 자기는 미쳤다고 느끼거나, 자신의 느낌과 트라우마로 인한 심리적 결과물을 이해하지 못했습니다. 임상가들과 심각한 트라우마로 고통받는 사람들에게 배운 바에 기초하여, 나는 내 강연과 워크숍에 새로운 이야기를 집어넣었습니다. 자기 몸이 생명의 위협과 같이 극단적으로 위험한 상황에서 성공적으로 조절하고 헤쳐 나아간 것을 트라우마 생존자들이 축하하도록 말입니다. 근본적으로는 신경계의 불수의적 반응에 대한 존중심을 그들의 개인적 이야기에 불어넣고 싶었습니다. 트라우마 생존자들이 살아남을 수 있도록 신경계가 그런 생리적 상태를 만들어줬으니까요.

생명의 위협에 대한 그들의 반응은 그들을 살아남을 수 있게 했지만 문제도 일으켰습니다. 그들을 살린 상태에서 쉽게 빠져나올 수 없다는 것이 바로 문제가 됩니다. 일단 셧다운 상태에서 그들은 회복 탄력성이라 불리는 유연한 행동 상태로 회복하기 어려웠습니다. 이런 한계는 생존자들이 사회적 상호작용이 필요한 상황에 맞닥뜨릴 때 분명하게 나타납니다. 이런 상황에서 생존자는 트라우마 이전에는 편안하게 사회적 상호작용을 했던 것과 굉장히 다르게 아예 불가능하다는 것을 경험합니다. 우리를 구한 그 상태가 바로 사회적인 관계를 맺고 기분 좋게 느끼는 우리의 능력을 제한하는 상태라는 것을 이해해도, 우리는 여전히 우리 몸이 성공적으로 해낸 일들을 축하할 수 있습니다.

임상가들과 대화하면서 나는 주로 이렇게 물어봅니다. "내담자들에게 더 사회적이어야 한다고, 상호작용을 더 해야 한다고 말하지 말고, '잠시 시간을 가지고 당신 몸이 한 일을 축하해볼까요'라고 하면 어떻게 될까요?" 이 이야기를 나눈 후, 임상가들로부터 트라우마에 대한 반응을 쉽게 설명해주는 것 자체가 내담자들의 회복에 얼마나 영향을 주었는지에 대해 메일을 받기 시작했습니다. 내담자들이 그것을 이해하지 못했을 때는 자기 몸이 무엇을 하는지 두려워했는데 일단 그 공포가 사라지자 그들 중 일부는 실제로 회복했고, 적어도 증상이 호전됐다는 것입니다. 좀 더 간단히 말하자면, 트라우마 세계가 모든 적응적 방어 행동을 도전/도피인 것처럼 범주화하려는 것에서 멀어져, 상처와 고통에서 우리를 보호하는 데 매우 성공적인 원시 방어 체계를 존중하는 방향으로 움직이는 것을 나는 봤습니다. 우리가 셧다운 적응기제를 존중하자 치료에 관한 중요한 질문도 다뤄야 했습니다. '어떻게 누군가를 방어 상태에서 벗어나 사람들과 상호작용하며 좀 더 안전하게 느낄 수 있는 상태로 나아가게 할 수 있을까?' 말입니다.

| 로렌 컬프 |　　가까운 가족 중 한 명이 집에서 자고 있을 때 강도가 침입한 사건을 경험하고 나서 지금 외상 후 스트레스 장애를 겪고 있습니다. 전문가와 함께 그 경험에 대해 인지적으로 이해하는 것에 더하여, 저는 마사지 치료사로서의 경험을 활용하여 그를 안정시키는 방법으로 접촉을 이용합니다. 치료적 접촉에 대해 어떻게 생각하세요?

| 포지스 박사 |　　일반적으로 사람들은 트라우마를 경험하면 다른 사람들도, 신체적인 접촉도 쉽게 받아들이지 못하게 됩니다. 당신은 임상가로서 내담자가 취약한 데 매우 민감해야 하고, 내담자에게 관여할 적당한 기회를 찾아야 합니다. 당신의 관여에 대한 내담자의 반응에도 매우 민감해야겠죠. 치료자들은 치료 회기 동안 내담자들의 회복 탄력성이 떨어지기 시작하는 시점의 단서를 민감하게 알아차려야 합니다. 이때 치료자는 내담자를 밀어붙이기보다는 뒤로 물러날 필요가 있는데, 몇몇 치료 모델에서는 내담자를 몰아붙이는 방법이 사용됐습니다.

| 로렌 컬프 |　　트라우마를 겪은 환자가 보내는 단서들과 바로 현재에 머무는 것, 그리고 개인의 특별한 경험을 존중하는 것이 중요하다는 말씀이죠? 저도 임상가로서 그들이 자기 경험을 스스로 재조직하도록 해주는 자신만의 도구를 찾을 수 있도록 강점 기반의 영역들을 찾으려고 시도합니다.

| 포지스 박사 |　　트라우마에서는 사건이 중요하지 않습니다. 사건에 대한 반응이 중요합니다. 나에게도 상기시키기 위해 다음과 같은 문장을 사용합니다. "모든 사람의 지옥은 그들 자신에게 있다." 나에게 이것은 트라우마 사건에 대한 나의 판단은 내담자에게 부적절하다는 것을 의미합니다. 내담자의 반응이 결과의 궤적을 결정하는 것입니다. 따라서 우리가 비교적 양호하다고 생각하는 상황에 대해 또 다른 사람의 신경계는 사느냐, 죽느냐의 상황인 것처럼 반응할 수 있습니다. 물론 강도를 당한 당신에게 사람들은 이렇게 말할지 모릅니다. "그래도 당신은 살아 있고 다치

지 않았는데 무슨 걱정을 하는 겁니까?" 그렇게 말하는 사람들은 범죄에 대한 피해자의 신체적 반응에 둔감합니다. 중요한 점은 우리 신경계가 자발적 행동에 근거하여 우리가 원하는 대로 하기도 하고, 우리를 구하려고 시도하는 중에 기능적으로 우리 의도를 배신하기도 한다는 사실을 존중해야 한다는 것입니다.

내게도 이처럼 몸이 배신한 경험이 있습니다. 몇 년 전, 나는 심장을 체크하기 위해 카테터를 삽입하고 있었습니다. 그 주입 카테터가 내 팔에서 빠져나오기 시작했으므로 나는 이를 시술자에게 알렸고, 그는 그것이 잘 삽입됐는지 확인하기 위해 여기저기로 움직였습니다. 그런데 그가 카테터를 움직이면서 혈압 조절과 연관된 구심성 경로를 자극하는 바람에 나는 기절하고 말았습니다. 그의 해석은 내가 무서워했다는 것입니다. 이것은 절대로 두려움과는 상관이 없었습니다. 카테터가 특정 감각수용체를 자극한 사실과 관련이 있었죠. 의학계에서는 행동의 결과들을 트라우마 생존자의 증상과 유사하게 심리적인 반응으로 해석합니다. 기절 같은 행동이 생리적 반응이든 아니든 말입니다.

그러나 우리 뇌와 의식에 영향을 주는 것이 모두 상향식 모델을 통한다고는 생각하지 않는 것이 중요합니다. 어떤 트라우마를 겪거나 정상적인 발달 경로가 무너지더라도 우리는 또한 인지적 기능을 통해 재구성하여 스스로 기능하도록 도와주는 하향식 회로에도 접근할 수 있습니다.

인간이라는 종으로서 우리가 커다란 뇌를 가지고 있다는 것은 행운입니다. 뇌를 써서 정보를 저장하고, 글자 그대로 우리 자신의 부모이자 교사이자 치료자가 될 수 있으니 말입니다. 우리는 새로운 정보를 받아들이면서 우리의 행동과 생각을 수정합니다. 이런 행동과 인지의 유연성 덕분에 우리는 어릴 적 트라우마에 사로잡혀 있거나, 초기의 혼란과 트라우마가 실패로 이어진다는 결정론적 입장을 취하기보다는, 더욱 회복 탄력적이고 유연하고 적응적일 수 있습니다. 좋은 뇌, 즉 커다란 뇌를 가지고 있기 때문에 우리는 지금 하향식 기전에 대해 얘기할 수 있습니다. 이것은 나의 이전 논점, 즉 뇌의 작용과 결정이 몸의 상태 변화에 예속될 수 있다는 상향식 기전과 상반합니다.

뇌는 신체가 어떻게 느끼는지 재조직할 수 있습니다. 우리는 새롭게 해석하고 다른 방식으로 바라볼 수 있습니다. 우리는 자기 기대를 저버린 사람들에 대한 실망과 분노를 단지 '그들이 매우 힘든 환경에서 스스로 적응하려고 노력했을 뿐'이라는 존중 어린 이해로 전환할 수 있습니다. 많은 사람이 과거를 떠나보내지 못한 채 현재의 많은 문제를 잘못 양육된 생애 초기의 경험 탓으로 돌리곤 합니다. 그들은 자기 부모도 잘못된 양육과 트라우마를 경험한 아이였다는 것을 잊습니다. 부모를 비난하는 사람들은 그들 자신도 부모라는 것을 종종 잊습니다. 그들은 지금 위태로워진 자신의 양육 안에서 세대로 전수되는 병리를 만들어내고 있습니다. 우리는 뇌가 크므로 과거에 상처로 다가왔던 일들이 순수하게 적응적인 행동들로 인해 야기됐을 수 있다는 것을 이해할 수 있습니다.

우리는 사회적 상호작용이 중단되는 데 매우 예민합니다. 예를 들어 누구와 대화하다가 그 사람이 아무 말 없이 갑자기 가버리면 강한 본능적 반응이 일어납니다. 이런 일이 일어나면 우리 몸은 뭔가 잘못됐다고 말하기 위해 울부짖습니다. 이는 우리가 견딜 수 없는 상황이자, 사회적 상호작용에 대한 기대를 위반한 것입니다.

나는 "와, 이건 정말 이상한데? 내가 왜 이렇게 화가 나야 해?"라고 말하는 것을 들어본 적이 없습니다. 지식수준이 높은 과학자나 임상가라도 이런 유형의 행동을 설명할 때 생리적 상태 변화 때문에 자폐와 비슷한 행동으로 표현됐을지 모른다고 여기지 않습니다. 대신에 그들은 그냥 가버린 그 사람이 무신경하게 행동한 동기에 대해 추론합니다. 예를 들어 그 사람이 우리를 좋아하지 않아서, 우리 가치를 인정하지 않아서, 우리가 별로 중요하지 않아서……라고 생각할 수 있습니다. 우리는 그 행동의 동기에 대해 그럴듯한 이야기를 만들어내기 시작합니다. 한 발짝 물러나서, 그 사람이 아주 복잡한 사회 환경에 적응하기 위해 애쓰고 있지만 사회적 행동을 지원해주는 신경 자원은 지니지 못했다고 말하지는 않습니다.

나는 이것을 매우 중요한 쟁점이라고 생각합니다. 즉 우리는 상향식 전략과 하향식 전략을 모두 가지고 있다는 것입니다. 우리에게는 신체가 뇌를 지배하에 두고, 세상을 지각하는 데 영향을 미치는 스트레스와 위험에 적응하는 것과 관련해 그 느낌들을 전달하는 상향식 전략이 있습니다. 그러나 우리는 자신을 안전한 환경에 두기 위해 이용할 수 있는 하향식 전략도 지녔는데, 우리를 아프게 해왔던 것을 해체해 분석하고 이해하는 데 이런 지식을 사용하기 시작할 수 있습니다.

|로렌 컬프| 저는 임상 현장에서 ADD부터 아스퍼거 증후군까지 스펙트럼 환자들을 치료해왔는데, 그 새로운 통찰과 함께 그들은 최근 자신의 경험과 이해에 변화를 만들어냈습니다.

|포지스 박사| 그렇습니다. 우리 자신의 과거를 얘기하는 데 더 이상 어린아이일 필요가 없습니다. 우리는 어른입니다. 이것은 매우 흥미롭고 보

람된 접근법입니다. 이것은 세계대전이나 대공황, 그리고 오늘날의 문화에서는 생각조차 할 수 없는 일을 많이 경험한 부모가 있는 우리 세대의 사람들에게 중요합니다. 우리는 이렇게 말합니다. "그러게요, 이 사람들은 그 와중에 살아남았군요." 물론 안전감과 안도감은 그들의 생존과 더불어 전달되지 않았다는 것도 잘 이해해야 합니다.

| 로렌 컬프 |　　　　학교와 자폐 영역에서 당신이 무슨 일을 하고 있는지 궁금합니다.

| 포지스박사 |　　　　나는 시카고에 있는 이스터실재단Easter Seals Foundation이 자폐 아동을 위해 운영하는 학교 건물을 설계하는 데 참여했습니다. 자폐 학교는 어떤 특징들이 있어야 합니다. 한 가지 중요한 특징은 교실이 조용해야 한다는 것입니다. 배경 소음을 줄이고, 너무 눈부시지 않은 조명을 은은하게 많이 달았습니다. 창문은 지면에서 153센티미터가량 떨어진 위치에 냈고, 시각적으로 주의를 산만하게 자극하는 것은 만들지 않았습니다. 방에는 눈부심을 제거한 간접등을 설치했습니다. 그 방은 방음 천장이고 바닥에는 카펫이 깔려 있어 감음 효과가 뛰어났습니다. 자폐 아동은 대개 과민하고 소리와 빛에 반응하는 역치가 낮기 때문에 이렇게 할 필요가 있습니다. 그들의 동공반사가 둔화되어 불빛이 밝아져도 그들의 눈은 빠르게 수축하지 않고 더욱 확장될 수 있습니다. 기본적으로 자폐 아동은 만성적으로 생리적 가동화 상태에 있습니다. 이 상태에서는 동공이 더 확장될 것이고 중이 근육도 제대로 작동하지 않을 것입니다. 동공이 확장되면 빛에 과민해집니다. 중이 근육이 제대로 작동하지 않으면 소

리에 과민해집니다. 빛과 소리에 예민한 생리적 상태를 이해하고 설계에도 구체적으로 반영했습니다.

다음으로 우리는 학교 문화를 바꾸려고 노력했습니다. 이것은 정말로 흥미로운 주제입니다. 대부분의 학교 시스템에서 자폐는 특수교육 전문가가 다룹니다. 언어 치료, 작업치료, 신체 치료 등 다른 보조 교과가 있지만, 근본적으로 특수교육 교사가 자폐나 다른 발달 장애를 가진 아이들에게 교육 서비스를 제공합니다. 그러나 일반적으로 특수교육 전략은 자폐 아동을 위해 설계되지 않았습니다. 그 전략들은 학습 지연을 겪는 개인에 맞추어 설계되는데, 그들은 과민성이나 상태 조절 문제를 보이지 않습니다. 행동적으로 반응하는 사람들에게 특수교육 모델을 적용하는 것은 큰 문제를 만들어냅니다. 특수교육 모델에서는 행동이 자발적이라고 가정하여 어떤 생리적 상태를 기반으로 자동적으로 나타나는 특성이라고는 생각하지 않기 때문입니다.

나는 자폐 아동의 정서적·행동적·인지적 능력을 향상하도록 교육기관에 새로운 방법을 소개하고 싶습니다. 이 방법은 행동을 조절하는 특수교육 전략이나 전통적인 학습 교육법과는 다릅니다. 나는 생물행동학적 상태 조절을 향상해주는 신경훈련을 제안합니다. 첫 번째로 경청 프로젝트 프로토콜(2~3장 참고)을 적용하고 싶은데, 우리는 이미 실험실에서 이를 성공적으로 시행했습니다. 경청 프로젝트 프로토콜은 컴퓨터로 변환한 음악을 사용하여 청각 과민성을 줄이고 행동과 생리적 상태를 안정시키는 기능을 합니다(Porges 등, 2013, 2014). 이 치료적 개입은 사회 참여 행동이 자발적으로 생겨날 수 있는 생리적 상태에 머물도록 도와줍니다. 두 번째, 심장박동 조절을 개선하고 호흡을 안정시키는 전략인 바이오피드백 기법을 활용하기를 원합니다. 심장박동 조절을 향상함으로써 아이들은 분노발작이나 반항적 행동과 같이 학습 방해 행동들에서 보이는 생리적 상태의 기복을 하향조절하고 평온해질 수 있습니다. 두 방법의 성공은, 이 방법들로 아이가 더 침착하며 덜 반응적이고 덜 방어적으로 되면 교육 환경의 역동도 바뀔 것이고, 학습과 사회적 행동도 더 가능해질 것이라는 가정에 기초합니다.

청각 과민성은 자폐 치료에 중요한 문제입니다. 자폐 아동의 거의 60퍼센트가 청각 과민성을 보입니다. 이 수치는 저평가됐을 수 있는데, 부모들은 아이가 손가락으로 귀를 막지 않으면 청각 과민성을 가지고 있지 않다고 생각하기 때문입니다. 언젠가 어느 아빠에게 자폐를 가진 자녀한테 청각 과민성이 있는지 물었습니다. 그는 아들이 예전에는 그러곤 했지만 지금은 별 문제가 없다고 대답했습니다. 나는 궁금해서 어떻게 그 문제를 해결했는지 다시 물었습니다. 그는 아들에게 손가락으로 귀를 막지 말라고 가르쳤다고 말했습니다. 그 아빠는 훈련을 통해 기능적으로 귀 막는 행동을 없앴는데, 사실 그 행동은 청각 자극으로 인한 고통과 그에 대한 적응적 반응을 볼 수 있는 창이었습니다. 그 행동 없이는 더 이상 아이가 어떤 고통을 겪고 어떤 불편함을 느끼는지 알 수 없습니다.

청각 과민성이 있는 아이는 손가락으로 귀를 막는 것으로 큰소리에 적응적으로 반응했지만, 그 행동이 부모나 교사에게는 어려움을 초래했습니다. 부모와 교사는 아이가 귀를 막는 행동이 이야기를 듣지 않으려는 신호라고 느꼈습니다. 그 소리가 그들을 압도하지는 못했으므로 아이를 압도했을 수 있다는 것을 고려하지 않았습니다. 다시 말하면 이것은 다른 사람의 생리적 상태에 대한 존중과 서로 다를 수 있는 타인의 감각 세계에 대한 존중의 문제입니다. 다른 사람들의 감각 세계에 대한 존중은 의학적·교육적 공동체들에서는 제한적으로 나타납니다. 신경계가 반응하는 방식이 개별적으로 다르다는 것을 존중하는 문화에서라면 발달 경로는 나아질 수 있을 것입니다. 이것이 우리의 연구 목표입니다.

그런 공동체에 중요한 쟁점이 되는 곳은 학교인데, 어떤 면에서는 장애가 있는 아이들을 모아놓는 창고 같은 장소입니다. 비록 자폐나 다른 발달 장애를 지닌 아이들의 치료와 교육을 위해 좋은 의도로 막대한 자금을 투자하더라도, 이러한 치료 모델의 성과로는 사회에 통합되기에 충분한 기술과 능력을 발전시키기 어렵습니다. 이렇게 제한된 성과가 자폐 아동의 성과는 항상 떨어진다는 것을 의미하지는 않습니다. 그러나 일반적으로 자폐 아동에 대한 교육 경험은 아이들과 그들의 부모, 교육자에게 스트레스를 줍니다. 나는 과학이 실제적 적용을 위해 정보를 제공할 뿐만 아니라 실제적 적용을 토대로 과학도 그 정보를 제공받는 환경을 만들고 싶습니다. 이 사례에서는 실제적 적용을 통해 자폐 아동의 교육 경험이 신경생리적으로 스트레스가 된다는 정보를 얻었습니다.

학자, 과학자, 임상가들은 각자 자폐에 대한 특별한 관점을 가지고 있습니다. 그러나 이런 전문가들은 자폐에 동반되는 다양한 증상이 가족 전체의 생활을 파괴할 수 있다는 사실에 둔감합니다. 예를 들어 청각 과민성은 가족을 힘들게 합니다. 그들은 소리에 과민한 아이가 있을 장소를 제한하게 되고, 이는 집 안에서 일상적으로 이루어지는 활동에 영향을 미칩니다. 이렇게 가족 대다수의 생활이 무너지지만, 자폐를 연구하는 과학자들이 연구하고 싶어 하는 영역은 아닙니다. 그들이 연구하기를 원하지 않는 이유는 부분적으로 연구비를 지원하는 단체가 이 영역의 연구에 지원하기를 꺼리기 때문입니다. 연구비 지원 단체는 이 문제가 자폐에만 특징적인 것이 아니므로 이 영역의 연구를 지원하지 않습니다. 그런 단체는 자폐의 신경생물학적 특징이나 유전적 특징을 찾고 있지만 그러지 못할 것입니다. 왜냐하면 진단은 행동적 특징과 신경생리적 특징의 혼합에 의하기 때문입니다.

청각 과민성은 트라우마를 입은 사람들에게서도 관찰됩니다. 몇 가지 정신 질환의 임상적 문제들에는 공통 핵심이 있을지 모릅니다. 왜냐하면 생리적 상태가 방어 모드일 때 사회 참여 체계의 신경 조절이 철회되기 때문입니다. 사회 참여 체계의 신경 조절이 철회됐다는 것은 많은 임상 질환에서 무표정한 얼굴과 청각 과민성으로 나타납니다.

자폐 연구의 또 다른 문제는 거의 모든 연구가 실험실 세팅에서 가상으로 이루어진다는 것입니다. 어디서 진단이 만들어질까요? 진단은 임상에서 만들어집니다. 실험실과 유사한 임상 환경은 방어 행동을 유발할 수 있고, 그것은 자폐 아동의 기능적 행동 범위를 제한하는 결과로 이어질 것입니다. 임상이나 실험실에서는 자폐 아동과 자폐가 아닌 아동의 차이가 환경에 대한 방어 반응인지, 정말로 아동 사이의 특성인지 알 수 없습니다. 자폐를 이해하는 가장 좋은 방법은 친숙한 환경에서 아이를 지켜보는 것입니다. 그래서 나는 자폐 연구의 장을 연구 센터의 실험실에서 자폐 학교로 옮기기로 결심했습니다. 아이한테 친숙한 학교에 연구실을 만들었더니, 검사 혹은 평가를 받기 위해 새로운 환경에서 아이가 겪어야 하는 엄청난 불확실성이 줄어들었습니다.

우리는 경청 프로젝트 프로토콜을 진행하는 동안 놀라운 일들이 일어나는 것을 봤습니다. 치료적 개입이 끝났을 때 많은 아이가 스스로 스태프를 받아들여 그들을 껴안으며 다시 돌아오고 싶어 했습니다. 자폐 학교 내의 실험실 환경은 지지적이고, 친근하고, 조용합니다. 그들에게 스트레스를 주지 않습니다. 학교에 있는 실험실과 병원에 있는 MRI 안에 자폐 아동을 데려다 놓는 것을 비교해보세요. 나는 자폐 아동이 MRI 안에 들어갈 수 있을지 항상 궁금했는데, 대부분 청각 과민성을 가지고 있으며 신체적으로 통제되는 것을 좋아하지 않기 때문입니다. 자폐 MRI 연구는 자폐로 진단받은 사람들 중 MRI를 견딜 수 있는 사람들만 선택하여 우리에게 잘못된 정보를 주고 있지는 않을까요?

| 로렌 컬프 |　　　제가 만난 10대 환자들은 스트레스를 받으면 어렸을 때는 빙글빙글 돌았는데 지금은 날갯짓을 하거나 손을 빠르게 움직입니다. 이에 대해서는 어떻게 생각하시나요?

| 포지스 박사 |　　　아이가 몸을 흔드나요? 아이가 전후좌우로 몸을 흔들기를 좋아하나요? 머리에서 발 방향으로 흔드는 것은 혈압 조절과 관련된 수용체를 자극하고 미주신경계를 조직화하는 데 도움을 줍니다. 그것은 아이를 평온하게 만들고 손짓도 줄여줄 것입니다. 아이가 손으로 날갯짓을 하는 것은 사회적 맥락 내에서 가동화 반응을 표현하는 것입니다. 아이는 도망가지 않습니다. 아이는 단지 자기 손을 펄럭거릴 뿐입니다. 부모는 종종 아이가 펄럭거릴 때 화가 나서 그 행동을 줄이려고 노력합니다. 그러면 아이는 펄럭이는 대신 서성거릴 것입니다. 내가 아는 어느 아이는 자신이 펄럭거리기를 엄마가 싫어하자 서성거리면서 침실에 깔린 카펫을 닳게 했습니다. 나는 펄럭이는 행동이 사회적 맥락 안에서 적응적

으로 가동화된 행동이라고 여깁니다. 모든 조절력을 상실하는 대신에 손만 펄럭거리는 것입니다.

스스로 조절하여 평온해지는 가장 단순한 기술 중 하나가 몸을 흔드는 것입니다. 여기에는 벤치용 그네나 흔들의자에서 몸을 흔드는 것도 포함됩니다. 벤치용 그네는 냉방장치가 있기 전에는 흔했습니다. 20세기 전반부에는 많은 가정에 벤치용 그네가 있었기 때문에 커플은 사회 참여 전략의 일부로 함께 그 그네를 타곤 했습니다. 이제 그리 많이 쓰이지 않지만, 그것에는 이런 기능이 있습니다. 흔들기는 어느 정도는 생리적 상태를 변화시키는 행동으로 사용됐고, 생물행동학적 개입으로 기능했습니다. 흔들기는 마음을 편안하게 합니다. 흔들기는 자폐 아동의 자기 조절을 도울 수 있습니다. 운동용 공 위에서 몸을 흔드는 것은 부교감신경계의 천골 구심성 신경들을 효과적으로 자극하는 방법입니다. 이 구심성 신경들은 정보를 뇌간에 전달하고 부교감신경톤을 올립니다. 그래서 운동용 공 위에서 몸을 흔드는 동작은 미주신경의 중심 조절을 자극하는 대안적 관문이 될 수 있습니다.

| 로렌 컬프 |　　일반적으로 뇌와 마음과 관계를 다루는 대인관계 신경생물학에서 우리는 지난 5년간 어디에 있었으며 앞으로 5년간 어디로 갈 것이라고 보십니까?

| 포지스 박사 |　　첫 번째로, 신경계를 공부하는 과학자는 임상 집단으로부터 정보를 받는 것이 매우 중요합니다. 실험실 과학자들과 임상 의사들 사이에는 주요한 차이가 있습니다. 다양한 질환의 연구 모델과 신경 모델

은 임상 세계에서 보이는 주요한 일부 특징을 놓치곤 합니다. 연구와 임상의 이런 차이는 임상 연구의 영역으로까지 확장됩니다. 의과대학에서는 의사 자격증도 가지고 있는 과학자들이 임상 연구를 많이 합니다. 이런 임상 연구자들은 환자를 보지 않고 연구를 수행하는 데 대부분의 시간을 씁니다. 그러나 연구실에서 관찰된 임상적 양상은 임상 현장에서 발견되는 것과 다를 때가 많습니다. 개인적으로 나는 절대적 권위의 강단으로 존재하는 과학 연구와 달리 무엇이 진짜 문제인지 알기 위해 임상가들과 얘기하는 방법을 찾아왔습니다.

앞으로 5년간 어디로 갈 것인가? 당신이 들을 것이라고 기대하지 않았던 이야기를 하려 합니다. 정신 건강 문제를 이해하고 인간의 경험을 최적화하려는 바람대로, 우리는 뇌 중심의 세상에서 살아왔고, 이제 유전자 중심의 세상에서 살아갈 것입니다. 내가 생각하기에 지금까지 해온 방식대로 뇌의 구조와 기능에 집중하면 임상가들이 드물게 의식하는 주요 포인트 중 하나를 놓칠 수 있는데, 그것은 바로 신체적 느낌의 중요성입니다. 신체적 느낌은 생각하기, 사랑하기, 사회적으로 상호작용하기와 연관된 상위 심리 과정을 포함해 상위 두뇌 과정에 접근하는 우리의 능력을 조절하고 종종 통제합니다. 우리는 유전자와 뇌 기능을 수량화하는 기술들의 산물에 희생자가 되어갈수록 신체의 모든 측면에 스며든 병적 행동의 중요한 영역을 최소화하고, 단지 뇌의 특정 영역과 유전자의 다형성에만 집중할 것입니다.

정신과 증상이든 행동 문제든 신체 건강 증상이든 증상의 측면에서 생각하면 대부분의 증상은 실제로 말초에 있습니다. 신경계라는 것은 몸에서 독립된 뇌 단독이 아니라 뇌—몸의 신경계입니다. 대인관계 신경생물학의 미래는 신경계가 몸 전체로 확장되고, 그 몸이 다른 사람과의 상호작용에 기능적으로 반응하고 있음을 이해하는 데 있을 것입니다. 미래의 대인관계 신경생물학은 치료자, 가족, 친구를 통한 사회적 상호작용과 사회적 지지가 어떻게 신체적·정신적 건강을 촉진할 수 있는지 더 잘 이해하도록 이끌어주리라고 기대합니다.

| 로렌 컬프 | 당신은 우리가 곱씹어야 할 이야기를 많이 들려주셨습니다. 시간을 내주셔서 고맙습니다.

7. 신체적 관점으로 바라본 심리 치료

스티븐 W. 포지스와 서지 프렝겔

Somatic Perspectives

on Psychotherapy

| 서지 프렝겔 |　　당신의 저작물들을 보니 신경계에 많은 관심을 가지고 있었던 것 같습니다.

| 포지스 박사 |　　내 연구는 생리적 상태의 신경 조절이 행동에 어떤 영향을 미치고, 이런 메커니즘이 우리가 사회적으로 상호작용하는 방식과 어떻게 관련되어 있는지에 초점을 맞춥니다. 사실 어릴 때도 다른 사람이 있을 때 우리가 어떻게 우리 행동을 조절하는지 궁금했습니다. 이 궁금증이 어릴 적에 처음 생기긴 했지만, 최근 일이십 년 사이에야 비로소 스스로 조절하는 능력이 많은 정신의학적 측면에서 핵심 쟁점일뿐더러 삶의 질에도 큰 영향을 미친다는 것을 알게 됐습니다.

| 서지 프렝겔 |　　그럼 단순히 스스로를 조절하는 방법을 알고자 하는 개인적 관심에서 시작된 것만은 아니군요.

| 포지스 박사 |　　실제로 개인적인 흥미에서 출발했을지 모릅니다. 그러고 나서 어쨌든 그것은 나의 연구 주제가 되었고 나의 연구 기술을 끌어들였습니다. 내 연구는 효율적 정보 처리를 가능하게 해주는 생리적 반응의 매개변수에 대해 보다 난해한 질문을 던지는 데에서 시작됐습니다. 나는 연구 기술을 개발하면서 효율적 인지 과정의 생리적 척도나 상관관계만이 아니라 근본적인 생리적 과정에 대해서도 생각하게 됐습니다. 몸의 느낌과 정서에 대해 의문이 생겼습니다. 다른 사람과 있을 때 신체적 느낌과 정서를 어떻게 조절하는지 궁금해져서, 신경계가 내장의 느낌을 중재하는 방식과 사회적 상호작용이 이런 느낌에 영향을 미치는 방식 사이의 흥미로운 변증법에 대해 알아보기 시작했습니다.

| 서지 프렝겔 |　　신경계는 어떤 식으로 내장의 느낌과 상호작용하나요?

| 포지스 박사 |　　내장의 상태를 조절하는 데 신경계가 중요하게 담당하는 역할은 신체심리치료에 관심 있는 사람들에게는 유의미한 주제이지만, 심리학과 정신의학에서 사용하고 가르치는 일반적인 모델과 이론과 치료에서는 인정받지 못하고 있습니다. 심리학과 정신의학에서는 주로 하향식 모델을 사용하는데, 이 모델에서는 정서와 정서적 과정을 주요한 현상으로 개념화하고 이런 경험에서 신체의 역할은 최소화됩니다. 이 모델에서는 불안조차 내장의 징후가 제외된 '뇌' 과정으로 간주합니다. 신체심리치료사를 포함해 뇌와 신체의 양방향 소통이 중요함을 이해하는 임상가가 있다는 것은 다행스러운 일입니다. 예를 들어 감각 정보는 몸에서 뇌로 전달되고, 우리가 외부 세계에 어떻게 반응하는지에 영향을 미칩

니다. 뇌 과정은 외부 세계에 대한 우리의 관점, 그리고 환경의 다양한 특징에 대한 우리의 반응과 관련된 인지적·정서적 과정을 통해 내장에 영향을 미칩니다. 비록 직관적이긴 하지만, 복잡한 사회 환경에서 신경계가 어떻게 내장을 조절하는지에 대한 이 양방향의 상호작용적 개념은 정신의학을 포함한 대부분의 임상의학에서 외면당하거나 경시되고 있습니다.

| 서지프렝겔 | 느낌은 외딴곳에서 혼자 일어나지 않습니다. 우리의 신체적 느낌과 인지적 사고 사이에는 양방향성이 있습니다.

| 포지스박사 | 물론입니다. 느낌을 통제하는 전략과 인지 과정의 탁월성을 중시하는 것은 느낌을 희생시키고 생각을 강조하는 서구 문화의 오랜 전통으로 거슬러 올라갑니다. 예를 들어 우리는 데카르트에게로 돌아가 그의 철학이 어떻게 마음—몸 이원론을 형성했는지에 대해 얘기해볼 수 있습니다. 데카르트는 "나는 생각한다. 그러므로 나는 존재한다"라고 말합니다. 하지만 그가 "나는 느낀다. 그러므로 나는 존재한다I feel, therefore I am"라고 다르게 말했다면 어땠을지 생각해봅시다. 프랑스어로 재귀 형태의 동사인 '느끼다'는 말 그대로 "나는 스스로를 느낀다. 그러므로 나는 존재한다I feel myself, therefore I am"로 축어역되는 데 주목합시다. 데카르트가 이 문장을 사용했더라면 그는 어떤 물건을 만지는 느낌이 아니라, 우리 정서와 병행하고 그런 정서에 기여하는 신체적 느낌을 강조했을 것입니다.

우리는 몸 안에서 생기는 감각과 사물을 만질 때 경험하는 감각을 설명

하기 위해 같은 영어 단어를 사용합니다. 불행히도 데카르트는 우리가 몸 안에서 개인적으로 경험하는 느낌은 고려하지 않았습니다. 하지만 앞서 얘기한 것처럼 그가 그렇게 말했더라면 우리가 사람을 대하는 방식이 어떻게 달라졌을지 상상해보세요. 인간이란 무엇인가에 대한 오랜 고민의 여정에서 우리는 어디쯤 있을까요? 데카르트에 기초하여 서구 문화에 기반을 둔 철학은 좋은 인간이 되기 위해서는 우리의 좋은 뇌, 똑똑한 뇌가 그 잠재력을 충분히 발휘할 수 있도록 우리 내장의 느낌을 억누르거나 거부해야 한다는 전제를 채택했습니다. 신체적·정신적 질병은 데카르트의 격언을 고수한 결과라고도 볼 수 있습니다. 오랜 시간에 걸쳐 몸의 반응을 존중하지 않고 내장의 느낌을 여과하는 것은 뇌와 신체 사이의 양방향 신경 피드백을 약화시켜 질병에 이르게 할 수 있습니다.

| 서지프렝겔 | 우리가 어떻게 내장의 느낌을 경험하는지, 그 느낌은 어떻게 인지와 연결되는지, 내장의 느낌을 표현하는 데 문제가 생기거나 인지와 나머지 신체 사이가 단절되면 무슨 일이 일어나는지…… 이에 대해 얘기하는 것이 다른 사람들에게도 도움이 될 것 같습니다.

| 포지스박사 | 상당히 흥미로운데요. 사실 그것에 대해 지금 집필하고 있습니다. 나는 신경계의 다양한 속성에 접근하는 우리의 능력에 안전이 미치는 영향력을 연구해왔습니다. 창의력, 어려운 문제를 해결하고 실행하는 능력을 발휘하기 위해서는 안전하다는 느낌이 전제 조건임을 이해하는 것이 중요합니다. 서구 문화는 안전을 정의하는 데 역설적인 관점을 취합니다. 안전을 정의하면서 단어와 인지적 표상에 집중하고, 신체의 반

응과 느낌은 최소화합니다. 전문가이자 학자로서 안전을 정의하기 위해 우리의 인지적 기량을 이용할 수 있다고 생각합니다. 하지만 안전하다는 것은 사실 환경에 대한 신체적 반응입니다.

기본적으로 서구 문화에서 교육과 사회화 과정은 환경적 특징에 대한 신체의 반응을 간과하게 만듭니다. 교실에서 아이들을 관찰하면 같은 환경에서 어떤 아이들은 안전하므로 편안하게 앉아 있다는 일련의 행동적 특징을 보여주는 반면, 또 어떤 아이들은 안전의 결여를 특징으로 하는 과민한 행동을 한다는 것을 알 수 있습니다. 게다가 교실에서 위험의 단서를 만성적으로 감지하는 아이들은 학습에 어려움을 겪기 쉬운 반면, 안전하다고 느끼는 아이들은 교사에게 집중하여 효과적으로 배웁니다. 불행히도 전통적인 교실 모델에서는 몇몇 아이가 교실에서 잘 공부할 수 있다면 모든 아이가 그래야 한다고 가정합니다.

우리 사회는 약간의 자극에 행동적으로나 본능적으로 반응을 보이는 개인의 행동을 나쁜 것 혹은 결함으로 취급합니다. 사실 이런 '도덕적' 개념화에 발달 '장애'나 정신 '지체'나 주의력 '결핍'이라는 이름을 붙이면서 강화합니다. 사회는 아이들이 자발적으로 이런 행동들을 억제할 수 있어야 한다고 가정하고, 그러지 못하면 결함 있는 아이들이 되어버립니다.

관찰된 개인차의 범주 아래에서 신경 기질을 찾거나 이해하려 하기보다 아이들에게 그 행동이 자발적이지 않더라도 나쁘다고 말하는 것이 기본입니다. 그 대안으로 교육 과정에서 사람들이 지닌 특이한 예민함을 축하할 수도 있습니다. 하지만 이런 일은 거의 일어나지 않으며, 우리의 많은 동료가 하고 있는 트라우마 치료로 이어집니다.

트라우마는 주로 신체적 반응과 대응에 관한 것입니다. 어떤 경우에는 트라우마 이후 행동 패턴과 자율적 상태의 신경 조절이 급격하게 변합니다. 그 변화 정도가 아주 심할 때는 더 이상 다른 사람과 관계를 맺거나 상호작용하지 못하는, 완전히 다른 사람 같은 행동적 특징을 보이기도 합니다. 트라우마를 경험한 사람의 행동은 보통의 사회적 상호작용에서 기대되는 바와 부합하지 않으므로, 이런 개인은 종종 자신이 부적절하다고 느끼거나 아무것도 제대로 할 수 없다고 느낍니다. 이렇게 부적절하다는 느낌은 사회적 기대, 심지어는 치료 회기의 평가적 피드백에서도 비롯될 수 있습니다. 예를 들어 치료 전략은 평가를 포함한 대화를 지속함으로써 그들이 자발적으로 조절하여 친사회적 행동을 더 많이 할 수 있길 바라면서 그들에게 결함이 있음을 강조하기도 합니다. 하지만 그들의 행동에 대한 지속적 평가는 내담자가 점점 방어 전략을 사용하도록 몰아붙일 수 있습니다.

| 서지프렝겔 |　　당신의 이야기에는 너무 많은 정보가 담겨 있으니 조금만 천천히 가볼까요. 예를 들어 아이들은 학교에서 기계적인 작동 모델과 유사하게 미리 설정되어 있는 모델에 노출됩니다. 아이들은 기계처럼 취급됩니다. 한 기계가 특정 방식으로 작동한다면 우리는 그와 비슷한 기계들이 같은 방식으로 작동할 것이라고 기대합니다. 생리적 흥분이나 환경적 자극에 반응하는 역치가 개인마다 다른데도요.

| 포지스박사 |　　당신이 명료하게 언급한 것을 다시 강조하자면, 우리는 아이들을 학습 기계처럼 대하고 있으며, 학교에서 말하는 성공은 그 기계에 어떤 정보를 설정할 수 있느냐로 정의됩니다. 우리는 내장의 상태 조

절도 일종의 기술로 중요하게 필요하다는 점을 간과합니다. 내장의 상태 조절이 학습과 사회적 행동을 위한 전제 조건 혹은 신경생리적 플랫폼인 데도요. 내장의 상태 조절을 개선하기 위한 기술은 교육과정에 포함되지 않습니다. 대부분의 교육 모델에서는 사회적 행동을 더 효율적으로 표현할 수 있도록 생리적 상태의 신경 조절을 개선해주는 신경계를 훈련할 기회들이 아예 없거나 최소화되어 있습니다.

　이런 점들은 자폐 같은 어려움을 겪는 아이들을 연구할 때 명백해집니다. 흥미롭게도 자폐아를 위한 기본 치료 모델은 특수교육 모델입니다. 이 모델은 학습이론을 기반으로 하여 기술 획득을 위해 강화와 반복을 사용합니다. 불행히도 이 '학습 모델'은 다른 임상 장애와도 공유하는 자폐의 중요한 특징, 즉 다른 사람들과 있을 때 내장의 상태를 조절할 수 없다는 점을 포함하지 않습니다. 일반적인 치료 모델은 학습이 효과적이지 않은 상황에서도 개인이 조절하도록 강요합니다.

| 서지프렝겔 |　　세심하고 유능한 치료자들은 내담자가 조절된 상태에 있어야 변화할 수 있다는 것을 조심스럽게 깨닫고 있습니다. 불행히도 치료 모델에서는 그런 점에서 민감하지 못한 모델을 아이들에게 도입하고, 조절의 기본도 아직 모르는 아이들에게 강제적으로 주입하려는 일이 자주 일어납니다.

| 포지스박사 |　　또한 아이의 신경계는 복잡한 상황에서 조절할 수 있을 만큼 발달하지 못했을지 모릅니다. 그래서 신경계가 행동 상태를 어떻게 조절하는지에 대한 이해를 적용하기보다는, 신경 메커니즘이 충분히 발

달하지 못했거나 비정형적일 때 우리는 행동을 변화시키기 위해 처벌이나 보상을 이용해 동기를 높이는 학습 법칙을 사용하려 합니다. 이 같은 전략들은 사용해봤자 비효과적이지만요.

강연하면서 나는 내장의 상태가 환경에 대한 우리의 반응을 한쪽으로 치우치게 하거나 왜곡한다고 얘기하곤 합니다. 초록색, 노란색, 빨간색 신호등을 이용해 설명하죠. 각각의 신호등은 각기 다른 생리적 상태를 나타냅니다. 초록색은 안전과 관련된 생리적 상태를 나타내고, 노란색은 위험과 관련된 생리적 상태를 나타냅니다. 빨간색은 생명의 위협과 관련된 생리적 상태를 나타내고요. 신호등 왼쪽에는 환경의 자극을 나타내는 'S'가 있습니다. 신호등 오른쪽에는 그 자극에 대한 개인의 반응을 나타내는 'R'을 두었습니다. 따라서 공통 자극에 대한 반응은 생리적 상태에 의해 결정됩니다. 환경에서 동일한 자극도 그 자극이 주어졌을 때 개인의 생리적 상태에 따라 질적으로 다른 반응을 낳을 수 있습니다.

| 서지 프렝겔 | 인지 과정, 반응, 정서 조절 능력, 두려움에 대한 반응 사이의 상호작용에 대해 설명하면서 그것과 인간이란 무엇인지에 대한 개념이 어떻게 다른지 아주 좋은 예를 들어주셨습니다.

| 포지스 박사 | 기본적으로 나는 교육제도의 목표에 의문을 던지고 있는 것입니다. 이 제도의 목표는 사람들을 더 많은 정보로 교육하려는 것입니까, 아니면 사람들이 호혜적으로 상호작용하고 상호 조절하여 좋게 느끼도록 돕는 것입니까? 다시 데카르트의 격언으로 돌아가게 되는군요. 이는 더 많이 생각하고, 인지적 기술을 확장해서, 인지적으로 확인되는

더 똑똑한 사람이 되는 길로 우리를 이끌어 갑니다. 하지만 이렇게 똑똑해졌는데도 우리는 몸이 좋게 느끼는 데 정말로 필요한 것이 무엇인지에 대해 글자 그대로 무지합니다.

| 서지프렝겔 |　어쩌면 우리 몸이 좋게 느끼려면 무엇이 필요한지, 즉 내장의 반응이 어떻게 작동하는지에 관해 얘기해야겠네요. 이는 내장 기관과 신경계를 연결하는 신경 회로의 본질적인 특징이기도 하겠죠. 이 이야기는 중요한데, 사람들은 종종 몸속에 있는 것에 대해 토론하고, 신체와 생각을 대비하면서 신비스럽고 형이상학적으로 여깁니다. 그리고 당신이 설명했듯이 그 과정 자체에 상향식 특성이 있는 것 같습니다.

| 포지스박사 |　사람들이 두려워하지 않고 부동화될 수 있는 세상을 만드는 것이 사회 목표여야 한다고 나는 생각합니다. 이 말이 처음에는 이상하게 들릴지 모릅니다. 하지만 생각해보면 치료 목표도 두려움 없는 부동화이지 않나요? 당신도 내담자가 '꽁꽁 묶인 채' 불안하고 방어적이기를 바라지는 않을 것입니다. 내담자가 조용히 앉아 있는 것이 가능하며 두려움 없이 받아들여지고, 다른 사람에게 안기고 자신도 안아주고, 그렇게 안겼을 때 신체적으로도 받아들이고, 관계 속에서 서로 호혜적이 될 수 있기를 바랄 것입니다. 내담자가 근육이 경직되고 교감신경계가 활성화된 상태로 꽁꽁 묶여 있다면 이 방어적인 상태를 다른 사람들에게 전달하고 있는 것입니다. 경직된 근육과 활성화된 교감신경으로 특징지어지는 이 상태는 움직이거나 싸우도록 준비시켜주는 적응적 상태입니다. 이런 상태는 그 사람 가까이에 있으면 안전하지 않다는 것을 다른 사람들에

게 분명히 전달합니다.

자율신경계를 조절하는 몇몇 신경 회로에 대해 강조하기 좋은 시간인 것 같군요. 우선 몸에서 뇌로 전달되는 정보와 관련해 얘기하겠습니다. 자율신경계는 내장에 관한 정보를 뇌로 전달할 때 굉장히 중요합니다. 자율신경계에서 가장 거대한 신경이자 부교감신경계의 주된 신경인 미주신경은 그 섬유의 80퍼센트가 감각 섬유인 감각신경입니다. 미주신경은 말초 기관의 상태에 관한 엄청난 양의 정보를 뇌간의 특정한 핵에 끊임없이 전달합니다. 내장에서 온 감각 정보는 촉각 자극이나 척수를 타고 올라가는 다른 감각 정보와는 다른 특성을 지닙니다. 내장 기관의 느낌은 일반적으로 분산되어 있어서 실제로 무엇이라 일컫기 어렵고, 그렇게 분산된 느낌은 사회적 상호작용에 대한 우리의 지각과 반응에 '영향을 끼칩니다'.

두 번째로 자율신경계의 운동 조절에 관해 얘기하겠습니다. 사실 전통적으로 자율신경계를 정의할 때는 오로지 운동 요소, 즉 내장에 있는 표적 기관과 그 주변에 있는 신경 경로에 집중했습니다. 미주신경경로가 시작되는 뇌간 영역을 관찰하지 않고 미주신경의 운동 부분에만 집중하다 보니 미주신경의 중요한 특성은 외면당해왔습니다. 구체적으로 미주신경이 기능적으로 구별되는, 서로 다른 기능을 담당하는 두 개의 가지를 가지고 있다는 사실 말입니다.

사람들은 대부분 자율신경계에는 두 가지 요소가 있다고 배웁니다. 도전/도피 행동과 관련되어 있는 교감신경계, 그리고 성장과 건강과 회복을 지원하고 미주신경으로 알려진 뇌신경과 주로 관련되어 있는 부교감신경계가 그것입니다. 이런 식으로 자율신경계를 설명하면 교감신경과 부교감신경이 적대적인 것처럼 보입니다. 자율신경계를 한 쌍의 길항작용으로 표현하는 것이 이로울 때도 있지만 완전히 정확한 설명은 아닙니다.

우리는 종종 자율신경균형이라는 개념을 사용하지만, 자율신경계는 균형 체계로는 거의 기능하지 않고 환경적 도전에 위계적 방식으로 반응할 가능성이 더 높습니다. 자율신경계의 요소들을 '균형' 아니면 '위계적' 체계로 개념화하는 이런 모순 때문에 다미주 이론을 개발했습니다. 자율신경계에 대한 전통적 관점에서 교감신경계는 도전/도피 반응에 관여하고, 부교감신경계는 건강과 성장과 회복에 관여합니다. 하지만 다미주 이론에서는 모든 사람에게 익숙한 교감신경 및 부신 반응인 도전/도피 체계에 이어서 두 번째 방어 체계를 설명합니다. 이 이론에서는 두 번째 방어 체계를 확인했습니다. 이 두 번째 체계는 가동화된 도전/도피 행동이 아니라 부동화, 셧다운, 기절, 해리와 연결됩니다. 이는 생쥐처럼 작은 설치류에게서 흔히 관찰되는 방어 체계로 생명의 위협을 받았을 때 나타납니다.

고양이가 쥐를 물면 쥐는 부동화로 얼어붙어 죽은 것같이 보입니다. 이것은 자발적인 행동이 아닙니다. 쥐는 죽은 척하자고 결정한 것이 아닙니다. 그보다는 생명을 위태롭게 하는 고양이의 위협에 파충류가 방어 체계로 자주 사용하는 오래된 신경 회로를 작동한 것입니다. 파충류의 작은 뇌에는 많은 양의 산소가 필요하지 않기 때문에 파충류는 그렇게 부동화 상태로 오랜 시간 숨을 참을 수 있습니다. 하지만 이것은 포유류에게는 해당되지 않습니다. 포유류는 큰 뇌를 사용하기 위해 엄청난 양의 산소를 필요로 합니다. 셧다운 부동화 반응은 미주신경 메커니즘에 의해 중재됩니다. 사실상 기절은 미주신경성 실신이라 불리기도 합니다. 이렇게 불린다는 것은 미주신경이 정상적인 심혈관 기능에 잠재적으로 파괴적인 영향을 끼칠 수 있음을 보여줍니다.

우리는 이와 같은 미주신경 반응 패턴을 가지고 있는데, 이는 수십 년 동안 미주신경과 부교감신경계에 지워져 있던 건강, 성장, 회복에 대한 책임과 부합하지 않습니다. 미주신경 방어 체계는 글자 그대로 자율신경계를 다룬 문헌에서 삭제됐습니다. '미주신경 방어 체계'가 없다면 자율신경기능은 교감신경이 도전/도피 행동을 촉발하여 건강·성장·회복을 촉진하는 부교감신경과 경쟁한다는, 단순히 쌍을 이루는 길항 모델과 잘 부합하겠죠.

미주신경 방어 체계를 포함한다는 것은 자율신경균형이라는 간단한 모델을 더 이상 채택할 수 없음을 뜻하고, 이는 자율신경계의 적응적 반응에 대해 세 가지 위계적 요소를 반영하는 것으로 재개념화하도록 합니다. 이 기능적 위계는 척추동물들이 지닌 자율적 요소의 계통발생을 반영합니다. 가장 오래된 미주신경계는 뇌간에 있는 미주등쪽핵이라는 영역에서 시작하는 무수미주신경이 중재합니다. 이 '오래된' 미주신경계는 사실상 모든 척추동물이 공유합니다. 포유류에게서는 이것이 방어 체계로 작동되면 호흡을 억제하여 심장박동이 느려지고 반사적 배변을 일으킵니다. 하지만 안전한 맥락에서는 횡격막 하부에 있는 기관들이 건강, 성장, 회복을 촉진하도록 해줍니다. 교감신경계가 방어 체계로 활성화되면 기능적으로 오래된 미주신경을 억제하여 소화를 멈추게 하고 에너지 자원을 내장 기관에 쓰는 대신 가동화에 할당합니다.

계통발생적으로 가장 최근에 발달한 자율적 체계는 수초화된 미주운동신경경로입니다. 미주신경의 이 요소는 포유류에게만 나타나는데, 얼굴 및 머리 근육과 연결된 뇌간에서 시작합니다. 사람들이 웃을 때, 행복할 때, 엄마의 자장가처럼 다채로운 억양의 운율적 목소리를 낼 때 그들이 집중하여 듣고 음성 커뮤니케이션을 이해할 수 있다는 것을 이제 우리는 압니다. 유수미주신경은 기능적으로 우리를 진정시키고, 심혈관 및 신진대사를 필요한 만큼 효율적으로 처리하고, 교감신경계와 관련된 흥분 상태를 적극적으로 억제합니다.

| 서지프렝겔 |　　그렇다면 사실상 미주신경, 즉 미주신경의 두 부분에서 하나는 진화적으로 가장 오래된 부분이고, 또 하나는 가장 새로운 부분이라는 것이군요.

| 포지스박사 |　　미주신경의 두 요소는 척추동물의 자율신경계 진화에서 양극의 특징을 반영하고 있습니다.

| 서지프렝겔 |　　그리고 도전/도피 반응은 그 사이에 있군요.

| 포지스박사 |　　네, 교감신경계에 의해 도전/도피 행동이 일어납니다. 나는 포유류만의 독특한 자율적 행동 특징들을 설명하기 위해 간단한 이야기를 만들었습니다. 포유류가 진화하면서 그들이 생존하려면 양육, 다른 형태의 사회적 상호작용, 음식을 구하고 생식·놀이·안전에 대한 요구를 채워주는 집단행동을 하는 데 상호작용이 필요해졌고, 그것을 어떻게 이루느냐에 달려 있었습니다. 포유류의 새로운 미주신경은 방어 체계

를 억제할 수 있었습니다. 하지만 사회적 상호작용에 대한 필요와 안전에 대한 필요의 균형을 맞추기 위해서는 방어 체계를 언제 *끄고* 언제 다시 켜야 하는지 알아야 합니다. 우리 사회에서 이것은 주요한 문제입니다. 우리는 언제 방어 체계를 억제하나요? 언제 다른 사람의 품속에서 안전한가요? 언제 일하러 가기에 안전한가요? 언제 자러 가기에 안전한가요? 내담자들은 종종 다른 사람들과 함께 있을 때 안전하지 못하다고 느낍니다. 그들은 자신의 방어 체계를 억제하는 데 어려움을 겪습니다. 그들은 다른 사람들에게 안기지 못합니다. 그들에게는 수면 장애가 있습니다. 내장 장애도 있습니다. 이런 증상은 모두 새롭게 수초화된 미주신경계가 자율신경계의 교감신경과 수초화되지 않은 미주신경 요소들을 적절하게 조절하여 우리가 안전하다고 느끼도록 하는 데 실패할 때만 나타나는 자율신경계의 특징입니다.

| 서지 프렝겔 |　　　그렇다면 우리의 진화적 유산을 효과적으로 사용하기 위해서는 새로운 미주신경회로가 오래된 미주신경회로를 효과적으로 조절해야 한다는 것이군요.

| 포지스 박사 |　　　맞습니다. 나는 포유류와 파충류를 구분하는 특정한 신경 구조와 신체적·정신적 건강의 취약성을 연결해보려 합니다. 이 전환기 동안 수초화된 미주신경은 진화했고, 방어 전략은 싸우는 행동에 더 집중됐으며, 부동화 방어 체계는 최소화됐습니다. 부동화 방어 체계가 최소화된 이유는 부동화가 많은 양의 산소를 필요로 하는 포유류에게 치명적일 수 있기 때문입니다. 우리와 현대 파충류의 공통 조상은 거북과 유

사한 특징을 지녔습니다. 거북의 주된 방어 체계는 부동화입니다.

트라우마를 경험한 사람들의 이야기를 듣다 보면 많은 이가 예상치 못하게 부동화로 완전히 얼어붙었다는 것을 알게 됩니다. 미주신경 방어 체계, 그리고 어떻게 수초화되지 않은 미주신경이 생명의 위협에 대해 고대의 방어 체계를 지원하는지를 설명해주면 트라우마를 경험한 사람들이 자기 반응을 이해하는 데 큰 도움을 줄 수 있습니다. 생명의 위협이 고대의 반응 회로를 작동했고, 이것은 자율신경계가 생리적 상태를 조절하는 방법을 재정비한 것임을 설명해주면 내담자가 자신이 매일 기능하는 데일어나는 변화들을 이해할 수 있을 것입니다.

| 서지프렝겔 | 결국 우리가 강도 높은 스트레스를 경험할수록 고대의 생존 방식으로 퇴행하게 된다는 말이군요.

| 포지스 박사 | 하지만 이것은 스트레스의 정의와도 관계있습니다. 스트레스를 생존에 대한 도전으로 해석한다면 이 모델은 적합합니다. '스트레스'가 스트레스를 피해 안전한 상태에 이르는 능력을 제한할 때 우리의 생리적 상태는 이에 적응합니다. 이 모델에서는 맥락과 신경계의 감지와 주변 환경의 위협에 대한 해석을 강조합니다. 우리의 물리적 맥락은 우리의 생리적 상태와 상호작용하여 스트레스 요인과 어려움에 어떻게 대응할지 결정합니다. 우리는 도망칠 기회가 있다면 도망치거나, 스스로를 방어할 기회가 있다면 싸울 것입니다. 이처럼 적응적 가동화 전략들을 사용하기 위해서 우리는 교감신경계를 활성화합니다. 하지만 방에 갇혀 있거나 제압당했다면 우리는 아주 제한적인 선택만 할 수 있습니다. 이처럼

힘들고 굉장히 위험하고 생명이 위태로운 조건에서는 반사적으로 기절하거나, 공포에 얼어붙어 부동화되거나, 해리 상태로 빠져들지 모릅니다. 이런 방어적 행동들은 계통발생적으로 오래된 회로에 의존합니다.

예를 들어 CNN 뉴스에서 착륙에 문제가 생긴 비행기에 대해 보도한 적이 있습니다(2장 참고). 그 상황이 위태로워 보였지만 비행기는 무사히 착륙했습니다. 비행기가 착륙한 후 기자가 한 여성을 인터뷰하면서 착륙하기까지 어떤 느낌이었는지 물었습니다. 그녀는 이렇게 대답했습니다. "느낌요? 저는 기절했어요." 그녀의 기절 반응은 쥐가 고양이에게 물려 있을 때 경험하는 것과 신경생리적으로 유사합니다. 사람에게는 두려움으로 인해 얼어붙어 부동화하면 의식을 잃거나, '지금 여기'에 있지 않게 되는 적응적 기능이 있습니다. 기절을 촉발하는 것이 급격한 혈압 저하로 인한 저산소증과 관련 있더라도, 방어 반응 전략은 고통의 역치를 높이는 적응적 특징을 통해 당신이 다치더라도 고통을 느끼지 않게 해줄 것입니다. 당신이 생존한다면 그래도 괜찮을 것입니다. 적어도 당신은 죽지 않고 살아 있으니까요. '셧다운' 반응을 적응적 방어 반응으로 이해하는 데 중요한 것은 결국 우리 몸이 우리를 고통에서 보호하고 우리 생명을 구하기 위해 자동적으로 채택한 반응임을 알고서 존중하는 것입니다. 우리는 셧다운 반응의 긍정적 특성을 인정하고, 이로 인해 싸울 능력을 상실하고 얼어붙는다고 해서 우리 몸을 탓해서는 안 됩니다.

| 서지프렝겔 |　　인간이라는 것이 무엇인지, 체화된 경험을 갖는다는 것이 무엇인지에 대한 이야기로 돌아갈까요.

| 포지스박사 |　　　체화된 경험은 사람에게는 매우 중요합니다. 다른 사람과의 상호작용은 인간의 생존에 필수적이니까요. 전 생애에 걸쳐 인간은 다른 사람에게 의존합니다. 출생부터 시작되는데, 영아는 양육과 돌봄을 필요로 합니다. 성숙해지면서 그런 상호작용의 초점은 안전과 음식을 구하기 위한 것에서 생리적 상태를 용이하게 하기 위한 것으로 옮겨 가는데, 우리는 친구나 사랑하는 사람과의 사회적 상호작용을 통해 정서와 행동을 조절합니다. 요점은 인간은 자기 잠재력을 개발하고 최적화하기 위해 다른 사람과의 상호작용이 필요하다는 것입니다. 몇몇 생물학 분야에서는 '공생 조절symbiotic regulation'이라는 개념 안에서 이와 유사한 과정들에 대해 논의합니다. 우리는 생물행동학적 관점에서 그 개념을 이용하기에 좋은 위치에 있고, 이를 통해 인간의 사회적 상호작용이 어떻게 신경생물학적 과정을 용이하게 하는지에 대해 몇 가지 측면에서 설명할 수 있다고 생각합니다. 그 개념을 확장하면 우리가 어떻게 다른 각각의 사람의 신경계에 호혜적으로 단서를 보내는지 알 수 있습니다. 사회적 상호작용에는 안전 혹은 위험의 단서, 즉 다른 사람의 품속에 안기는 것이 안전한지, 아니면 스스로 물러나서 방어하는 것이 안전한지를 연속적으로 전달하는 특징이 있습니다. 이렇게 역동적인 상호작용 과정을 설명하기 위해 나는 '신경지'라는 용어를 사용합니다.

| 서지프렝겔 |　　　우리가 사랑과 애착을 경험하도록 진화시켜준 기전에 대해서도 관심이 많으시죠?

| 포지스박사 |　　　사회적으로 연결되는 데 어려움을 호소하는 임상 집단

을 통해 나는 그런 기전을 배웠습니다. HIV 환자들은 이런 지점을 자세히 보여주는 흥미로운 예를 제공합니다. HIV 환자들을 연구하면서 HIV 보호자들이 사랑을 받지 못한다고 느끼며, 감염된 환자의 요구를 처리하는 과정에서 때때로 화를 낸다는 것을 알았습니다. 자폐 아동의 부모들도 비슷한 감정과 경험을 얘기합니다. 이 두 사례에서 보호자들은 가끔 사랑받지 못한다고 토로하지만, 보호자들이 진짜로 표현하는 것은 HIV에 감염된 환자나 자폐 아동이 자신에게 얼굴 표정, 시선, 자기 목소리에 반응하는 억양을 적절히 하지 못한다는 것입니다. 두 사례 모두에서 자기가 돌보는 사람이 기계적인 태도를 보일 때 보호자들은 그에게서 분리되어 있고 정서적으로도 단절되어 있다고 느끼게 됩니다. 그런 보호자의 생리적 반응은 이 느낌을 보여주고 보호자가 무시당했다고 느끼게 합니다. 그래서 치료 시에 환자만 다루는 것이 아니라 환자와 같이 살아가는 사회적 맥락, 즉 부모와 자식이나 보호자와 환자 같은 쌍에 초점을 맞추어 다루는 것이 중요합니다. 이렇게 하면 부모나 보호자가 자기 반응을 자연스러운 생리적 반응으로 이해하게 될 것입니다.

불행히도 보호자와 부모는 참여하지 않는 행동에 대해 동기를 부여하는데, 이것이 문제를 일으킵니다. 학생들이 외면하며 참여하지 않을 때 종종 화가 나서 공격성을 보이는 교사들의 반응과 유사하게, 부모와 보호자는 장애 아동 혹은 장애인에게 보이는 분노와 학대를 정당화하곤 합니다.

| 서지 프렝겔 |　　이런 반사 반응을 멈출 수 있을까요?

| 포지스 박사 |　　이런 반사 반응을 중단하도록 시도할 수 있습니다. 그

러나 이것은 매우 어려운 일입니다. 몇몇 워크숍에서 이런 점을 보여주기 위해 간단한 실험을 했습니다. 나는 그 실험에 '꺼리는 치료자reluctant therapist'라는 이름을 붙였습니다. 이 워크숍에 참여한 사람들은 치료자, 내담자, 관찰자라는 세 역할을 번갈아 맡았습니다. 이 실험에서 치료자는 내담자가 말하는 동안 시선을 피하고 외면하도록 지시받습니다. 이 실험에서 흥미로운 점은 내담자 역할을 하는 사람은 치료자에게 화가 나게 됩니다. 이런 현상은 치료자가 역할극 중이며 외면하고 참여하지 않도록 지시받았다는 사실을 내담자가 아는 경우에도 나타납니다. 이 실험에서 관찰자는 관여하지 않고, 행동 단서들이 어떻게 행동과 상태에 커다란 변화를 일으키는지를 객관적으로 보고하도록 했습니다. 참여자들이 세 역할을 돌아가면서 맡게 되면 그 반응들은 십중팔구 반복됩니다. 누군가가 우리와 참여하거나 참여하지 않을 때 우리 몸이 얼마나 쉽게 상태를 바꾸는지는 정말 놀랍습니다.

| 서지프렝겔 |　　　그것은 강력한 지점입니다. 역할극이라는 것을 알면서도 사회 참여는 우리를 사로잡아 실제로 사회 참여에서 쉽게 빠져나올 수 없게 하는군요.

| 포지스박사 |　　　매우 놀라운 일이죠. 치료 환경에서 임상가는 서로 다른 '참여' 자원을 가진 커플을 대하게 될지 모릅니다. 예를 들어 커플 중 한 명에게 트라우마 이력이 있어서 이것이 상태를 조절하는 문제가 될 때, 대립 상황 혹은 보다 긍정적인 상호작용 중에도 시선을 돌리고 상대를 외면하면, 이런 회피에 대해 배우자는 무슨 반응을 보일까요? 배우자는 단

순히 화를 내는 것으로 반응하곤 합니다.

| 서지프렝겔 |　　상호작용 중에 무슨 일이 일어나는지 그 메커니즘을 해체해 분석하고, 사람들이 이런 것들을 개인적으로 받아들이지 않도록 돕는 것은 매우 중요합니다. 이것은 비난의 속성을 줄이도록 돕고, 다른 사람들과 효과적으로 기능하는 데 방해되는 해석을 줄이도록 돕습니다.

| 포지스박사 |　　전적으로 동의합니다. 우리는 모든 행동에 동기를 부여하고 그 행동에 대해 옳거나 그르다는 평가를 내리는 세상에 살고 있습니다. 행동의 좋은 점과 나쁜 점을 평가하도록 강요하여 생리적·행동적 상태를 조절하는 행동의 적응적 기능을 보지 못하도록 하는데, 그런 우리 사회의 모습을 묘사하는 데 '도덕적 허식'이라는 용어를 씁니다.

임상가들과 얘기할 때 나는 상사나 지도자가 자신을 쳐다보지 않는다면 하고 가정하곤 합니다. 이 사례를 통해 소외당하는 것에 대한 본능적 느낌을 끌어내고 싶었습니다. 상사가 자신을 좋아하지 않는다거나 상사가 그들에게 관심을 가질 만큼 자기가 충분히 중요하지 않다는 해석을 하리라고 기대했습니다. 그러나 다수의 청중이 무표정한 얼굴로 내가 하고 있는 이야기를 자신과 관련시키지 못한다는 것을 알게 됐습니다. 그러고 나서야 나는 대부분의 임상가가 누군가를 위해 일하지 않는다는 것을 깨달았습니다. 이런 비참여 행동은 사람들이 임상가 자신을 평가하고 있다고 해석되어 기분이 좋지 않은 상태가 되고, 이런 상태에서 임상가가 하는 일은 누구에게도 효과가 없습니다. 나는 학계에서 살아왔는데, 나의 학계 동료들은 사회성 기술에 문제를 보이는 경향이 있습니다.

하지만 내가 얘기하려는 것은 우리가 사회성 기술이라 부르는 행동들은 대부분 학습된 것이 아니라는 점입니다. 오히려 이런 행동은 대부분 사회적 학습을 통해 '숙련된 것'이라기보다는 생물학적 상태에서 창발적으로 나온 것처럼 보입니다.

시선을 잘 맞추면서 다른 사람에 대해 호기심이 많고 얼굴 표현력이 폭넓은 사람이 있습니다. 이런 사람들은 사회적 상호작용에서도 호혜적입니다. 이런 상호 호혜성을 유지하기 위해 그들은 글자 그대로 서로에게 분명하지만 종종 미묘하기도 한 신호를 보냅니다. 이런 신호에는 다른 사람들로 하여금 안전하다고 느끼게 하는 잠재력이 있습니다. 신호가 효과적이면 다른 사람들은 얼굴 표정과 발성을 통해 그 신호를 돌려줍니다. 얼굴은 더 생생하고 표현력이 풍부해지며, 목소리 억양에는 점점 운율이 담기고, 두 사람의 심리적 거리가 감소하면서 물리적 공간도 그만큼 가까워져 물리적 거리까지 줄어듭니다. 당신도 임상 현장에서 이를 관찰했겠죠.

| 서지프렝겔 |　　　네, 우리는 임상에서 그렇게 합니다. 비언어적 소통에 정말로 주의를 기울이고, 그것에 대해 매우 잘 알기도 하죠. 하지만 우리도 물론 인간으로서 반응합니다. 다른 모든 사람이 그것에 주의를 기울일 때 겪는 어려움을 우리도 많이 가지고 있습니다.

| 포지스박사 |　　　나는 개인적으로 아버지일 때, 그리고 학생들의 멘토일 때 이런 자질들에 대해 시험받곤 합니다. 아이들이나 학생들이 우리에게 신호를 보내기 시작할 때 우리는 어떻게 반응하나요? 나는 한 걸음 물러

서서 그들의 생리적 상태에 대해 생각하는 법을 배웠습니다. 그들이 밥을 먹지 않았다면? 그들이 잠을 자지 않았다면? 그들의 집에 큰일이 생겼다면? 사건과 맥락적 정황으로 인해 안전과 사회적 상호작용을 지원하는 신경 회로를 사용하는 능력이 손상됐다면 그들이 상호작용을 하기에 매우 어려워질 것입니다. 그래서 참여하고, 표현하고, 이해하는 능력은 제한될 것입니다. 전체 문화로 일반화하면 사회 참여를 지원하는 신경 회로에 접근하는 데 방해되는 특징들을 찾아낼 수 있습니다. 우리 문화는 개인의 안전을 도모하기 위해 구성된 것이 아니라는 점을 기억하세요. 그것은 우리가 충분히 열심히 일할 수 없고, 충분히 성공할 수 없으며, 충분히 축적할 수 없다는 것을 명확히 말하는 문화로서 모든 것이 취약합니다. 그래서 문화는 우리가 위험한 시기에 위험한 장소에서 살고 있다고 말합니다. 인간에게는 안전이 필요하다는 사실을 우리가 존중한다면 인간은 어떻게 될까 항상 궁금해집니다.

| 서지프렝겔 |　　단순히 안전에 주의를 기울이는 것은 대단한 지적 변화나 정서적 변화가 아니지만, 그것은 다른 시스템으로 변화하는 것이자, 사회 참여 체계로 전환하는 능력을 자발적으로 촉진하는 것이라는 이야기 맞죠?

| 포지스박사 |　　네, 하지만 당신의 이야기가 사회 참여 체계로의 전환이 자발적이지 않을 수 있음을 인정한다는 것이면요. 사회 참여 체계는 물리적 환경뿐만 아니라 사회적 상호작용에서 감지되는 신호에 의해 더 반사적으로 자극될 수 있습니다.

우리가 똑똑하다면…… 이것은 과학의 도움을 받을 수 있는 지점인데, 환경의 어떤 특징이 신경계를 도전/도피로 촉발하거나, 아니면 안전 상태로 옮겨 가서 사회 참여 체계를 활용하도록 하는지, 그리고 환경의 어떤 특징이 셧다운, 두려움으로 인한 부동화, 해리 상태를 유발하는지를 배우기 시작할 수 있습니다. 때때로 배경 소음은 생리적 가동화 상태를 촉발하여 사회적 상호작용을 방해하고 안전감을 없앨 수 있습니다. 나는 환기장치와 대형 건물의 기계에서 나오는 저주파 소리를 포함해 사회 참여 체계에 지장을 주는 소리가 발생하는 건물 안에 병원이 입점해 있기도 하다는 것을 알게 됐습니다. 이런 소리는 내담자의 회복 능력을 떨어뜨릴 수 있습니다.

| 서지 프렝겔 |　　　뉴욕에 있으면 그렇겠네요.

| 포지스 박사 |　　　네, 당신도 이 전화를 통해 기차 소리를 들었을 거예요. 시카고에서는 'L'이라 부르는 고가 열차입니다. 고가 열차는 우리 신경계가 경계하고 잠재적 위험을 예상하도록 하는 물리적 신호를 만들어내고 있습니다. 신경계가 방어적이 되도록 하는 신호 공세 속에 있다는 것을 우리는 잘 알아차리지 못합니다. 인간을 위해 '신경생물학적 정보를 토대로 설계된' 환경에서는 이런 위험의 특징 없이 살아가고, 일하고, 놀 수 있습니다. 이런 형태의 자극을 제거하는 것은 신경계가 포식자나 위험에 대해 지나치게 경계해야 한다는 부담을 줄여줍니다. 이런 형태의 자극이 사라지면 우리는 더 쉽게 기능적으로 긴장을 풀고서 참여하여 사회적 상호작용의 이점을 모두 얻을 수 있습니다.

하지만 진짜로 질문해야 할 것은 바로 이것입니다. 더 이상 과각성을 일으키는 단서가 없을 때 우리는 어떻게 행동하고 느끼는가? 안전한 환경은 우리가 하는 모든 일, 특히 치료에 중요합니다. 나는 마음 챙김 명상에 대해 생각하기 시작했고, 그조차도 안전한 환경에서 행해져야 한다는 것을 깨달았습니다. 배경음악이 당신의 호흡과 집중에 어떤 영향을 끼치는지, 그리고 얼마나 쉽게 주의가 산만해지고 과잉 경계를 하기도 하는지 질문해보면 분명해집니다. 또한 교감신경계의 활성화와 관련된 방어 체계를 불러오는 것은 마음 챙김과 양립할 수 없다는 점도 깨달았습니다. 이를 이해하는 간단한 방법은, 마음 챙김은 판단하지 않는 상태를 필요로 한다는 점을 깨닫는 것입니다. 그러나 이렇게 판단하지 않는 상태는 방어 상태와 양립할 수 없는데, 생존에는 평가가 결정적이기 때문입니다. 우리는 이를 다미주 이론과 연결할 수 있습니다. 평가는 우리가 위험한 환경에 있다고 말하는 것과 같으며, 우리는 과각성 상태로 도전/도피 행동을 준비하기 위해 사회 참여 행동을 희생해야 합니다.

아이들이 공부하면서 컴퓨터 모니터에 집중하도록 격려할 때 우리는 기본적으로 집중적인 관심을 지속적으로 제공하기 위해 약간 수정된 과각성 상태를 활용합니다. 그러나 이것은 건강과 성장과 회복을 지원하는 상태가 아니고, 원활한 사회적 상호작용에 필요한 사회 참여 행동도 지원하지 않습니다.

다른 면은 우리가 안전하다고 느끼며 방어를 해제하게 해주는 전제 조건의 특징을 이해하는 것입니다. 이것이 임상 치료의 미래를 흥미롭게 만들어줄 것입니다. 방어 체계를 끌 수 있는 환경의 특징을 더 많이 이해할수록 임상 실습과 임상 치료는 더 효율적일 것입니다. 우리가 살아가는 환경에서 방어를 일으키는 방아쇠를 제거하고 안전을 자극하는 특징으로 대체한다면 더 건강한 양질의 삶을 누리게 될 것입니다. 근무 환경과 생활환경에서 몇 가지 특징은 비교적 쉽게 개선할 수 있습니다. 여기에는 저주파 잡음을 줄이고 예측 불가능한 요소를 없애는 것뿐만 아니라 안전하다고 느껴지는 사람들과 단순히 가까이 있는 것도 포함됩니다.

| 서지프렝겔 |　　그렇게 된다면 증상을 처치하는 것이 아니라 근본 원인을 치료하는 방향으로 발전하는 것이겠군요.

| 포지스박사 |　　다르게 진화했지만 여전히 매우 중요한 적응적 기능을 하는 서로 다른 신경 회로들을 우리는 가지고 있습니다. 이런 신경생리적 시스템이 진화하면서 그 신경 회로들은 각각의 행동이 적응적 기능을 하는 새로운 행동들을 위한 신경 플랫폼을 제공했습니다. 나는 행동을 옳고 그른 것으로 개념화하기를 좋아하지 않습니다. 각각의 행동은 유기체가 적응적으로 생존하려는 시도를 나타내는 것으로, 신경 플랫폼에 속한다고 봅니다. 이 모델에서는 행동들을 적응적인 것으로 개념화하지만, 어떤 행동은 적절한 사회적 행동이라 할 수 없고 사회적 상호작용을 방해하기도 합니다. 그러므로 치료 목적은 내담자가 자신의 본능적 상태를 조절하고 다른 사람들과 함께 참여하여 상호작용을 누리도록 하는 것이어야 합니다. 이런 사회적 행동에는 자율신경계를 조절하는 새로운 신경 회로가 필요합니다. 이 신경 회로는 포유류에게만 있는 것으로, 우리가 안전하다고 느낄 때만 이용 가능합니다. 이 시스템은 사회적 상호작용을 촉진하고, 사회적 상호작용을 통해 성장과 건강과 회복을 도모하도록 해줄 뿐만

아니라, 방어용으로 진화한 우리의 반응과 신경 회로를 하향조절할 수 있는 능력도 가지고 있습니다.

| 서지 프렝겔 |　그러면 우리는 더 이상 전통 병리학의 관점에서 얘기하지 않아도 되겠군요. 어떤 면에서는 잘못된 지각에 대한 좋은 반응, 혹은 기본적으로 우리가 기능하는 방식을 조절하는 것에 대해서 얘기할 수 있겠어요.

| 포지스 박사 |　네, 하지만 나는 '지각perception'이라는 단어를 쓰지 않는 경향이 있어요. 그 단어는 어느 정도의 '인식awareness'과 '인지cognition'를 수반하기 때문입니다. 우리는 인식의 영역 밖에 있는 생리적 변화를 통해 환경의 특징들에 반응합니다. 이 과정이 신경계를 토대로 이루어진다는 것을 강조하기 위해 나는 이 과정을 '신경지neuroception'라고 부릅니다. 우리 몸은 끊임없이 사람과 장소에 반응합니다. 우리는 몸의 반응을 읽는 방법에 대해 더 많이 배울 필요가 있습니다. 우리가 불편함을 느낀다면 우리 몸이 불편함을 느낄 만한 이유가 있는 것이고, 우리는 그것에 적응하고 조절할 필요가 있습니다.

| 서지 프렝겔 |　굳이 당신의 의견을 반박하자면 그 정보를 읽는 감각에 대해 얘기하고 싶어지는군요. 왜냐하면 그것도 일종의 인지 과정일 테니까요.

| 포지스 박사 |　당신이 전적으로 옳습니다. 그것은 어려운 문제입니다. 그렇지 않나요?

| 서지프렝겔 | 이런 이미지 없이 과정에 대해 얘기하기란 어렵습니다.

| 포지스 박사 | 신체가 우리에게 말하는 것을 거부하는 기술만 지속적으로 개발하기보다는 신체 반응을 존중해야 한다고 말하는 것만으로도 이 문제에서 벗어날 수 있지 않을까 합니다. 신체 반응을 존중하면 우리는 의식과 자발적 행동을 이용하여 더 편안함을 느낄 수 있는 곳으로 찾아갈 수 있습니다. 이 새로운 이해를 통해 우리 자신의 신체적 느낌과 인지 기능에 기반한 신체 관리 사이에서 파트너십을 창출할 수 있습니다.

| 서지프렝겔 | 당신의 이야기를 듣다 보면 그 말들이 들쑥날쑥하지 않고 부드럽게 이어집니다.

| 포지스 박사 | 우리가 젊을 때는 술집이나 붐비는 방같이 시끄러운 장소에서도 잘 대처할 수 있었습니다. 하지만 나이가 들면서 시끄럽고 사람이 많은 장소에 있게 되면 사람들의 목소리를 이해하고 관계를 맺는 데 어려움을 겪습니다. 어떤 의미에서 신경계는 우리가 잘 기능할 수 없게 합니다. 우리는 이렇게 불편한 환경에서 벗어나고 싶어 합니다. 많은 사람이 비슷한 경험을 하죠. 하지만 이런 경험이 있어도 너무 늦을 때까지 불편한 신체 반응을 존중하지 않아서 더 이상 자기 행동을 통제할 수 없어집니다.

| 서지프렝겔 | 어떤 면에서는 그 신호를 무시하는 너무나 훌륭한 능력 때문에 많은 병리가 발생한다고 할 수 있겠군요.

| 포지스 박사 |　우리는 신호를 받지만 그 신호를 존중하지 않습니다. 신체 반응을 부정하는 이 전략은 서구 문화와 관련이 깊은 것 같습니다. 이 점에 대해서는 처음에 데카르트를 언급하면서도 말했는데, 데카르트는 인지 기능이 신체적 느낌을 통제할 수 있다고 강조했죠. 서구 문화는 종교적 견해에 기대면서 신체적 느낌의 중요성을 없애는 데 기여했습니다. 구체적으로 말하자면 신체적 느낌은 동물적인 것으로 개념화됐고, 인지는 영혼과 더 밀접하게 연결되어 있는 속성이었습니다.

| 서지프렝겔 |　우리는 상향식 본능적 관점에서 우리가 누구인가를 생각하는 감각에 도달합니다.

| 포지스 박사 |　하지만 그것은 상향식 모델이자 하향식 모델입니다. 우리는 마음과 몸, 뇌와 내장이 양방향으로 연결되기를 원합니다. 뇌가 내장을 조절하고, 내장이 뇌에 지속적으로 정보를 제공하기 때문입니다. 자세의 변화처럼 단순한 움직임도 뇌가 받는 신호를 바꿉니다. 앞으로 혹은 뒤로 몸을 기울이면 혈압이 변하고, 그러면 혈압을 감시하고 뇌 영역과 소통하는 수용체인 압수용기에 다른 정보를 보내죠.

　몸을 뒤로 기대면 우리는 더 편안해지고 환경에 대해서도 덜 인식하게 됩니다. 똑바른 자세로 움직이면 혈압 변화를 일으켜 우리는 더 경계심을 느끼고 집중하게 됩니다. 따라서 이렇게 혈압 수용체를 자극하는 간단한 행동 조작만으로도 기능적으로 세상과의 상호작용을 변화시킬 수 있습니다.

　우리 집 지하실에는 뒤로 젖혀지는 의자가 있는데 허리 부위에 닿는 압력을 모두 제거해줍니다. 이 의자에 앉아 있으면 일어나기 싫어집니다. 나는 완전히 긴장이 풀려서 어떤 일도, 어떤 생각도 하고 싶지 않습니다. 그저 거기에 있고 싶습니다. 하지만 사무실로 올라가서 책상에 앉으면 나는 똑바른 자세로 있게 됩니다. 나의 동기와 전망은 변합니다. 책상에 앉아 있어야 내 일이 흥미롭고 즐겁다고 생각되기 시작합니다. 자세의 변화가 환경과의 서로 다른 두 가지 상호작용을 유도한 것처럼 보입니다. 심리적 경험이 두 가지 다른 성격, 즉 무기력한 성격과 열정적으로 참여하는 성격을 반영하는 것 같기도 합니다. 자세만 약간 바꾸듯이 간단한 일로도 신경생리적 회로를 촉발하여 우리가 세상에 반응하는 방식, 생각을 조직하는 방식, 스스로 동기부여를 하는 방식을 변화시킬 수 있습니다.

| 서지 프렝겔 |　　여기에서는 그런 일이 자세의 변화로 인해 생겨난다는 점이 흥미롭습니다. 또한 이는 나와 환경도 변화시킬 수 있겠군요.

| 포지스 박사 |　　당신은 정말로 중요한 이야기를 하고 있습니다. 이런 현상을 또 다른 방식으로 바라보면, 편안한 상태에서 내장의 민무늬근을 조절하는 데 초점을 맞추기보다 좀 더 경계하는 상태에서 몸통과 팔다리의 가로무늬근을 소집하는 것으로 전환한 셈입니다. 똑바로 앉는 자세에는 근육톤의 증가가 필요하기 때문에 그렇습니다. 이를 위해서는, 우리가 편안히 기대어 우리 가로무늬근이 이완됐을 때와는 다른 신경 회로를 불러와야 합니다. 기댄 자세에서는 우리는 글자 그대로 민무늬근 유기체가 되어 자원을 보존합니다. 그러나 똑바로 있게 되면 근육톤을 유지하기 위해 골격근이 필요하고, 이제 우리는 상호작용하고 참여하는 유기체가 됩니다.

| 서지프렝겔 |　　그래서 철학적으로는 '개인individual'이나 '자아self'를 어떤 상황 안에 있는 하나의 '과정'으로 보고, 이 과정이 민무늬근을 유지하여 휴식 상태를 조성하는 방향을 지향하게 된다는 것이군요.

| 포지스박사 |　　편안한 상태에서 부동화를 경험하면 특정한 생리적 과정이 일어나 건강, 성장, 회복을 지원합니다. 이 과정은 사회적 상호작용이나 사고의 확장을 지원하지는 않지만, 매우 중요하고 유용한 상태이죠.

| 서지프렝겔 |　　어떤 면에서는 환경의 역동적 변화에 우리가 적절하게 반응하고 적응하도록 다양한 신경 회로를 사용하는 방법에 대해 얘기한 것이기도 하네요.

| 포지스박사 |　　서로 다른 신경 플랫폼이 서로 다른 영역의 행동을 지원한다고 개념화하면, 다른 신경 플랫폼의 행동들과 그 행동들의 한계를 해석하기 시작할 수 있습니다. 내가 기대고 있을 때 나의 사회적 행동이 부족해진다고 해서 그것이 부적응을 의미하는 것은 아닙니다. 그러나 저녁에 친구들과 같이 있을 때는 이런 행동이 부적응한 것으로 여겨질 것입니다. 무엇이 적절하게 적응적인지는 맥락이 규정합니다. 그러나 행동은 신경 플랫폼에서 표현되는 특성이고, 적응적 특징은 특정한 맥락에서 이런 행동이 적절한지에 달려 있습니다. 이런 용어들로 행동을 개념화하면 행동병리학에 대한 우리의 이해가 바뀔지도 모르겠습니다. 결국 행동병리에 대해 과거의 어떤 환경에서는 적응적이었던 행동이 현재의 다른 환경에서는 부적응적이기도 하다고 해석할 수 있습니다. 예를 들어 트라우마

생존자의 해리나 셧다운은 외상성 사건 중에는 적응적이었지만 사회적 환경에서는 부적응적입니다.

| 서지 프렝겔 | 어떤 의미에서 당신은 현재 맥락에서 어떤 행동이 적응적인지 아닌지로 병리의 정의를 바꾸시는군요.

| 포지스 박사 | 그 생각에 전적으로 동의합니다. 일단 그렇게 하면 행동은 좋은 것도 나쁜 것도 아니게 됩니다. 그것은 단지 맥락에 맞지 않는 행동일 뿐이죠. 이런 생각에 토대하면, 상태를 조절하여 더 적절한 행동을 뒷받침하는 신경 플랫폼에 접근하는 데 어려움을 겪는 사람들에게 씌워진 도덕적 낙인을 없애줄 수 있습니다.

| 서지 프렝겔 | 낙인, 그리고 우리를 위험에 빠트리는 도덕적 맥락과 판단 평가를 없애는 것은 아주 중요하고 매우 강력한 것입니다.

| 포지스 박사 | 당신은 이 이론의 핵심, 그리고 이 이론이 어떻게 안전의 추구와 관련된 매우 간단한 개념으로 요약될 수 있는지에 다가섰습니다. 우리가 안전하지 않다면 만성적으로 평가와 방어의 상태에 있게 됩니다. 하지만 사회 참여를 지원하는 회로를 작동할 수 있다면 신경 플랫폼을 통해 사회 참여 행동이 자발적으로 나타나도록 조절할 수 있습니다. 다미주 이론의 관점에서는 바로 이것이 치료 목적입니다.

| 서지 프렝겔 | 그것에는 어떤 흐름이 있으며 그 흐름의 방향을 바꾸고

이를 배우며, 또한 그런 잠재성과 작업하면서 배우고 적응하는 과정을 이해하는 것이 필요하다는 말씀이군요.

| 포지스박사 | 또 다른 중요한 점을 제기하셨습니다. 즉 우리에게 상태를 조절하는 세 가지 회로가 있더라도 우리는 안전할 때 사용할 수 있는 포유류의 새로운 사회 참여 체계를 이용하여 두 방어 회로를 수정할 수 있습니다. 일단 사회 참여 체계를 쉽게 이용할 수 있게 되면 도전/도피 없이도 자유롭게 가동화할 수 있습니다. 도전/도피라기보다 우리는 움직이며 놀 수 있습니다. 도전/도피와 놀이 행동에는 모두 가동화가 필요하지만, 놀이 중에는 얼굴을 마주 보며 상대를 관찰할 수 있어 방어를 해제합니다.

놀이에서는 사회 참여 체계를 사용하여 움직임의 의도가 위험하거나 해롭지 않다는 신호를 보냅니다. 개들이 놀고 있을 때 이를 볼 수 있습니다. 개들은 서로를 쫓고, 다른 개를 가볍게 물기도 하죠. 그러고 나서 얼굴을 맞대며 접촉한 후 그 역할을 바꿉니다. 사람들은 운동경기를 하는 동안 누군가를 때리게 되면 서로를 쳐다보는 사회적 소통을 통해 공격적인 반응을 누그러뜨립니다. 그러나 우연히 누군가를 때리고 행동의 의도를 설명하지 않은 채 그냥 가버리면 싸움이 일어날 수 있습니다.

마찬가지로 부동화 회로는 사랑의 행동을 하는 동안 사회 참여 체계와 함께 작동될 수 있는데, 처음부터 면대면 상호작용으로 시작하므로 두려움 없이도 부동화 상태가 뒤따릅니다. 시간이 지나면서 다른 사람의 팔에 가만히 안겨 있을 수 있게 됩니다.

나는 두려움 없는 부동화의 역할이 얼마나 중요한지를 강조하는 것입니다. 포유류에게는 부동화가 치명적일 수 있기 때문입니다. 그래서 포유류는 다른 포유류와 함께 있을 때 안전하다고 느껴지지 않으면 항상 움직입니다.

| 서지프렝겔 |　좋은 부동화에 대해 얘기하신 건가요?

| 포지스박사 |　네. '좋은' 부동화 반응, 즉 두려움 없는 부동화는 두려움을 가진 부동화와 동시에 사회 참여의 여러 면도 가지고 있는 신경 경로를 선택하는 것과 옥시토신 같은 신경 펩타이드를 필요로 합니다. 기능적으로 옥시토신은 계통발생적으로 오래된 무수미주신경을 조절하는 미주신경의 뇌간 등쪽핵에 수용체를 가지고 있습니다. 두려움 없는 부동화 시스템 덕분에 여성은 기절하거나 죽지 않고 출산할 수 있습니다. 이런 '좋은' 부동화 시스템 덕분에 사람들은 문제 없이 포옹할 수 있고, 여성들은 움직이지 않고 모유 수유를 할 수 있습니다. 계통발생적으로 오래된 체계는 원래 방어를 위해 진화했으나 놀이, 출산, 친밀감을 위해서도 사용됩니다.

| 서지프렝겔 |　치료란 어떤 면에서는 그런 구조들에 적응하는 능력을 계속 유지시키는 데 있겠군요.

| 포지스박사 |　내담자가 세상에서 더 큰 유연성을 경험할 수 있도록 하는 것이 치료 목표라는 데 동의합니다. 그러려면 적절한 환경에서 효율적으로 방어를 약화하고, 계통발생적으로 오래된 회로를 활용하여 매우 긍

정적인 결과를 이끌어내는 신경 회로에 내담자가 접근할 수 있도록 도와야 합니다.

| 서지 프렝겔 | 고맙습니다.

감사의글

다미주 이론은 내 연구와 1994년 10월 8일에 얻은 통찰에서 비롯됐다 (Porges, 1995). 그날 애틀랜타에서 정신생리연구학회의 회장 연설을 하면서 나는 이 이론의 모델과 학술적 의미에 대해 설명했다. 당시에는 임상가들이 내 이론을 수용하리라는 것을 알지 못했다. 나는 이 이론을 연구단체 내에서 검증 가능한 가설로 만들기 위한 하나의 구조라고 생각했다. 처음 기대한 바와 같이 이 이론은 과학에 영향을 미치고 있었으며 동료의심사를 받는 여러 학문 분야의 학술지에 수천 번 인용됐다. 그러나 이 이론의 가장 중요한 영향을 꼽으라면 트라우마를 겪은 사람들의 경험에 대해 타당한 신경생리학적 설명을 제공할 수 있게 된 점이다. 이 이론을 통해 어떻게 신체가 생명의 위협에 반응하여 다시 조절됨으로써 안전한 상태로 돌아가는 회복력을 상실하게 됐는지 이해할 수 있다.

많은 사람이 내 아이디어를 논리 정연한 이론으로 바꾸는 데 중요한 역할을 하며 도움을 주었다. 누구보다도 아내 수 카터에게 고마움을 전한다. 지난 40여 년 동안 그녀는 다미주 이론이 될 아이디어들에 대해 귀 기울이고 관찰하고 의견을 나누었다. 사회적 유대에서 옥시토신이 어떤 역할을 하는지 발견한 그녀의 획기적인 연구, 그리고 사회적 행동에 대한 그녀의 신경생물학적 관심 덕분에 나는 건강뿐만 아니라 사회적 행동에 영향을 미치는 자율신경계와 생리적 상태에 집중하게 됐다. 수의 지속적인 지지와 사랑과 지적 호기심이 없었다면 다미주 이론은 발전하지 못했을 것이다. 수의 기여에 진심으로 감사한다.

트라우마를 치료하고 연구하는 동료들과 달리 트라우마는 내 연구의 관심사도, 이론적 의제도 아니었다. 트라우마 전문의들이 다미주 이론에 관심을 가져주지 않았다면 트라우마 치료에 기여한 이 이론의 시작도 없었을 것이다. 이 이론의 시작은 트라우마 분야의 세 개척자인 피터 러빈, 베셀 반 데어 콜크, 팻 오그던 덕분이다. 내 연구에 미친 그들의 기여뿐만 아니라 트라우마의 파괴적인 영향을 이해하고 회복으로 가는 여정에 기꺼이 나를 초대해준 그들의 관대함에 진심으로 감사한다. 그들이 다미주 이론에서 얻은 통찰을 치료 모델에 받아들이게 된 것은 내담자를 돕고자 하는 열정, 배움에 대한 헌신, 트라우마를 경험하고 회복하는 과정을 이해하고자 하는 호기심을 통해서였다.

피터, 베셀, 팻과의 인연 덕분에 나는 트라우마에 관한 수십 번의 회의와 워크숍에 참여했다. 이런 상호작용을 통해 나는 트라우마의 심각한 파괴적 영향이 상당한 사람들에게 미치고 있음을 알게 됐다. 트라우마 생존자들은 트라우마에 대한 자신의 신체 반응을 이해할 기회도, 생리적·행동적 상태를 조절하거나 상호 조절할 능력을 회복할 기회도 가지지 못한 채 살아가고 있었다. 이런 사람들이 자기 경험을 얘기하면 2차 피해를 받거나, 싸우거나 도망치지 않았다는 비난을 듣기도 한다. 명백한 물리적 타격이 없는데도 심리적으로 회복되지 않는다는 책망도 받는다.

이 책을 출간하는 데 테오 키에르도프Theo Kierdorf의 기여가 컸다. 테오가 임상가들과의 인터뷰 기록을 바탕으로 책을 만들자고 제안했다. 테오는 이 책의 독일어판 번역가이자 이 책에 포함된 자료들을 엄선하고 편집하고 구성하는 데 적극적으로 참여한 사람이기도 하다. 그의 통찰력과 내 말글을 주제별로 정리한 그의 능력에 진심으로 감사한다. 테오와 나는 다미주 이론의 독일어판 초기 소개 작업을 함께 진행했다. 이 협력 작업에서처럼 그는 문헌을 위한 글쓰기와 소통을 위한 글쓰기의 차이점을 내가 이해하도록 도와줬다. 과학자로서 나는 주로 문헌화하는 데 초점을 두었다. 테오와의 상호작용을 통해 과학적 글쓰기에 소통을 강화하려면 어떻게 써야 하는지를 더 잘 이해하게 됐다. 이 책에 대한 공헌은 물론 사람들이 다미주 이론에 더 쉽게 접근하도록 도와준 테오의 진심 어린 헌신에 감사한다.

노턴 출판사의 편집자인 데보라 맬머드에게 특별한 고마움을 전한다. 데보라는 인내심을 가지고 내 원고를 다미주 이론에 접근할 수 있는 도구로 바꾸는 데 나와 함께해줬다.

참고 문헌

Austin, M. A., Riniolo, T. C., & Porges, S. W. (2007). Borderline personality disorder and emotion regulation: Insights from the Polyvagal Theory. *Brain and Cognition, 65(1) 69-76.*

Borg, E., & Counter, S. A. (1989). The middler-ear muscles. *Sci Am, 261*(2), 74-80.

Darwin, C. (1872). *The Expression of Emotions in Man and Animals.* London: John Murray.

Descartes, R. (1637). *Discourse on method and meditations* (L. J. Lafleur, trans.). New York, NY: Liberal Arts Press. Original work published.

Hall, C. S. (1934). Emotional behavior in the rat: I. Defecation and urination as measures of individual differences in emotionality. *Journal of Comparative psychology, 18*(3), 385.

Hering, H. E. (1910). A functional test of heart vagi in man. *Menschen Munchen Medizinische Wochenschrift, 57,* 1931-1933.

Hughlings Jackson, J. (1884). On the evolution and dissolution of the nervous system. Croonian lectures 3, 4, and 5 to the Royal Society of London. Lancet, 1, 555-739.

Lewis, G. F., Furman, S. A., McCool, M. F., & Porges, S. W. (2012). Statistical strategies to quantify respiratory sinus arrhythmia: are commonly used metrics equivalent?. *Biological psychology, 89*(2), 349-364.

Ogden, P., Minton, K., & Pain, C. (2006). Trauma and the body: A Sensorimotor approach to psychotherapy. New York, NY: W. W. Norton & Co., Inc.

Porges, S. W. (1972). Heart rate variability and deceleration as indexes of reaction time. *Journal of Experimental Psychology, 92*(1), 103-110.

Porges, S. W. (1973). Heart rate variability: An autonomic correlate of reaction time performance. *Bulletin of the Psychonomic Society, 1*(4), 270-272.

Porges, S. W. (1985). *U.S. Patent No. 4,510,944*. Washington, DC: U.S. Patent and Trademark Office.

Porges, S. W. (1992). Vagal tone: a physiologic marker of stress vulnerability. *Pediatrics, 90*(3), 498-504.

Porges, S. W. (2003). The infant's sixth sense: Awareness and regulation of bodily processes. Zero to Three: Bulletin of the National Center for Clinical Infant Programs 14:12-16.

Porges, S. W. (1995). Orienting in a defensive world: Mammalian modifications of our evolutionary heritage: A polyvagal theory. *Psychophysiology, 32*(4), 301-308.

Porges, S. W. (1998). Love: An emergent property of the mammalian autonomic nervous system. *Psychoneuroendocrinology, 23*(8), 837-861.

Porges, S. W. (2003). Social engagement and attachment. *Annals of the New York Academy of Sciences, 1008*(1), 31-47.

Porges, S. W. (2004). Neuroception: A Subconscious System for Detecting Threats and Safety. *Zero to Three (J), 24*(5), 19-24.

Porges, S. W. (2007). The polyvagal perspective. *Biological Psychology, 74*(2), 116-143.

Porges, S. W. (2011). The polyvagal theory: Neurophysiological foundations of emotions, attachment, communication, and self-regulation. Norton series on interpersonal neurobiology. New York, NY: W. W. Norton & Co., Inc.

Porges, S. W., & Lewis, G. F. (2010). The polyvagal hypothesis: common mechanisms mediating autonomic regulation, vocalizations and listening. *Handbooks of Behavioral Neuroscience, 19*, 155-264.

Porges, S. W., & Lewis, G. F. (2011). *U.S. Patent Application No. 13/992,450.*

Porges, S. W., Macellaio, M., Stanfill, S. D., McCue, K., Lewis, G. F., Harden, E. R., Handelman, M., Denver, J., Bazhenova, O. V., & Heilman, K. J. (2013). Respiratory sinus arrhythmia and auditory processing in autism: Modifiable deficits of an integrated social engagement system?. *International Journal of Psychophysiology, 88*(3), 261-270.

Porges, S. W., Bazhenova, O. V., Bal, E., Carlson, N., Sorokin, Y., Heilman, K. J., Cook, E. H., & Lewis, G. F. (2014). Reducing auditory hypersensitivities in autistic spectrum disorder: preliminary findings evaluating the listening project protocol. *Frontiers in Pediatrics*. doi:10.3389/fped.2014.00080.

Porges, S. W., & Raskin, D. C. (1969). Respiratory and heart rate components of attention. *Journals of Experimental Psychology*. 81:497-501.

Siegel, D. J. (1999). The developing mind. New York: Guilford.

Stewart, A. M., Lewis, G. F., Heilman, K. J., Davila, M. I., Coleman, D. D., Aylward, S. A., & Porges, S. W. (2013). The covariation of acoustic features of infant cries and autonomic states. *Physiology & behavior*, *120*, 203-210.

Stewart, A. M., Lewis, G. F., Yee, J. R., Kenkel, W. M., Davila, M. I., Carter, C. S., & Porges, S. W. (2015). Acoustic features of prairie vole (Microtus ochrogaster) ultrasonic vocalizations covary with heart rate. *Physiology & behavior*, 138, 94-100.

Stern, J. A. (1964). Toward a definition of psychophysiology. *psychophysiology*, *1*(1), 90-91.

Woodworth, R. S. (1929). *Psychology*. New York, NY: Holt.

Wiener, N. (1954). The human use of human beings: Cybernetics and society (No. 320) Da Capo Press.

다미주 이론에 관한 추가 참고 문헌

Bal, E., Harden, E., Lamb, D., Van Hecke, A. V., Denver, J. W., & Porges, S. W. (2010). Emotion recognition in children with autism spectrum disorders: Relations to eye gaze and autonomic state. *Journal of autism and developmental disorders*, *40*(3), 358-370.

Carter, C. S., & Porges, S. W. (2013). The biochemistry of love: an oxytocin hypothesis.

EMBO reports, 14(1), 12-16.

Dale, L. P., Carroll, L. E., Galen, G., Hayes, J. A., Webb, K. W., & Porges, S. W. (2009). Abuse history is related to autonomic regulation to mild exercise and psychological well-being. *Applied psychophysiology and biofeedback, 34*(4), 299-308.

Flores, P. J., & Porges, S. W. (2017). Group Psychotherapy as a Neural Exercise: Bridging Polyvagal Theory and Attachment Theory. *International Journal of Group Psychotherapy, 67*(2), 202-222.

Geller, S. M., & Porges, S. W. (2014). Therapeutic presence: Neurophysiological mechanisms mediating feeling safe in therapeutic relationships. *Journal of Psychotherapy Integration, 24*(3), 178.

Grippo, A. J., Lamb, D. G., Carter, C. S., & Porges, S. W. (2007). Cardiac regulation in the socially monogamous prairie vole. *Physiology & behavior, 90*(2), 386-393.

Grippo, A. J., Lamb, D. G., Carter, C. S., & Porges, S. W. (2007). Social isolation disrupts autonomic regulation of the heart and influences negative affective behaviors. *Biological psychiatry, 62*(10), 1162-1170.

Heilman, K. J., Bal, E., Bazhenova, O. V., & Porges, S. W. (2007). Respiratory sinus arrhythmia and tympanic membrane compliance predict spontaneous eye gaze behaviors in young children: A pilot study. *Developmental Psychobiology, 49*(5), 531-542.

Heilman, K. J., Connolly, S. D., Padilla, W. O., Wrzosek, M. I., Graczyk, P. A., & Porges, S. W. (2012). Sluggish vagal brake reactivity to physical exercise challenge in children with selective mutism. *Development and Psychopathology, 24*(01), 241-250.

Heilman, K. J., Harden, E. R., Weber, K. M., Cohen, M., & Porges, S. W. (2013). Atypical autonomic regulation, auditory processing, and affect recognition in women with HIV. *Biological psychology, 94*(1), 143-151.

Jones, R. M., Buhr, A. P., Conture, E. G., Tumanova, V., Walden, T. A. & Porges, S. W. (2014). Autonomic nervous system activity of preschool-age children who stutter. *Journal of fluency disorders, 41*, 12-31.

Kenkel, W. M., Paredes, J., Lewis, G. F., Yee, J. R., Pournajafi-Nazarloo, H., Grippo, A. J., Porges, S. W., & Carter, C. S. (2013). Autonomic substrates of the response to pups in male prairie voles. *PloS one*, 8(8), e69965.

Patriquin, M. A., Scarpa, A., Friedman, B. H., & Porges, S. W. (2013). Respiratory sinus arrhythmia: A marker for positive social functioning and receptive language skills in children with autism spectrum disorders. *Developmental Psychobiology*, 55(2), 101-112.

Porges, S. W. (1997). Emotion: an evolutionary by-product of the neural regulation of the autonomic nervous system. *Annals of the New York Academy of Sciences*, 807(1), 62-77.

Porges, S. W. (2001). The polyvagal theory: phylogenetic substrates of a social nervous system. *International Journal of Psychophysiology*, 42(2), 123-146.

Porges, S. W. (2003). The polyvagal theory: phylogenetic contributions to social behavior. *Physiology & Behavior*, 79(3), 503-513.

Porges, S. W. (2005). The vagus: A mediator of behavioral and visceral features associated with autism. In ML Bauman and TL Kemper, eds. *The Neurobiology of Autism*. Baltimore: Johns Hopkins University Press, 65-78.

Porges, S. W. (2005). The role of social engagement in attachment and bonding: A phylogenetic perspective. In CS Carter, L Ahnert, K Grossmann K, SB Hrdy, ME Lamb, SW Porges, N Sachser, eds. *Attachment and Bonding: A New Synthesis (92)* Cambridge, MA: MIT Press, pp. 33-54.

Porges, S. W. (2009). The polyvagal theory: new insights into adaptive reactions of the autonomic nervous system. *Cleveland Clinic journal of medicine*, 76(Suppl 2), S86.

Porges, S. W. (2015). Making the world safe for our children: Down-regulating defence and up-regulating social engagement to 'optimise' the human experience. *Children Australia*, 40(02), 114-123.

Porges, S. W., & Furman, S. A. (2011). The early development of the autonomic nervous system provides a neural platform for social behaviour: A polyvagal perspective. *Infant and child development*, 20(1), 106-118.

Porges, S. W., Doussard-Roosevelt, J. A., Portales, A. L., & Greenspan, S. I. (1996). Infant regulation of the vagal "brake" predicts child behavior problems: A psychobiological model of social behavior. *Developmental psychobiology*, 29(8), 697-712.

Reed, S. F., Ohel, G., David, R., & Porges, S. W. (1999). A neural explanation of fetal heart rate patterns: A test of the Polyvagal Theory. *Developmental Psychobiology*. 35:108-118.

Williamson, J. B., Porges, E. C., Lamb, D. G., & Porges, S. W. (2015). Maladaptive autonomic regulation in PTSD accelerates physiological aging. *Frontiers in psychology*, *5*, 1571.

Williamson, J. B., Heilman, K. M., Porges, E., Lamb, D., & Porges, S. W. (2013). A possible mechanism for PTSD symptoms in patients with traumatic brain injury: central autonomic network disruption. *Frontiers in neuroengineering*, *6*, 13.

Williamson, J. B., Lewis, G., Grippo, A. J., Lamb, D., Harden, E., Handleman, M., Lebow, J., Carter, C. S., & Porges, S. W. (2010). Autonomic predictors of recovery following surgery: a comparative study. *Autonomic Neuroscience*, *156*(1), 60-6.

Yee, J. R., Kenkel, W. M., Frijling, J. L., Dodhia, S., Onishi, K. G., Tovar, S., Saber, M. J., Lewis, G. F., Liu, W., Porges S. W., & Carter, C. S. (2016). Oxytocin promotes functional coupling between paraventricular nucleus and both sympathetic and parasympathetic cardioregulatory nuclei. *Hormones and behavior*, *80*, 82-91.

트라우마를 치유하는 애착과 소통의 신경생물학

다미주 이론

초판 1쇄 인쇄 2020년 5월 29일 초판 10쇄 발행 2024년 6월 20일

지은이 스티븐 W. 포지스
옮긴이 노경선
펴낸이 최순영

출판1 본부장 한수미
라이프 팀

펴낸곳 ㈜위즈덤하우스 **출판등록** 2000년 5월 23일 제13-1071호
주소 서울특별시 마포구 양화로 19 합정오피스빌딩 17층
전화 02) 2179-5600 **홈페이지** www.wisdomhouse.co.kr

ISBN 979-11-90786-58-4 03150